飲冰室合集

梁啓超 著

文集

第五册

中華書局

飲冰室文集之十二

生計學學說沿革小史

例言七則

一茲學爲今世最盛之學．其流別最繁．其變遷最多．其學科之範圍最廣．其研究之方法最殺．非專門名家．莫能測其涯涘．淺學如余．安足語此．嘗請侯官嚴先生論次其大略以詔後學．先生方從事他業．未能及也．而方今新學將興．茲科理想．尤爲我邦人所不可不講．是用不揣檮昧．敍其梗概．聊當菅蒯．爲椎輪云爾

一茲學學史．東西作者數十家．其卷帙繁者．動至千數百葉．蓋附庸而蔚爲大國矣．今欲以報章短文．擷其綱要．談何容易．稍繁則二三十號不能盡．太簡則讀者又不解其理論所由來．本論於上古中古務求極簡．自斯密亞丹以後．又不敢避煩．求適我國今日學界之用而已．體例之駁．所不辭也．

一茲學譯出之書．今只有原富一種．（其在前一二無可觀）理深文奧．讀者不易．先讀本論．可爲擁篲之資．但此論簡略已甚．於學科原理．無餘地可以發明．而所用名詞．又多爲尋常書籍所罕見．學者苟不讀原富．又恐並此而多不瑩也．

一本論乃輯譯英人英格廉．Ingram 意人科莎．Cossa 日人井上辰九郎．三氏所著之生計學史．而刪繁就簡．時參考他書以補綴之．惟著者於外國文學．方始問津．本科奧義．未窺崖略．謬誤之處．知所不免．惟海內君子

教之。

一茲學之名。今尚未定。本編向用平準二字。似未安。而嚴氏定爲計學。又嫌其於複用名詞。頗有不便。或有謂當用生計二字者。今姑用之。以俟後人草創之初。正名最難。望大雅君子。悉心商搉。勿哂其舉棋不定也。

一論首爲發端一篇。本與學說沿革無關。但我國人今尚不知此學之重且要也。故發明其與國種存滅之關係。冀啓誘學者研究之熱心云爾。

一篇中人名及學理之名詞。依嚴書者十之八九。間有同異者。偶失檢耳。

發端

英國鴻哲斯賓塞曰。『凡人羣不外兩種。一曰尚武之羣。二曰殖產之羣。此兩者皆所以爲羣之具。無論何羣中。皆同時並存。不可偏廢者也。雖然。其力有消長焉。其在前古野蠻時代。以戰爭爲常。以平和爲偶。其生產機關。不過爲武備機關而設。（古者之農工商皆所以給兵士之糧養武門之欲而已讀希臘史可見其概）故可命爲尚武之羣。其在輓近開明時代。以平和爲常。以戰爭爲偶。其武備機關。不過爲生產機關而設。（今世之養兵皆以保衞農工商而已）故可命爲殖產之羣。』今日則全世界赴於開明之時也。故凡立國於天地者。無不以增殖國富爲第一要務。而日演無形之競爭。以鬬於市場。豈好事哉。勢使然矣。論語曰。百姓足。君孰與不足。百姓不足。君孰與足。大學曰。有人此有土。有土此有財。有財此有用。我中國土非不廣。人非不衆。而百姓愁苦。財用不興。彼蚩蚩者。習而安之。莫知其所由然。或以爲是天運循環。莫之爲而爲。莫之致而至。任其自然。而剝極將有必復之時也。及一讀生計學之書。循其公例。而對照於世界之大勢。有使人瞿然失驚汗流浹背者。吾欲詳言之則累十數萬言不能盡也。今姑語其犖犖大者。夫國之所恃以爲富者。不出三物。一曰土地。二曰人力。三曰資財。合三成物。而析其所得。曰租曰庸曰贏。（土地所獲曰租人力所獲曰庸資財所獲曰贏）三者之盈朒消長各有正反比例。而常爲一國之榮瘁所關。斯密亞丹云『一羣之盛。與進爲期。既止斯憂。退則爲病。而驗羣治之進退。莫著於庸率之高下。治日退則母財（即資本）少而不足以養力役。於是傭工斬養之受雇者歲希。上工失業。降爲中工。中工失業。降爲下工。下工之爲生既蹙矣。而上中者又降而奪其業。則競於得業。減庸爲售。其事勢之流。不成至苦極薄之庸不止。如是而猶不可得。則弱者行匄。強者爲盜。閭閻行旅。始騷然矣。飢寒之所夭。刑罰之所加。暴君豪子之所侵奪。死喪疾疫之所耘鋤。始之下民。馴及中戶。草薙禽獮。轉徙流離。馴至孑遺之民與孑遺之財相給。今印度各部其明驗矣。彼皆沃壤。其地著戶口亦前耗。而非甚稠。夫以少夫而居腴土。然而餓莩之數。歲告數十萬人者。則母財之日絀。不足以振窮黎贍功役使然也。』（嚴譯原富部甲上釋庸篇）今中國之敝。雖或未至此極乎。然進也若登。退也若崩。不進必退。事之常也。中國羣治不進。千餘年矣。（斯密書中又云元時有意大利人瑪可波羅游支那歸而著書述其國情以較今人游記殆無少異）昔猶無外來者以攙奪之。故雖日涸於內。尚可以彌縫持續。而不遽暴露。今則全地球生計競爭之風潮。皆集中於此一隅。而推其始因。亦此生計學公例迫之使不得不然也。（生計學公例庸厚則贏薄庸薄則贏厚故擁資本者常以懋遷於庸薄之地爲利西人之務開殖民地皆以其本國地力已盡庸厚病贏故也嚴譯原富部甲案語云以一國之計論之過庶固患而過富亦憂今日西國之患恆坐過富母財歲進而業場不增故其謀國者以推廣業場爲第一要義德意志并力於山左法蘭西注意於南陲而吳楚之間則爲英人之禁臠凡皆爲此一事而已此其所以爭之情與戰國諸雄及前代苦中國之戎虜有異處今之日謀人家國者所以不可不知計學也）夫吾之不進。而其自退固已不能免矣。況吾日退而有他人之進焉者。抵其隙而入之。而彼之相進相迫者。又出於其自保之勢所不得不然。進也無窮。迫也無窮。則其過此以往。日蹙之率。又豈待巧算而決耶。夫蹙之云者。不徒在生計而已。所以資生者日蹙。則其生自不得不蹙。斯密亞丹又云『功力之食報日優。斯小民孳生之界域日擴。蓋庸厚而家計充。所以撫育男女者周而夭殤之數寡也。貧乏之生雖無害於孕毓。然最不利於長成。人種初生至爲柔脆。譬諸弱草柔萌茁於氣寒壤瘠之區。其萎黃可立待也。蘇格蘭山部婦人飢羸困苦。倂日而食。連生二十餘乳爲常。而二十餘乳中望存活者。不過兩雛。未至十四五殤過半矣。或不及四週而殞。或七齡而殞。而過十齡者則尤少也。可見貧民胖合其孳乳雖較富者爲易而多。而茁壯長成則較富者遠不逮。』（嚴氏原富釋庸篇）由此觀之。人種之繁。又豈可恃耶。哥侖布之初到美洲也。其地紅夷林林總總。今則僅爲博物院之陳設品而已。（美國某報嘗論當設法保存紅夷勿使絕種留以當博物院考證之用）吾嘗至夏威夷島（即檀香山）稽其戶籍。當英人伋頓廓初航彼地時（千七百七十八年）土人二十餘萬。至一千九百年。僅餘二萬而已。百年之間存者僅十分之一。恐自今以往。不數十年種全絕矣。此全地球中野蠻民族之現象。莫不皆然者也。夫豈有人焉日操刃以屠之刈之也。而優勝劣敗之機自趨於此。我中國人傳種之術。最稱發達。嘉慶末年統計。號三萬萬人有奇。據西哲考定生理公例。每二十五年進率當倍。自道光迄今凡七十餘年。用遞乘級數推算法。當得戶口二千餘兆。而今乃不過以四百兆聞。視前數僅增三之一。而以公例之正率求之。所損者一千六百餘兆矣。率此以往。更越百年。其退率與夏威夷土蠻成比例。又豈奇也。夫京師所稱首善之區也。試行郭中道殣之數。日必過十。一冬之葬雪中一春之死硫毒者（北方乞丐冬間寒不能忍輒市硫黃啖之以耐一時春暖則發毒死者相望於道）動以萬計。嫁娶無節。而好孕惡育。例不舉兒。都會棄孩。每夕多有。或以溺殺如豚犬然。其蚤殤或弱冠而夭者。又十而九也。豈有他哉。憔悴於生計則然耳。然則居今日而論國危。夫豈待艨艟之迫於海疆。版圖之改隸他族。然後謂之亡。然後謂之滅。卽此一事。而天下至危極險之現象。豈復有過是者乎。儒者動曰何必曰利。亦有仁義而已矣。又曰。正其誼不謀其利。明其道不計其功。庸詎知義之與利。道之與功。本一物而二名。去其甲而乙亦無所附耶。庸詎知一人之不利。馴至爲一國之不利。一種之不利。並四萬萬人而將索諸枯魚之肆耶。抑吾中國人以嗜利聞天下。心計之工。自營之巧。若此。初未嘗以正誼明道之敎而易其俗也。宜其富力甲天下。財競雄五洲。而其結果乃若此。毋亦由不明學理。不知利字之界說。其或謂利者非利。而常爲害之尤。見頃刻錙銖之小利。乃不惜捐棄此後應享無窮之大利以易之。一人如是。人人如是。嗚呼。中國國力之銷沈。皆坐是而已。縉紳之子弟。佗其冠。种禫其辭。既諱利而不敢道。而惟以孔言跖行。率天下。其明目張膽以從事於利者。則固已見擯於九流之外久矣。以如此國。以如此民。而渾渾焉當物競天擇優勝劣敗之衝。吾又安知其所終極也。西國之興。不過近數百年。其所以興者。種因雖多。而生計學理之發明。亦其最要之一端也。自今以往。茲學左右世界之力。將日益大。國之興亡。種之存滅。胥視此焉。嗚呼。是豈畸處巖穴高語仁義之迂儒所能識也。茲學始盛於歐洲。僅一百五十年以來。今則磅礴燁爍。如日中天。支流縱橫。若水演派。而我中國人非惟不知研此學理。且並不知有此學科。則其丁茲奇險而漠然安之也。又何怪焉。故今略述梗概。著爲是篇。學者就其學說之進步。與國計之進步。比較而參觀焉。則夫吾中國今後所以自處者。其可不悚耶。其可不勗耶。嘻。愼勿以孳孳爲利之言目之也。

第一章　本論之界說及其敍目

生計學史與生計史有別。（其界說一如政治學史之與政治史）生計史者。敍述歷代各國國民生計之實況及其制度也。生計學史者。專言學說之沿革。而非言制度之沿革。學說與制度。釐然二物也。雖然。其關係固甚切密。學說每資現行之制度以爲講求制度。亦每承新闢之學說而生變動。二者互相爲因。互相爲果。故本論之範圍。雖在學說。而往往牽及制度。勢使然也。

論生計學之起原者有二說。甲說曰。此學之誕生日。實在千七百七十六年。（乾隆四十年）蓋以斯密亞丹之原富。以是歲顯於世也。前乎此者。雖有重商重農諸派。不過爲斯密之驅除。後乎此者。雖有主史主羣諸家。不過爲斯密之苗裔。然則斯密以前。決不得謂有生計學史。卽有之。亦不過謬誤之歷史而已。乙說曰。天下無論有形無形之事物。皆未有突然而生者也。故生計學之濫觴。實自人類之初爲羣。既已爲羣。則生計之問題。自不得不起。有分業則有交易。有交易則有貨幣。此後種種現象。逐漸發生。日講日明。遂爲今治。故敘生計學史。非起筆於古代。不爲功也。二說正相反對。而各有所偏。今折其衷。則此學萌芽已久。而使之釐然成一學科者。則自斯密亞丹以來也。故本論以斯密亞丹爲中心點。而上下千古以論次之。

全論概分二部。部復分章。章或分節。以表示其目如下。

- （甲部）斯密以前
  - 第一期
    - （一）上古生計學
      - 希臘
      - 羅馬
    - （二）中古生計學
  - 第二期
    - （一）十六世紀生計學
    - （二）重商主義
    - （三）十七世紀生計學
    - （四）十八世紀上半期生計學
    - （五）重農主義

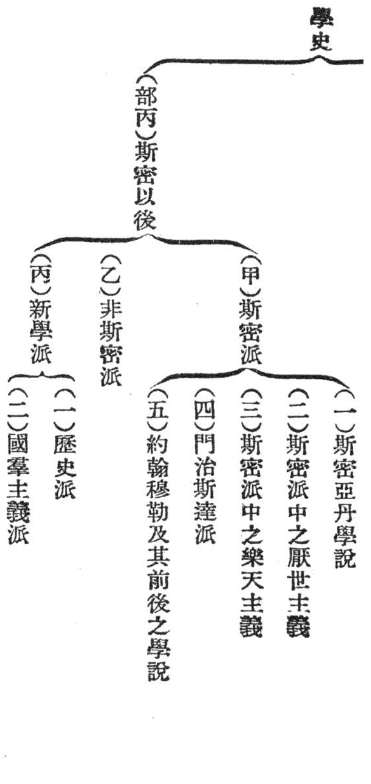

諸家學史，多分爲三時期。第一期則上古及中古也，第二期則自十六世紀至十八世紀之上半也，第三期則自重農派以後也。又其敍斯密後之學派，率以國爲區別。此表分類，由著者參酌羣書，益以臆見，其當否不敢自信也。

第二章　上古生計學　部甲第一期之一

生計學爲獨立之學科，不過百餘年。雖然，上古中古時代，亦非無一二學說可採者，不過散見於哲學政治法律宗教諸書中，吉光片羽，不成體段而已。請先論上古。

凡百學問，莫不發源於上古，而或則逐漸發達，或則停滯不前。彼停滯焉者，必有爲之阻力者也。生計學在古代，其不能如他學之進步，何也？推其原因，厥有五端。

第一　古代各國皆行奴隸制度，生產之業，視爲賤工故。

第二　習於尚武，戰征頻仍，人民不能享太平以興產勸事故。

第三　古代人民以政府爲全能，以爲國民生計皆當爲政府所左右，而國內小團體之勢力皆被壓制故。

第四　國民惟以參與國政爲自由之獨一目的，而生計之事，莫或措意故。

第五　學者皆騖於哲學，以心理倫理爲獨一之問題，而殖產之業，視爲害德故。

以此諸因，故生計學之昌明，獨劣於他學也。今搜希臘羅馬羣書，略論次之。

一　希臘之生計學說

古代希臘列國形勢最優，富有海利，兵强國富，商業亦盛，學者推其所自，以爲必於生計學上大有發明，實乃不然。希人之視此學，不過政治學家政學之附庸耳。其學說散見於史學道學諸書中，如獵業礦業農業及貨幣奴隸各種問題，多所論載。最著者爲史家希羅多德 Herodotus 條斯大德 Thucydides（德儒羅士查始言條氏有大功於生計學）哲學家梭格拉格 Socrates，但其說皆細碎殘缺，無足論次。其稍完整者，則柏拉圖、芝諾芬尼、亞里士多德三賢也。

柏拉圖 Plato 427–347 B. C. 嘗著一書，名曰『共和國』Republic，虛構一大同理想之國家，以爲大同之世，人不得有私財，一國所有，當爲一國人之公產，其奴隸及外國人，則使爲國服役，貨財所出，分少許以給之。此實後世共產主義 Communist 之權輿也。其尤可驚者，柏氏不徒倡共產而已，乃欲並妻子而共之，謂人不獨妻其妻，不獨子其子，貨不藏己，力不爲己，則姦淫不興，盜竊不作，而世乃大平。英格廉評之曰：『柏氏此等主義，實當時通行之理想，蓋以爲一私人皆當服從於國家權力之下也。如柏氏言，必當建其國於絕海一孤島，與他邦閉關不通而後可蓋通商互市實破壞此種制度之利器也』可謂知言雖然柏氏亦知此說之難實行故其後所著論法律 Law 書中稍趨切實然猶倡限民名田禁民早婚及政府監督農工商業諸議蓋雖許有私財而猶欲限制干涉之以求平等也按柏氏之論與禮運大同說及斯巴達來格瓦士所立法皆有相類者雖然其論貨幣為懋遷之易中易中者交易之媒介也見原富部甲上第七葉分業為生財之大道頗有獨見者

芝諸芬尼 Xenophon 434?-355? B. C. 與柏氏同出於梭格拉底之門然其持論視柏為平實其釋富也謂所有貨物供己之需而有餘者則謂之富有土地耕之而折閱者非富也有貨幣藏之而不用者亦非富也又其論生產之要具分為天然與人力兩大宗亦又論分功之效說同柏氏其論地味氣候之情狀及耕作之法頗悉近儒理嘉圖 Ricardo 所發明田租升降例芝氏似略已見及矣芝氏雖注重農業而亦言工商之不可輕奴隸之宜寬待僅言寬待而不知奴制之當廢蓋猶為當時習俗所囿也互市之有利益蓋其識加柏氏一等焉至其論貨幣論物價誤謬頗多

亞里士多德 Aristotle 384-322 B. C. 柏拉圖之弟子也而持論異於其師嘗著論駁柏氏之共產說曰『凡人類皆有利己之性為萬行宰財產歸公則減殺其自利心而人道將有所大害故無論為一人計為一國計皆當以保護私有權為重況共產主義雖行而紛爭之跡亦終不可絕也云云』此論既出或詰之曰子不愛子之師乎亞氏答曰『吾愛吾師吾尤愛眞理』至今傳為名言

亞氏之論富論貨幣論價格皆能發前人所未發為後學之指針論者或推為生計學之鼻祖其果足當之無愧否雖未敢遽斷要之 Economics（生計學）之名由彼所命其有功於此學亦可概見矣其釋富也謂凡物之得以貨幣而衡其價格者皆謂之富富有二種一曰以贍己用者二曰以為交易者又區別初民時代之生計與

用幣時代之生計。以爲是文野所由分。而分功繁簡治化淺深之表證也。其論貨幣也。所見尤卓。謂貨幣有二德。曰爲物值之程準。爲賣買之易中是也。又言貨幣與富非同一物。貨幣者。飢不可食。寒不可衣。苟非有所易。則雖懷重金。亦不免於餓殍。此諸義者。皆今世學者所無以易也。雖然。其論母財子息之義。殊多謬誤。彼以爲貨幣不能孳生貨幣。故斥母取息者。等於掠奪。此論眩惑後學之腦識者千數百年。沿至中古。猶襲其謬。又分人民爲四級。謂農工商等爲食人者。治於人者。不能與第一級之治人者食於人者。同享自由權利。其論與中國古義絕相類。又其論奴隸也。不特不以此制爲當廢而已。且爲之訟直。謂必不可廢。其言曰。『奴制之所由起。非由戰爭。非由法律。非由約束。而全出於天然。天之生人。本分兩種。其一體軀頑健。宜於勞力者。生而賦之以奴隸之良能。其一儀容端嚴。宜於勞心者。生而賦之以自由民之良能。故用奴者。順天立制。羣治所必需也云云。』自今視之。雖五尺童子。能言其非矣。亞氏又不喜商業。以爲化居鬻財者。皆損他而自利者也。故宜節制之。勿使發達過度。蓋所懷謬想。與十七世紀之重商主義 Mercantile System 者流。謂我國之利。卽鄰國之害。同一迷妄。凡此諸端。皆亞氏之缺點也。雖然。彼皆應於時勢。補偏救弊之言。論世知人。固未可以厚非也。

亞氏實千古之大儒也。凡名學。數學。倫理學。心理學。物理學。天文學。政治學等。無一不仰爲開山之祖師。而生計學亦其一端也。亞氏實總古代茲學之智識。而集其大成。以貽來哲者也。治茲學者。烏可不薰沐而崇拜之。

二　羅馬之生計學說

羅馬人重實際。貴實利。宜其於生計學發達極盛。而實有不然者。德儒伊耶陵曰。『羅馬人三度征服天下。一以兵力。二以宗教。三以法律。』雖然。羅馬之哲學。遠遜希臘。故其生計學說。亦無能自樹壁壘。以鳴於時者。羅馬之諺曰『能揮鐵者能攫金』蓋彼以戰爭爲取利之不二法門併力從事以此致富强亦以此招衰弱羅馬人殆不識生計之人種也茲學之不發達亦奚足怪茲舉其鐵中錚錚者一二有如西士羅 Cicero 之重農說史尼卡 Seneca 普里尼 Pliny 之非奴制說稍稍可觀普氏又倡大農說以爲大耕作者其生產力當大增又於物價之原因有所發明云

此外有所謂農業黨者及一二哲學家法律家於其著述中間發明生計學理然斷片零紈於茲學關係甚小也

第三章　中古生計學　部甲第一期之二

自西羅馬之亡所謂歷史上黑暗時代 Dark Age 也古代文明爲蠻風所掃蕩羣雄割據海宇如麻交通道絕民不聊生農工商業之衰頹達於極點當此時存一綫之光明者則耶穌教也耶穌教稱道人類同胞四民平等主義以非難奴隸農傭之制以改良人羣減家長專制之權力高婦女之地位而使之自重以改良家族倡立慈善制度教富者以布施爲義務教貧者以感謝服勞爲義務以改良風俗人心蓋耶穌教於貨財之生產及分配視前此稍進步焉然與當時之法律習俗不相容未能大奏其效也其後十字軍東征開歐亞兩陸交通之路而南歐諸市府憔悴虐政之既甚乃創自治之制防禦暴君於是意大利共和市先興佛蘭達諸市繼之遂有日耳曼「亨雪地同盟」Hanseatic League 之事此實生計界轉捩之一樞機也

斯時工業商業皆盛於意大利而威尼士 Venice 毡挪亞 Genoa 福羅林 Florence 諸共和國（實市府也）實爲互市之中心點自十一世紀以來種種之工商制度踵起至今尚爲識者所贊歎就中採集商家習慣公認之成例

編爲商法銀行法海上法。其後十七八世紀。全歐諸國。遂資之以制定法律焉。加以亞里士多德之倫理學政治學等。漸爲世所重。其遺著之關於財富者。亦競相研究。於是久衰之學。漸將蘇生。要之其時之學者。皆敎會耆宿。而具有生計上法律上之知識者也。故其論率祖述亞氏。而以宗敎律比附之。如私財制度之當立。貸金取息之不義等。其所常稱道也。今試擧其著名者二三輩。

麥奴士 Albertus Magnus 1193?-1280

士哥他 Duns Scotus 1265?-1308

渥奇拿士 St. Thomas Aquinas 1225?-1274?

至十四世紀。而敎士之中。頗有傑出者。法國之阿里士迷 Oresme 最爲名家。其所著貨幣論。實可稱斯密以前第一大著。德國近儒羅士查大表彰之。推爲中古第一家云。當時歐洲諸國。圜法棼亂。贋錢公行。民不堪命。故當世學者。著書論其事者不少。阿氏之作。其最完備者耳。

此中世生計學之大概也。其間學說。雖非無一二可表見。然當時宗敎之氣燄極盛。生計制度。一切皆受其影響。其僻論之妨進步者。亦不少。試擧其一二。彼其時雖以農工之通功易事。爲當得之利益。至於懋遷服賈。則以作僞之業而賤蔑之。（漢時禁賈人乘馬衣綉。即是此意。）故常論售主持貨入市。所定價格。只許從眞値。不許從市價。無論供求消長之率如何。不可緣以爲漲落。（按此與許行所謂市價不貳國中無僞者同一謬見。漢書食貨志載王莽令諸司市爲物上中下之價。各自爲其市平。亦此類也。讀嚴譯原富部甲上論物有眞値與市價異論經價時價之不同等篇。便知其謬。）又其論貣貸息債之事。謬誤尤甚。國家始設制息之令。思以禁兼幷者之朘利。此實原於宗敎道德上之精神。其用意不可謂不善。而於生計所窒滋多矣。何也。生產旣增。則興業自盛。興業旣盛。則需傭自繁作業養傭必賴母財貣貸之行勢所不得已也今從而限之民奉令耶則騷擾忌憚而業不進民國交病矣民不奉令耶則虛懸此律何爲者且是導民以觸法作僞也（參觀原富部甲上釋贏部乙論貣貸息債）此制之無益斯密氏能言之至其有害則近儒所疏通證明也

雖然耶穌教之有功於生計界固不可揜其最鉅者則力役自由一事也自中世之始奴隸制度一變爲隸農制度其後南歐市府遂並隸農而廢之於是興業家與勞力者始有平等之交涉此實生計史上一新紀元也斯密亞丹之論此事也以爲全出於利己心蓋（一）由爲地主者知雇役赴功計功給廩則工傭樂於趨事而成貨易多也（二）由當時帝王妬羣侯之勢力故結託農民以奪其權也二者雖爲此事之一原因然其受宗教感化之力者又烏可誣也

第四章　十六世紀生計學　部甲第二期之一

西曆十六世紀世界之大事踵起而人羣之狀態制度思想學說皆爲之一變語其大者則如東羅馬帝國之滅亡也地理上之大變動也（謂尋出亞美利加洲）製火藥法印書法之發明也希臘羅馬古學之復興也宗教之改革也似此皆驚天動地之大業劃然爲中世史與近世史分一鴻溝者也凡此皆關係於國政及人羣其他大事專關於生計者亦不少試略舉之

（一）以亞美利加洲新得良礦故貴金屬（指金銀）流入歐洲者日夥於是天然生計之制度一變爲通貨生計之制度一切交易通用金銀與中世異也

(二)銀行質劑之制度興起。且徧及於諸地也。

(三)奉新教諸國。舉前此教會所占領之財產收爲公田。以故疇昔貧民受教會之周恤者。驟失所恃。窘蹙殊甚。遂不得不別設慈善制度以行施濟也。

(四)封建制度既廢。專制王國代興。養兵愈多。需財愈亟。政府始以政策干涉工商業以謀富强也。

(五)舊世界指歐洲與新世界指美洲之通商漸盛。而商務上之新制度。亦因以發生也。

以此諸故。故當時之學者。大率皆主於實驗。與前此之僅憑哲理者。頗異其撰。其所最講求者。則貨殖之現象也。交易之情實也。十六世紀最著名政治家。爲法國之詹鉢敦 Jean Bodin 1530–1596 其所著『共和政治論』Dela Republique 論以生計學理組織國家之法。以爲國家之立。不可不與其天然地勢氣候相劑。又論海關稅當立適度之制限。又論財政之事。當以課稅物產之法行之。而十五世紀之末。意大利之政治家鉢陀羅 Giovanni Botero 亦著書論產業之功用、及商業政策、人口、殖民、租稅等。此外錚錚者。爲瑪連拿 Mariana 1536–1623 及格黎哥里 Gregory 二人。瑪氏論貨幣及物價。且言外國通商。當立定制。格氏著共和論一書。網羅當時生計學之思想。然議論之出於自創者殆稀。以上之政治學家。皆專就政治生計之情狀。孳孳研究者也。其間又有一派。則文士及哲學家。目覩當時戰爭之慘禍。政界之昏濁。欲衍柏拉圖之共產主義。建理想的邦國。其最著名者。爲英國之大理官德麻摩里。Sir. Thomas More 1478–1535 著一書名曰『華嚴界』Utopia 者。虛構一島。寫出一天然極樂國之情狀。其上編痛陳當時之慘狀。其下編乃描大同之樂園。蓋其所懷抱。不欲昌言。而託於游戲之文以自表也。雖然。近年英國所發布之法令其載於『華嚴界』書中者殆十而五六焉偉人理想之左右世界者不亦鉅乎此外如意大利之德奈、布兒那、日耳曼之佛靈等皆大倡此說

又其時生計學上通行之議論大率在貣貸息債之問題而其辯難之點常與教派相倚蓋當中古以來宗教法律皆禁貸金取息然商務日盛民間借母求贏日多於是貸者貣者各因自然之大勢私自交涉造出種種約劑之法或用契券或用質劑非法令所能禁也於是乎學者不得不研究其利害之數當時論者率以為借貸者本以恩信相約束取其息者不義也雖然時或索其相當之報酬亦無不可如金錢轉輸之費用借貸保險之要求是亦債主應得之權利不可與利息齊類而混視也此等議論於息借之事既已默許矣當時新教派中之馬丁路得亦與舊教徒同排息借之說而加邊黨之立論稍圓通云

十六世紀之生計學家其討論最多者尤在貨幣問題蓋由當時美國新得礦山加以歐洲各君主濫鑄惡幣故學者咸注意焉如彼格致家論貴金屬之性質常牽連道及此事法律家討論法理常謂貨幣之本位若變則法律之功用亦隨而變雖然其論尚多未瑩者蓋由以貨幣之本性與鑄幣者之印證混同為一故也其純以生計學理論貨幣者實始於著名之天文學家歌白尼 Copernicus 1473-1543 歌氏於千五百二十六年承波蘭王之命著貨幣論一篇釋明貨幣之性質詳言惡幣之有損生計有害法律而不可不亟拯其弊其言曰『凡國家所以即於衰亡其原因不一端然余所最畏者厥惟四事曰內亂曰疫癘曰土地之磽确曰貨幣之惡劣是也前三事現象甚顯人易知之獨至貨幣雖達觀者或忽焉何也彼其所以亡人家國者非斃之於一擊之下而徐徐來襲銷鑠毀蝕於無形之間而不自知也』其言可謂博深切明然則歌白尼非徒天文學之鉅子抑亦生計學

之功臣矣。

物價騰貴之問題。亦與貨幣問題有密接之關係者也。當十六世紀之後半紀。各國流通貨幣之額。非常增加。坐是物價踊騰。不可收拾。詹鉢敦於千五百七十四年所著書有言。一切物價。前後七十年間。率騰至十倍或十二倍。此等現象。實使歐洲人民且駭且怖。而聳動學者之耳目。使不得不尋其因而救治之者也。於是詹鉢敦著論二篇。推其原因。謂亞美利加出銀日多。以致貨幣增加。一也。外國通商日盛。銀行兌換之率日高。二也。貨幣制度變更。三也。至其救治之法。則謂當抑制外國貨物。勿使其漲銷過度。使本國製造事業日益進步。以是爲不二法門。又當時英國某報館有一匿名論文。題爲「論千五百八十年物價」者。論物價騰貴之原因甚詳。其救治之策。與詹氏略同。

第五章　重商主義 Mercantile System　部甲第二期之二

重商主義者。以保持金幣。勿使流出外國。爲安國利民之不二法門者也。此等學說。自今日觀之。其謬誤固不待言。然當時治標之術。殆亦有不得不然者。故風潮所播。應者如響。斯密亞丹名之爲重商主義。亦名爲貿易差率論。Balance of Trade System 於所著原富第四編。論之甚詳。後世學者。或稱爲制限主義。Restrictive System 又稱爲哥巴主義。Colbertism 蓋以法國名相哥巴 Colbert 始實行此主義。施諸國政也。

重商論者。既以保持貨幣爲國家大計。故各國互市之際。務求出口貨多。入口貨少。蓋以出入相抵。所餘之額。必受之以金銀。國之得此餘額者。則蒙通商之利。失焉者則蒙其害。於是學者之所討論。政治家之所經營。莫不汲汲焉求所以得此之道而已。其道何由。厥有二途。一曰獎勵之於所出。二曰阻遏之於所入。

阻遏之法若何。他國製造物品禁之勿使入境。即不能禁。亦必課之重稅以減其數。雖然其有原料粗品。產於他國而可以供我國製造之用者。不惟不禁其入而已。且獎勵之。蓋以購此原料之時。雖有漏卮。他日成貨而復售於外。足以償所失而有餘也。又日用飲食必需之品。亦許其自由輸入。蓋以用品價廉。則力役者之庸率可以低減。坐此製造費省。而易與外品相競也。獎勵之法若何。曰本國製造品之出口者。免其關稅。時或以國帑補助之也。曰與外國結通商條約。務求占得特別利益也。曰嚴立殖民地之制。使母國之製造家。得壟斷其利於殖民地市場。不許他國攙越。殖民地之原料粗品。亦專售之於母國也。此皆其制度之大略也。此學派之論者。其視工商業尤重於農業。以獎勵工藝故。故外國工人來移住者皆歡迎之。凡有自創新法製新器者。必予以專利之權。又務輯和內團。使勿競爭。乃得專力以競於外。凡此諸端。皆此派中之綱領旨趣也。

同時此派中人。家數非一。各有異同緩急之不同。雖然其議論所同趨之點。有數端。(第一)貴視貨幣太甚。以多藏為能事也。(第二)視國內商務不如國際商務之為重。視生產力不如製造力之為要也。(第三)以人口稠密為國力之要素。務設法使民多於鄰國也。(第四)為欲達以上諸目的。務以政府之力而助長之也。蓋重商派者流。雖其細綱千差萬別。其大體不出於此四者。至其以何因緣而生此派。請略論之。

(甲)美洲既得新礦。產金驟增。歐洲泉幣大蒙影響。前此交易(以物換物謂之交易)之制。既已絕跡。匯兌漸起。遼遠之地。交通日開。於是邑業之盛。過於野業。流產之重。埒於恆產。論者乃以為貨幣之為物。為人生所最急需得之者無物不可致。無事不可為。一人如是。則衆人結集所成之國。亦以此阿堵物為最大之功用。此有國者所以常斷斷也。

（乙）其時帝國漸起。各戴强有力之政府以爲重。政府以養兵之故。其相需最殷者。則壯丁與金錢也。加以官吏日增。宮中費用亦加浩大。前此國帑所入。勢固不給。則不得不求益於租稅。而當時政治家能有見於百姓不足君孰與足之理。故孳孳以富民爲務。而又以富民之術。農不如工。蓋製造之業。一能招徠遠氓。二能增輸出品。故不惜竭全力以保護之。而農業反緩一籌也。（丙）凡得有殖民地者。則商務之區域愈擴。而工業之發達亦增。故政治家視殖民地爲母國歲入之新財源。（按今則不爾。殖民地與母國立於平等之地位矣。）而當時各國民之所以自張其勢力者。不徒在政治界。而尤在貨殖界。以爲欲優勝於彼。先必求成效於此。於是乎視國計如家計。政府自爲家長。代表之而執行之。其培養工商製造之業。恰如築窟室以栽唐花者然。所以謀產業之發達者。無不至。若何而使輸出之物質良而價廉。若何而於外國市場能保持我國民之地位。以此之故。政府不得不視民如嬰兒。視民如芻豢。舉全國殖產之業。或以直接。或以間接。而悉監督之於政府也。（丁）凡入口物品。課其重稅。其始不過爲取充國帑計。其後則變爲保護國產之目的也。由是觀之。則所謂重商主義者。實迫於當時之情勢所不得不然。其事甚明矣。今請更論其得失。

自斯密以後。此主義大受掊擊。幾至身無完膚。雖然。其論有過酷者。當時各國因行此主義。而羣治賴以發達者不少焉。其功又烏可誣也。今請爲之訟直。

難者謂重商派拋棄農業。爲舍本而圖末。其實不然。彼其時先後緩急。固當如此也。蓋農業必依於土地。而當時之土地。尚在封建貴族之手。貴族帶保守性質。欲使之以新法從事生產。固未易驟變矣。而又不肯與力役者相戮力。故其時欲農業之進步。終非可望。雖然。邑業與野業。常相倚者也。邑業盛則野業不得不隨之而進。然則重商業者。實間接以爲農業之先驅也。且民智未開。羣力未團。有政府以干涉之驅策之。其發榮增長。事半功倍。故當時各種技術進步殊速。加以吸集外國之職工。輕減內業之負擔。皆爲一國添生產之新力。凡此諸端。雖斯密亞丹亦不謂其無成效也。試徵諸史。乘彼哥巴所立之保護制度。（千六百六十一年至千六百八十三年）格林威爾 Cromwell 所頒航海條例等。其有大利於法國英國。盡人所同認矣。

然則重商主義於生計界之進步。大有裨補。固歷歷不可掩矣。而後世攻之者。視同蛇蝎。此其論與攻擊專制政體者無異也。夫專制政體在今日文明之國。固不容留此遺孽。而當人羣結合力未鞏固之時代。則又安可少也。重商制度。有類於是。雖然。其中所含謬想。亦正多多。今請依科莎氏所指摘者。舉其缺點如下。

重商主義之謬誤。全由於重視貨幣太過。而其所以致誤之由。厥有數端。（一）由不知金銀之功用在於易中。（義見前）而其性質僅足爲貿易機關之樞紐也。（二）由不知金銀價格之漲落。不徒視其所有金銀數之多少。而又因其流通之緩急以爲變動也。（三）由不知易中之物。不必專在硬貨。（指金銀銅等貨幣）而更有所謂信用證券。（指鈔幣及銀行小票等）者。其製造之費更少。而流通之用更便也。（四）由不知貨物出口入口之自由。正利用金銀力爲以羨補不足之妙策也。（五）由不知彼此交易之原理。必不能甲國常買少而賣多。乙國常買多而賣少。苟爾則商務之權衡。不能永保。終必敗裂。不如彼此互利而得本分應有之差率也。（六）由不知通商條約由彼此願意締結。我務不以利與人。人亦務不以利與我。鷸蚌相持。甚非策也。以此諸端。一切謬見因緣而起。要之重商論者。懷抱一不可行之目的。而案畫種種手段以助長之。及其終也。反生出意外之結果者。比比然矣。如彼奬勵輸出。而以國帑爲補助。畢竟補助金所出。皆自租稅。徒使人民重其負擔而已。如彼阻遏輸入。而重課其關稅。畢竟凡入口物之能銷售者。必其爲本國人所需用者也。關稅重徒使物價騰踊。而增內地人日用之障礙而已。故在今日生計界發榮滋長之時代。此等方策。流弊孔多。又此派論者以重視金銀之故。務欲其內溢而不外流。以爲二國交易。此之所利。必彼之所損。因此互相敵視。各思損人以自利。而國際上種種惡感情起焉。當時政治家爲此等理想所眩惑。凡二百餘年。其間動干戈者不下五十載。而戰爭之起因。大抵皆爲此迷見所誤者也。

重商主義之首倡者。不能確指其誰何。要之當十四五世紀間。爲社會風潮之所毆。駸駸興起。殆有莫之致而至者。至其中貴金之論。則自羅馬之西士羅已倡道之。迨十四世紀。遂爲重商派之所遵奉。以爲金銀卽富也。富卽金銀也。此說之謬。本更無俟喋喋。恐猶有未盡解其原理者。試舉西籍中寓言一則以破之。

『昔富梨查國一農民。嘗捕珀加士教之一牧師。以獻諸其王迷打士。迷打士厚遇之。旬日之後。禮遣使歸。牧師德王也。詢其所欲得者。許爲致之。王貪癡者流也。乃曰。願使物之觸吾手者。悉化黃金可乎。師曰。是不難。顧王之所欲。遂無更優於此者乎。王不悟也。牧師歸後。出其神力。王折樹枝。樹枝忽黃金也。拾土石。土石忽黃金也。開窗戶。窗戶忽黃金也。盥手而水悉爲黃金。更衣而衣悉爲黃金。命饌而肉臠麵包悉爲黃金。然黃金不足以療王之饑禦王之寒。王空擁無量數之財寶於左右。而殆瀕於凍餒以死。至是乃大懺悔。而乞憐於牧師。師頷之。使浴於柏德拉士河。祓除金貨。與水俱流。王乃大悟。自奮以從事於農獵。爲國民勸。國以富强。』由此觀之。金銀與富。必非同物。貨幣者不過交換之一樞紐。苟無可交換。則與瓦礫草芥何以異焉。昧者不察。視爲獨一無二之寶藏。其不陷於富梨查王之狼狽者幾希矣。當千四百九十二年。哥侖布初覓得美洲。於是祕魯墨西哥兩土爲西班牙屬之。兩土者礦產饒衍。故金銀之流入西班牙者。日增月盛。班王欣欣然。益思保藏之於境內。乃發令禁金銀勿使輸出。雖然。凡物之在市也。供過於求。則價格下落。此生計學不易之原理也。物之去其低價之地。而赴於高價之地。如水之就下。然非人力所得左右。又生計學不易之原理也。西班牙金銀之供。既溢於所求者之率。故金值不得不下落。值既下落。則人民之以金銀市於他國也。有所大利。雖嚴刑峻法。無得而懲。於是西班牙之先天下而富。揚揚然有得色者。不轉瞬間。亦先天下而貧。百業凝滯。國力萎靡。以至於今。嗚呼。學理不明。措置一失當。而末流之受害有如此者。可不鑑歟。英國始亦有禁金銀出口之令後知其非策乃以千六百六十三年廢之此等禁令之謬。固不待言。然以是爲排擊重商主義之口實。則亦不可。蓋重商主義與重金主義有別。而重金派不過重商派中之一小派。非可以偏而概全也。

按重商主義。在十六世紀以後之歐洲。誠不免阻生計界之進步。若移植於今日之中國。則誠救時之不二法門也。中國地大物博。民生日用之所需。可以無待於外。外貨之流入中國也。以其機器大興。故成貨之勞費少而成本輕。製造巧而品質良也。使我能備此二長。則吾國所自產之物。必足供吾國人所求而有餘。雖關稅稍重。客貨價騰。而必不至病民。是阻遏於所入之策可用也。中國人口最庶。工價最廉。加以原料之充足。無俟遠販於外。但使能有各種機器。使其質之良足與客貨相埒。則成本之輕。自必過之。如是則不惟在內而可以爲守。抑且對外而可以爲戰。是獎勵於所出之策可用也。中國商人頗富於進取冒險之力。今日全球歐人之殖民地。無一無中國人之足跡。而商務顧不能及歐美萬一者。政府無所以保護之獎勵之也。蓋無論何人。必經數十年之提攜顧復。然後人格乃成。無論何國。必經一度之保護獎勵。然後商務乃盛。以吾中國人生而具經商之天才。則政府之所以獎勵者。不必如十四五世紀之歐人。用築窟室栽唐花之術。乃足以爲勸也。如學步之嬰兒稍扶掖之不數旬而能自行矣故今日如實行所謂重商主義者於中國其勞費必逾少而結果必逾良有斷然也而惜乎如哥巴格林威爾其人者我中國數千年來曾無一人也

第六章 十七世紀生計學 部甲第二期之三

十七世紀之生計學家可分三種(第一)專主張重商主義者(第二)反對貿易差率論開十八世紀自由貿易之先聲者(第三)研究特別問題而與重商主義無直接之關係者

十七世紀重商派中之最著名者其在意大利有些拉 Antonio Serra 其在法蘭西有孟喀黎津 Antoine de Monchretien 其在英吉利有德麻門 Thomas Mun 些拉嘗著一書論金銀輸出輸入之利弊其後百餘年間意大利及他國學者尊之爲斯學鼻祖焉孟喀黎津嘗著生計論書極浩瀚其後斯學大家焦巴氏嘗爲之箋注亦謂爲生計學之第一導師德麻門嘗著英國商業論及對外貿易致富論二書轟轟有名於時舉國學校以之充教科書而斯密亞丹原富攻掊之不遺餘力

重商主義既不過一時權宜之說則其反動力之發生固自不可避故十七世紀之前半紀攻難之說既紛紛漸起初時其力雖微不足以動一世之耳目及後半紀而陸克 Locke 霍布士 Hobbes (二氏皆計學大家淸議報曾載其政治學說) 威廉撇底 W. Petty 挪士 D. North 卜喀利 Berkeley 查爾特 Child 諸大家起學理爲之一變斯實重農學派斯密學派之前驅也

查爾特一商人也嘗著貿易新論及論貿易與債息之關係兩書其於貿易差率說雖未能盡脫藩籬然論穀物

等之貿易自由頗有卓見而其學說之最有影響者彼以爲息率低下則一國之生計必趨繁榮引荷蘭之例以實其說遂倡論謂當以國家之力制法律以限息贏後此諸國皆頗實行之而其謬見實倡自查氏

威廉撒底之著書關於生計財政統計等者更爲進步其所著有貨幣論（一六八二年）租稅及賦金論（一六七九年）統計論（一六八二年）愛爾蘭政治解剖論（一六九一年）等其書之要點欲以尋常穡夫每日賃傭之價格爲一定不變之價格以此爲比例尺以衡量一切物價彼蓋以勞力爲生產唯一之原素也此其說之偏謬今不待辯（今日生計學家論生產之原素有三曰土地曰資本曰勞力既爲定論矣）然其研究生產之學理爲英學派先導之功固自不少

挪士嘗著商業論（一六九一年）其學識雖稍遜於威廉至其論自由貿易最爲明瞭有足多者挪士嘗言曰『欲論一國之利害宜不徒著眼於一國而必當放眼於世界貿易之事當視全世界如一大共和國然各國互相貿易於此大共和國中其猶各人之互相貿易於本國中也以故苟甲國有損失則蒙其害者不獨甲國耳而實波及於世界乙丙諸國皆所不能免也』又曰『貨幣者不過一物品耳其性質與他之物品無以異其存在國內之額之多寡常緣商業之狀況爲變更非人力所得而左右也故貨幣多則物價騰貴而輸入之額必增輸入增而貨幣外流矣貨幣乏則物價下落而輸出之額增輸出增而貨幣還歸矣然則貨幣者不過爲養欲給求之一媒介耳一人如是一國亦然故國計最要之事在使原料品及製造品之額蒸蒸日增彼設法律以防貨幣之外流以保護特別之財產者皆謬誤之甚蒙其益者不過一二人而受其損者乃在全國也』云云

卜咯利更爲極端之議論謂貨幣者並不足以爲貨物實不過一符券耳故最上之貨幣莫如鈔票其說雖不免過激至其論貨幣之效用不在分量之多寡而在流通之速率其言最爲博深切明又以勞庸爲物價之標準其

說頗同威廉。而最注重分業。謂當合全世界之盈虛消長。以實行分業之策。實爲斯密氏學說之先河矣。以上諸賢當重商主義極盛之時。首倡反對之論。以與社會挑戰。雖及身不爲輿論所尊。至十八世紀而其義大昌。

此外有英國共和黨員哈靈頓。以一六四〇年著一書。論一國之土地。不宜歸於少數豪族之所專有。而荷蘭法律學大家果魯西亞。Grotius 即著性法論爲國際公法學之鼻祖者 亦著一書。言穀物出口。當任其自由。不可以國家之力限制之。其他各國著述家論生計上各種特別問題者不少。而英法德諸儒。草貨幣論者尤多。其最顯者。則哲學大家陸克所著於整頓財政之法。最爲精密。後世改革案多採其論云。

第七章　十八世紀上半期生計學　部甲第二期之四　闕

本章純屬過渡時代。無甚新創之學說。而家數頗繁賾。盡爲揭出。反使讀者生厭倦心。故暫闕之。

第八章　重農主義　部甲第二期之五

十八世紀之下半。羣治組織。殆將一新。其時之哲學文學。種種異彩。皆爲思想革命政治革命之媒。個人主義漸得勢力。所謂民約說人權論等。漸風靡一世。務以排除政府之干涉。放任人民之自由。凡百學說皆然。而生計學亦其一端也。生計學之自由主義。大成於斯密亞丹。而法國之重農學派。實爲其先河。故敍述學史者。常或以重農學派爲斯學之新時期。蓋有由也。

重農學派。本稱性法學派。Physiocrat School以其所持論偏重農本。故通稱今名。此派之鼻祖。爲法國之奎士尼。François Quesnay 1694-1774 奎士尼者。律師之子也。生於鄙野。長而習醫學。聲望日高。爲法王路易第十五之侍醫。大見寵貴。然秉性剛直。不爲當時腐敗政界所移。以生於鄙野。故習知農事之利弊。其說之常趨重農務。蓋有由也。所著有「生計論」「國計格言」「生計學質疑」「工商業論」等書。最後乃著「性法論」千七百六十八年取當時政治法律哲學之新思想。以調合於生計學理。於是完全之一新學派乃成。今請綜奎氏學說之綱要而論之。

第一性法論　性法亦謂之天然法律。卽政治學家所謂天賦人權說也。當時學者如盧梭輩。大倡天賦權利之論。謂人羣者。由各人之分體結集以成者也。政府者。由各人同意之契約委任以治事者也。故統治之權力必當有所制限。除奉行契約之外。不可任意干涉。卽以生計上論之。各人皆有以其勞力易其快樂之權利。一言以蔽之。則財產者神聖也。人民勞力之作用。必不可稍有所障礙。稍有所束縛。而勞力所得之利益。皆必當完全自有之。而不爲人所掣。奎士尼乃斷言曰。世界上有根於天然一定不變之法則存。一切人類皆生息於此法則之下。生計界其一端也。若設種種人定法以與天然法相背戾。其害羣莫甚焉。故關於民間一切生計之事。政府宜一聽其自勞自活自由自治。而絲毫不可有所干涉。苟干涉者。則是揠苗助長之故智而已。

第二重農論　奎士尼以爲一切產業中。惟農業爲生利。其餘工業商業等。皆分利而已。何以故。一切有形之物品。無不由土地與天然力和合而成。惟土地爲能生新利。是卽生利之性法也。土地所產之物。除其耕作之費用。其所餘者則爲純贏。此純贏中。以一部分納租於政府。以一部分納稅於地主。其再餘之大部分則應歸農民自由享用之農業興則純嬴多純嬴多則國家之富强基是焉若夫工商業則非能生新利者也工業者不過變物品之形而增其價耳商業者不過易物品之位而增其價耳而此變之易之之勞力不免銷耗於無益而農民天然之利反爲所分分之者衆非國之福也故欲謀一國之富舍獎勵農事外其道無由

第三貨幣論　奎士尼痛駁重商派好貨之論其言曰貨幣多之國則爲富國斯固然也雖然非以多貨幣故能富正以其富故能多貨幣也重商派之論所謂誤果爲因也故貨幣者不過富之代表而決不足以致富致富之道非使農產物日增不能而彼重商論者反保護分利之工商業使之奪本而蠹民是緣木求魚之類也

第四租稅論　奎氏以爲租稅只當直接以課諸土地蓋土地者富之本源也此外各種間接稅畢竟亦歸農民之負擔徒使收稅法益以煩雜而費用益以加多甚無謂也

此奎士尼學說之大概也奎氏又取一國之人民而區爲三種

一曰生利者卽耕治土地之農民是也

二曰監督者卽地主是也地主者不躬親耕作之大農也（奎氏不以地主爲分利者彼以爲此種之人爲國防及種種國事皆奔走盡力且擔荷其經費也）

三曰分利者卽不屬於前兩項之人民皆是也（工商業者皆歸此項）

奎氏欲將其學理施諸實事於是擬出種種方策（一）農民之耕治土地一切自由也（二）土地所產之物品或交易之於國內或交易之於國外一切自由也（三）耕作者之身體不得被束縛其物品不得被限制也（五）開通道路也（六）普施教育也（七）政府時以特別之利益獎勵農民也（八）如專賣之例如工商聯行之例皆當禁廢使得自由競爭而農夫乃食其利也

奎氏之新學說既出世。其門弟子熱心闡播之。影響忽波及於各國。其在法國。則有米拉般氏。Mirabeau 哥爾尼氏。Gournay 渣爾噶氏。Turgot 其在英國則有謙謨氏。Hume（即哲學大家兼以歷史名者也其生業學實開斯密之先導）在德國。則有夏列德文氏 Schlettwein 等。而意大利之宗其說者亦不少云。

請言重農學派之得失。（一）彼以工商業爲分利而非生利。是其謬見之最甚者也。蓋生產云者。非專指物之自無而有者言耳。凡以人力加於天然物。而產出之或增多之者。皆謂之生產。此通於農工商而皆有效者也。奎說之謬。後此斯密亞丹掊擊之無餘蘊矣。至其所以賤蔑工商之故。大抵由重商主義之反動力。而該派之學者。又獨尊天然法（即性法）因此凡物之附屬於天然者。皆特重之。以土地爲天然物也。則其加鄭重也亦宜。亦以當時法國農民。大爲上流人士所賤蔑。沈淪困頓。苦不忍言。救時之士。齗齗三致意焉。蓋有由也。（二）其所謂性法者。近今學者多排斥之。（德國尤甚）以爲國計政策。隨時不同。隨地不同。斷無所謂貫古今通萬國之一定理法者存。雖然。當時風氣所趨。一切政治法律哲學。皆毗於此論。無足怪者。（三）其主張直稅排斥間稅。畢竟終不可以爲完全之租稅法。雖一時偶有勢力。而今亦陵夷衰微矣。此等諸說。其影響及於後世者蓋寡。可勿深論。（四）重農學說之最有關係於羣治者。則產業自由論是也。此論殆取前此歐洲諸國政府管理產業之方法。拔其本而清其源也。重農主義未興以前。列國競靡於所謂哥巴政略（見第五章）者。徒取一時權宜之策。誤其目的。愈趨愈甚。政府干涉產業之極。乃至人民起居日用之瑣事。皆一一監督之。掣肘之。凡一切製造之方法。貿遷之機關。皆有立法權以爲之制限。流弊既極。於是非難之聲大作。重農派學者乘之。革新學理。以排擊時政。惟其所謂放任之義者。未免過度。時或軼出範圍以外。雖然。實革命時代自然之現象使然也。而此重農論亦孕育革命之大原因也。蓋當時人心漸變。各部分之學說。皆將翻數千年之案而一新之。其中如政治學部內所謂民約說。所謂主權在民說。皆爲摧陷積弊之利器。而於生計界所謂各人貿易自由爲天賦權利之說。首足以使人知實利之所存。又隨以個人利益與公衆利益一致之說。因勢利導。而託美名於公利。此實足以震撼當時階級秩序之社會。而所向無敵者也。故後世論者。或謂重農學派偏重個人主義。幾與無政府黨相類。殆非誣也。此等學說。自今日視之。其偏激固無待言。揆諸彼時之事勢。殆有不得已者存。未可膠柱以詆昔賢也。要之重農學派。其紕繆之見。過激之論。固不少。至其變革羣治之面目。改良生計之學理。厥功甚鉅。不可誣也。其排擊干涉。主張自由。實驟開斯密亞丹以後一新天地。其勢力不亦偉耶。不亦偉耶。

第九章　斯密亞丹學說　部乙一之一

德國生計學新學派之泰斗羅士哲 Roscher 嘗有言。『斯密亞丹者。立於生計學史之中心者也。斯密以前諸家。皆爲斯密學說之準備者耳。斯密以後諸家。皆爲斯密學說之修補者耳。』美國皮爾利亦言。『斯密「原富」之初出世。正與美國宣告獨立同年。此書亦一種獨立之宣告也。彼摧破重商主義之邪說。而使生計學爲一獨立之學科。其聳動一世之耳目。而別開一新時代。殆與哲華遜（按美國獨立檄文之主稿者也）之檄文同一功用。哲華遜檄文。震撼政治界。斯密著述。震撼生計界。故論者或謂生計學之鼻祖。非亞里士多德而斯密亞丹也。良非偶然。』新民子曰。吾著生計學史。至斯密時代。使吾生一種異感。吾乃始驚學問左右世界之力。如此其宏大。吾乃始驚二百年來歐美各國。以富力霸天下。舉環球九萬里爲白種人一大「瑪傑」。而推其波助其瀾者。乃在一眇眇之學士。嗚呼斯密氏之學說。披靡西士者已百餘年。今且爲前魚矣。爲積薪矣。而其書乃今始出現於我學界。斯密原富嚴譯本去年始印行然且鄉曲學子得讀之者百無一焉。讀之而能解其理者千無一焉。是豈不可爲長太息也。吾今故略敍斯密之性行學術。且舉其全書十餘萬言。撮其體要。以紹介諸好學諸君子。本章所舉之詞一依嚴譯蓋無以易之也其所臚學說視他章較繁茲不避者重鉅子也然提要鉤玄處亦頗費苦心讀者當能鑒之吾欲以此爲讀原富者之鄉導云爾

斯密。Smith 名亞丹。Adam 以千七百二十三年六月五日。生於蘇格蘭之卡可底。Kirkcaldy 初受教育於鄉學。學業大進。以記性絕倫聞。千七百三十七年入本國克拉士哥大學。四十年轉英國惡斯佛大學。其所最嗜者爲數學物理學歷史哲學。常慨然有改良羣治增進民業之心。四十八年再歸蘇格蘭居愛丁巴拉府。始與碩學謙謨 Hume 交。五十一年爲克拉士哥大學教授。講倫理學及道德哲學。始有名於時。其講倫理學也。分爲四科。一曰自然理學。Natural Theology 二曰道德學。Ethics Proper 三曰國法學。Public Law 四曰生計學。Political Economy 凡任此校講席者十一年。其時謙謨所著生計學書初出世。斯密讀之大有所感動。益潛心以研此問題。千七百五十九年著一書題曰「感情論」Theory of Moral Sentiments 此書所論略與蘇格蘭學派首領赫欽遜 Hutcheson 李特 Reid 等相合。蓋以倫理學上同情主義爲基礎。論者或疑此書與其後此所言生計學理多相反。而不知斯密之哲學本受「自然說」Theory of Nature 之感化。傳陸克 Locke 謙謨赫欽遜之衣鉢。其後此主張生計自由 Economic Liberty 皆此精神所一貫而已。

千七百六十四年去大學。游歐洲大陸。僑寓巴黎者一年。其在巴黎也。與奎士尼渣爾噶見前章及其他哲學家。公法學家。生計學家相親交。於法國生計學說大有所得。六十六年歸國。隱於故鄉卡可底者十年。千七百七十六

年突然以原富一書公於世原富原名 An Inquiry into The Nature And Causes of the Wealth of Nations 譯言考究國民之富之天然及原因也七十八年被舉爲蘇格蘭稅務長八十四年喪母瘠毀過度越六年爲千七百九十年七月斯密亞丹遂卒得年六十七斯密之病革也語其友人列德爾曰『吾一生事業無可表見今遂不得不死耶』嗚呼以斯密之學術開拓萬古推倒一時爲學界建一至高至大之紀念塔而其欿然不自足也若此大哲之風度吁可敬矣

今請言斯密著述之要領

斯密首以國民之勞力爲富之大源以謂勞力者國民所賴以得日用百物之供給者也斯密固非謂勞力爲生產上獨一無二之原質然於卷首特提出趣重力作之義殆所以示別於重商重農之兩學派也而其論勞力之效以分功爲第一要義謂分功之繁簡可以覘人國治化之淺深而又言分功學理之適用農業不如工業卷首論分功之效一篇其學識已敻超前古者矣

斯密又論分功之起原由於人類有欲交易物品之天性其言曰功分而生財之能事益宏雖然非前知其能生財然後分之若此也蓋起於不得已焉人生而有羣天與之以有欲其所以養此欲者非一人之身所能備也勢必取於相資故有質劑（謂相易以約者）有交易（謂相易以物者）有買賣（謂以財易者）而生事以供亦有此三者而分功以著治化既開易事乃始易事既有乃各審其耳目手足之所宜各操一術焉以前其羣之用勞一人之心與力而各有所出自享不盡斥其餘以爲易以給他人之求而己亦得所欲此分功交易所以相因爲用也

斯密又論分功之程度與市場之廣狹相爲比例蓋山城小市貿易寡通其民若專攻一業則自用而外多致餘

饒而莫與爲易。故不得不舍其專而業其兼。輟此業之有餘。補彼業之不足。然後生事得粗具也。因論分功之所始必在瀕海多江河之國。以其交通便。故市場廣。市場廣故百工興也。近世歐美諸國。汲汲然求市場於遠地。勢將合五大洲爲一大「瑪傑」。皆實行斯密分功之政策而已。

斯密又曰。分功局定。則民之生事取足於己者日以少。待給於人者日以多。故易之爲道尙焉。雖然爲易之始。必有所窒。使乙之所以易。非甲之所欲有。則易之事將窮。有智者起。別儲一物。使隨時隨地出以爲易。人皆樂之而不吾拒此物也。名之曰「易中」。是卽貨幣之所由起也。人各持此易中以易所欲得之物。然物萬有不齊也。故不得不定其價格焉。以爲相易之準。斯密論物之價格。分爲二種。一曰利用價格。（物每有利用甚宏。生事所不可無。而不可以相易。空氣水火是已。）二曰交易價格。（物有利權甚大。而利用蓋微。珠璣寶石是已。）夫物苟不可以相易。則其價格蓋可勿論。故專論交易價格。

斯密乃論物有直値與市價異。凡人所有之物。皆自力來。始也以力致物。今也積力於物。及其未毀斥以與人或易物焉。或得錢焉。自我觀之。其所得者必其與是力相當者也。故功力者。物之所以相爲易也。若是者謂之眞値。雖然。於入市之際。而曰吾較量吾所用之力。以取償焉。吾能計之。而購者未必能也。故取定於兩家當市之評。甲仰而乙俯之。乙出而甲入之。至於各得分願而止。若是者謂之市價。

斯密又言。吾欲求得一物。以衡量萬物之眞値。以審其貴賤之差。吾思之吾重思之。其可以爲諸値之程準者。宜莫如人力矣。成一物而費功力若干。自勞力以産物致貨者言之。無論何地何時。其所費之分量一耳。故費力多者其物貴。費力少者其物廉。惟功力有恆。可以爲物値之準。以此而衡量一切萬物之價格。可謂最公而獨眞也。故人力爲眞正之價格。貨幣不過名義上之價格而已。

雖然。物價亦有析分焉。當民之初羣。無占田。無積聚。故交易價格。惟視產物致貨時所費之功力幾何以爲差率。及羣治愈進。而物價所含之性質亦愈複雜。疇昔地無所專屬也。及後世分民分土。而天下之地皆私財。於是乎有地主。勞力者必資土地乃能產物。而土地既非所自有。遂不得不納租賦以乞貰之於地主。分其勞力所得之若干以爲償。若是者名曰租。（日本謂之地代）又生民之業。皆力作於先食報於後。二者不能同時。方其力作。非先有以贍其口體。固不可也。則必仰於積聚者之家。積聚者出其母財以飭材焉。以餼廪焉。及其成貨也。又不得不分其勞力所得之若干以爲償。若是者謂之息。（日本謂之利潤）除租與息之外。其成貨而售之也。猶足償其勞力所費而有餘。若是者謂之庸。（日本謂之賃銀）租庸息三者。物價之原質也。即一物之價論之。將見或彼或此。或僅一焉。或兼三焉。而皆統於是三物者。顧租庸息雖不同物。而其始則皆勞力之所出。故皆可以功力爲權度也。

斯密復論經價與時價之不同。經價者。卽物之眞值。所以致是貨入市之全費也。卽合其所納於土地之租。所償於資本之息。所酬於勞力之庸。而所售適足以相抵者是也。時價者。當市所售之價也。時價與經價異。或等或過或不及。而常視供與求相劑之間。（持物求售者謂之供。人欲得物者謂之求）使供之數不及乎求之數。則有力者寧出過經之價以蘄必得。供少求多。則求者競。競則時價優於經價矣。使供之數過乎求之數。以經價求者無多。而急售者衆。求少供多。則供者競。競則時價劣於經價矣。故時價者常爲競爭力所左右。而動搖於經價之周圍。所謂供求相劑者。則任物自己。而二者常趨於平也。夫供求相等。爲實事所絕無。而勢之所趨。又常以相等爲的。蓋供過求。時價劣經價。則供者必受敝。受敝則遷。遷則供者減。而與不及之求相劑矣。求過供。時價優經價。則供者必獲利。獲利則徠。徠則供者增。而與太過之求又相劑矣。斯氏此論。可謂通物情之窾奧。洞天地之大理。言利也而進乎道矣。

斯密又以爲經價之成本於三物。即租庸息三者也故經價之變。又視三者而爲差。而三者之差。則視其羣之或貧或富。其治化之或進步或中立或退行因覃思博徵以推明諸變相待之理。

斯密之言曰。庸率之高下。定於受傭者與雇傭者兩家之約而二者之利常相妨。受者惟恐其少。雇者惟恐其多。兩者競爭之結果。而常率出焉。然雖最低之庸率。亦必使所得者有餘於二人之自養。然後其事之可長。而一國之庸率其能優於此最低率若干度恆視其國之貧富以爲差。蓋力役爲物。與百貨同體。庸者力役之價也。庸之消長。亦視供求相劑何如。國富則母財足。興業多。需傭衆。求過於供。而庸率騰。國貧者反是。是故察國財之進退。莫著於勞力者之庸。庸優者進。庸劣者不前。此誠必至之符。至然之驗也。

案中國庸率。近日如大優進者。然他地吾不確知。若廣東京津諸地。則視數年前倍蓰焉。有明證也。然則是亦可謂爲我國國財增進之現象乎。曰。是又不然。庸率之進。固由興業之衆。而此興業之母財。非出自我。而出自人也。母財出自人。則其贏入於人。生計學之公例。庸薄則贏厚。庸厚則贏薄。西人今患庸過厚而病贏。故其擁資本者。皆以懋遷於庸薄之地爲利。彼其所以爭輳集於中國者。皆爲此。非欲以劑吾庸。實欲以吸吾贏耳。今者外財驟來。求傭者之數驟增。而道路不通。內地之傭。未能遽出以劑其供率。於是庸額驟漲焉。然我所得者僅此小部分之庸。而大部分之贏。已盡歸他族之手。吾人欲求贏而不得。則財產虧耗。民生日敝。加以物價隨庸率而騰踊。受庸者雖得稍高之率。亦不過僅足以自給。而前此挾小資本以求贏者。今後則無可復望。勢將自降以乞爲傭於人矣。昔印度及其餘野蠻人所居之地。當白種初入時。皆嘗經過此現象者也。言念前途。毛骨俱悚。

惟贏亦然。按贏即前所言之息然息之界狹贏之界廣故當言租庸贏依嚴書之命名也說見嚴譯原富釋贏篇贏之厚薄。亦常與國財盛衰相消息。雖然。二者之所因同。而其所以因者大異。庸率爲正比例。而贏率則爲反比例也。蓋功力之酬。多乃有養。必國財厚而後庸率高。而母本之斥。少則渴乏。故國財衰而後贏得厚也。

斯密次論業異庸而贏不同之故。推本於自由政策。而攻擊政府干涉之爲失計。其言曰。苟聽民之自己。而不加擢塞驅縶於其間。則一國之中民生諸業。凡所以致其力而役其財者。將苦樂利不利相若。都邑錯處。風氣棣通。一業獨腴。則民將自趨。一業獨瘠。則民將自抑。將各審其內外之分。以與其所居之羣相劑。不必在上者爲之焦勤也。惟在上者爲之焦勤。而後民失其自由。而業之不齊以著。故曰。民如水。自趨平。又曰。國助不如民自助。

案斯密此言。蓋針對歐洲當時治體而言也。彼時承重商主義極盛之後。各國政府。專以干涉爲政策。干涉之弊。民失其情。物失其理。原富第一篇第十章。臚舉當時政令約束之種類有三。一曰限其人數使之少。二曰增其人數使之多。三曰禁其徙業使不得自然通流。夫以當時歐洲民智既大開。民皆知所以爭自存之道。然猶限制之若此。誠哉其爲民病矣。若我中國。則政府之與民業。向來漠不相關。切以云自由。則中國民之自由極矣。而其弊又若此。故斯密之言。治當時歐洲之良藥。而非治今日中國之良藥也。治今日之中國。舍前此所謂哥巴政略克林威爾政略者。其道無由。且歐洲非經前此重商主義一度之訓練。而其民又安能神自由之用也。況乎今日帝國主義日行。各國之民業。皆以政府爲後楯。以出而競於世界。當其鋒者。又豈以一私人之力而能奏效也。讀斯密書者。亦審其時衡其勢。而深知其意可耳。

斯密之論租也。曰。合三成價。租與居一焉。而其所以入價之情。與庸贏大有異。庸贏之高下。實物價所以貴賤之因也。而租之重輕。則又物價貴賤之結果也。何則。使市價溢於經價。則所溢者將斷而爲租。使適如經價而止。則租無由出矣。故地之所產有物焉求常過供。則市價常溢。人乃寶其地焉。故常得租。有物焉求或過供或不及供。則市價或溢或不溢。人乃遲回以擇其地焉。故或得租或不得租。是租入之大例也。

租庸贏三者。固物價之原質。而民所賴以養軀命繕家室長子孫者也。因茲三塗。而各羣中可分爲三大階級。一曰地主。食租者也。二曰勞力者。受庸者也。三曰資本家。享贏者也。而三塗之利害。與通國之休戚。則有合有離。地主之利害。與國之休戚最相關切。蓋民至合羣成國。其中一切進化利民之事。凡可使地產日增民生日裕者。無一而非有土者之大利也。故必物產滋然後租入鉅焉。必田野闢然後物產滋焉。必民業盛而後田野闢焉。民業盛田野闢。而國不休者。未之聞也。勞力者之利害亦然。大抵庸率最優。莫若進治向富之國。中立不進。所得將微。故國勢進盛之秋。大利固歸於產主。及其衰退。則蒙罰尤酷者。又莫若勞民也。獨至第三級之資本家。則其利害常往往與公益相背馳。蓋民貧然後子錢加。國彌富則息率彌微。國治衰退。民生困窮。息率彌大至其極高。而國與羣殆將亡而散矣。

案斯密治衰息重之論。嚴氏嘗駁正之。見所譯原富部甲下案語。今不具引。

此原富第一編之要領也。

原富第二編。論資本積貯之事。斯密以爲一家之積貯。常可分爲二物。一曰支費。二曰母財。（即資本也今從嚴譯）支費者。即用即享。所區之以給旦夕者也。母財者。食功發業。所斥之以規後利者也。母財又分二種。一曰常住母財。二曰循環母財。常住母財者。以宿留而得利。麗於主人者也。循環母財者。由財殖貨。由貨鬻財。財復成貨。用流無滯。然後利生。以躅施而得利。離夫主人者也。常住母財之重要者。(一)器械。(二)行店倉廥等建築物。(三)農產上改良諸事業(四)人民本身之技能。循環母財之重要者。(一)貨幣(二)農者牧者之廩食(三)製造家之原料品(四)製造已成之物品等皆是也。

斯密次論國民之歲入有總殖實殖之異。論國財之進退。不得徒即地之所出民之所登。凡一歲之總殖而計之。欲等國財。必計實殖。何謂實殖。國之歲進以補苴通國常住循環二母之外。而尚有餘。得除之爲支費。即用即享者。夫是之謂實殖。按譬諸一鋪店然其年結通共進銀若干存銀若干然必除出其所存鋪店器物之常住母財除出其預備購貨運轉之循環母財其餘所贏乃爲實殖一人如是一國亦然綜一國之實殖。則常住泉幣二者。皆不可闌入歲計。蓋泉幣者通財之輪轂。而大異於所通之財。泉幣雖爲交易便事之大器。然始也營造之。繼也保持之。皆於國之實殖有損焉。是不可以不察也。斯密氏緣此思想。乃倡論謂不如置三品之金。而代之以鈔幣。所代之數。如其所欲。名其視泉幣也。營造之奢儉相遠。而易挾過之通財輪轂。得此而益便益輕。因喻泉幣爲地上之道路。鈔幣爲空中之飛輪。後人以爲有名之設譬云。

斯密復進論人功有生利不生利之別。生利云者。致力於物。而物值以增。如彼製造之夫。以其功力被於物材。成器之後。其值遂長。己之生業以進。主人之贏利以多。是其類也。不生利云者。用力雖勤。而無後效。如彼便辟使令之人。其勞亦至。而功不被物。去而無跡者。是其類也。斯密所謂生利與尋常所謂有用者。其意義不同。故執政官、軍人、教士、法官。皆屏之於不生利之列。以爲是皆屬民而自養者也。此其義。後賢聚訟紛然。謂其徒尚有形之利。而不數無形之利。知民力之生財。而不察民德民智之有關於生財者尤鉅。誠哉其於論理有所未圓矣。雖然。亦可見當時蒙干涉之餘害。武人教師。穴羣爲蠹。無狀滋甚。仁人君子。慨世憂時。致爲矯枉過直之言。亦如許行並耕之僻論。爲在戰國時代應有之義也。知人論世。則斯密氏之言。不勞訴病焉耳。

斯密乃言曰。總一國之民。無論或勞力或不勞力。勞力矣。或生利或不生利。其待養於地之所產。民之所出則均。顧一國歲殖。只有此數。惟其養徒食者數寡。然後贍能生者數多。贍能生者數多。而後國之所殖。乃歲進。因縱論夫稽一國之富。率在比較其歲殖之用。爲母財。用爲支費。二者之孰多孰寡。以爲斷焉。

斯密又以爲節儉者。增進國殖之泉源也。惟儉有以獎勤。蓋儉而後母增。母增而後勤者有所藉手而致力。以其有所致力而勤。民乃以日多。一國之產。由生轉熟。而產業日赴繁榮。故節儉者之所積蓄。雖亦常歲耗而無遺。而與彼豪侈者之所歲耗。其性質大有所異。蓋彼之所耗。或待賓客。或養僮奴。食焉而無所復。此之所耗。以蓄傭工匠師若將作。耗盡之後。復其母於所成。而贏利附焉。故節儉之家。歲有所餘。區以爲母。以養勞力生利之功。一養之後。歲歲無窮。母轉爲貨。貨復轉母。一國生利之民。皆將賴之。豪縱之家。歲入不足。則蝕其母。蝕母則移生利之財以從其不生利者。蝕者其母。遂並其所生之子而亡之。於是歲產以微。而國財坐減。故一國之豪侈。使無節嗇之民以與之相救。勢將奪勞民之力。以贍無所出之惰民。其敝不止自貧而已。浸假必貧其國。蓋此縱豪家所費物品。無論其出自本國。出自外國。而其害一國之母財。使生利之民失養者一也。故曰奢也者國民之仇讎也。儉也者國民之父母也。

斯密又以爲一國之土地人民。既只有此數。於此而欲增加每年所出之國產。則不可不謀增生利者之人數。與夫生利者之生產力。（謂力之被於物而生產之者也）而增之之道。必務所以給養其工事。改良其器械。則多額之資本。其最要矣。資本非能人人具足也。於是乎有貣貸。斯密之論貣貸也。以爲貣者之所取。貸者之所予。其實皆非在錢幣。不過在錢幣相當之價值而已。故以財貸人者畀之以御物之權。取己所得役之物力以與人也。故假人以母財其事與畫其歲殖之一分以借人者無以異。其爲此也必有期。當期貣者歲有所納。是之謂息。及其期盡。貣者之復如所貸者。是謂還母。國之總歲殖。必有一分以復母財。惟母財之待復者愈多。其國中之息率乃愈大。此其事亦與物之市價同。視乎供求相劑之數。以爲贏縮。國富而所積多。母財日廣。則贏率日微。有母財者求善業而用之難。難故其勢競。自不得不廉其息以徠生利之功。夫如是。故息日減而庸日增。息減由於庸薄。庸增由於母多。此富國之工民所以日舒也。

斯密又論疇昔各國有以貸財取息爲不義而設法律以禁之者。此實非法也。蓋得人財而用之者。其勢必將有所生。則其分利於主人。亦物理人情所宜然也。夫貣焉者固必急於得財。而貸焉者亦常不甘於無息。既設之禁。則通財取息之家。有懷刑之懼。欲貸出而有所難。於是乎急欲貣財者。非加優其利息。則所貣將不可得。以生計學學理言之。則常息之外。又須加以保險矣。故禁息之令。實反爲重息之階也。此斯密氏論利息之大略也。

斯密又論用母財以生利者。因其所投之地所擇之業之不同。故其所以鼓舞興發之人功亦大有異。而所生後利所以增進地產之價值者亦隨而異。大抵母財爲用。分爲四塗。一曰登成生貨取之自然者。若農業若礦業若漁業是也。二曰製造攻修轉生爲熟者。工業是也。三曰轉運百產挹盈注虛者。凡行商之以舟車漕輓大宗貨物者是也。四曰販鬻售零周給民用者。市店之賈人是也。四者假名之曰農工商賈。其業雖不可偏廢。然其用資本同。而其所鼓之民功所增之物值。遞有所異。農利爲最。工利次之。商賈之利又次之。農也者。常利用天然力以副人力者也。故其所生之後利。常大過於其所前費者。不徒資本家得其贏耳。而又益以地主之租。租也者。復農所前費。加贏率而尚有餘者也。其業廣而所容生利之民多。其事順而所增成物之值鉅。故富國必以農爲第一義。而工復優於商。商復優於賈。蓋工也者。常能復農者與他工之所費而益以贏。商者常能復農工之所費而益以贏。賈也者。則僅復商者之所費而益於物值希矣。此役財治生而於羣利之廣狹各有不同之大概也。

以上所述。皆原富第一第二編學說之要點。斯密氏關於普通生計學之意見也。後此所謂英國正宗派。皆祖述之。以爲茲學之淵源。而近世諸國之學者所引申所論駁。亦皆以此爲論理之中心。故有志斯學者。不可不尋繹而熟究之。

原富第三編。專詗諸歷史以研究近世歐洲諸國民之產業組織。而敍述其發達之所由。此亦斯密一特長也。近人論十八世紀之哲學家。謂其所最缺乏者爲歷史的精神。其間惟蘇格蘭之學者稍免此弊。若斯密亦其一人哉。雖然斯密一面注重歷史之研究。一面又昌言事物自然之順序。其所說有不免互相矛盾者。後之學者往往駁正。今勿具引。

原富第四編。專排斥重金主義。而發明國際通商眞利之所存。斯密學說之丕變一世。而影響於歐洲產業界之革命者。以此編爲最。斯密乃詳言財富與貨幣之爲二物。其言曰。物品不轉爲貨幣。其用自存。貨幣不轉爲物品。其用斯廢。故貨幣常有求於物品。而物品不必常有求於貨幣。其理甚明也。民之得物品將以享用者。不必復售也。而其得貨幣也。其終必以求物品。故由幣得物。可以爲終事。由物得幣。不可以爲終事。若是乎則民之欲貨幣者。非欲貨幣。而欲其所能易之物也。彼認貨幣與國富同物者。何取焉。

斯密更取重金派所懷抱兩僻見而解駁之。其第一說。則謂金銀無蝕毁之患。寶之累世。則國富無量也。斯密駁之曰。英出鐵器。以易法之酒醪。而人莫或以爲失計。夫鐵之耐久。亞於金銀。論者胡不曰常寶其物。毋使出國。積之累世。則鼎鐺之富無量也。夫彼必以爲國之需鼎鐺也。其數有限。徒富其物。過於烹飪之所資。是謂大愚。苟一旦飲食之事加多。鼎鐺之用。將不期而自足。不招而自來。而硜硜然寶之於數代以前。甚無謂也。此其言是也。獨奈何以鐵言則明。以金言則惑也。國之需金銀。其數亦有限。鐵所以爲鼎鐺。而金銀所以爲圜法。圜法之用。所以媒介物品。而圓滑其轉輸。苟物品之待轉者多。則國內雖無一金銀礦。而黃白之在荒遠者。將梯航而自臻也。然則積彼餘於用之金銀。與積彼餘於用之鼎鐺。其智相去幾何矣。況餘於用之物。又斷非以人力所能强積也。方其有用。則其數自增。方其無用而强多之。則其用亡而其數且轉減。蓋其爲物之易挾如此。而停積之虧又甚鉅。苟一旦供過於求。雖有峻法。夫亦安能止其勿出國也耶。蓋斯密之意。謂金銀之爲物。每應夫供求之率以分配於各國。常去其所不需之地。而趨於所需之地。必非以人力之所能左右也。

案精琪氏草擬中國新貨幣案。以限制所鑄貨幣總額爲第一義者。原本此學理也。

其第二說則謂一旦有事於境外。則軍興所需。全恃金銀。積之於平時。夫然後臨事乃可以無乏。斯密駁之曰。不然。海軍陸旅之所以爲養者。在糧食不在金銀。使其國農工商三業既隆。有以與遠方之食貨爲易。則雖無金銀。可以伐國。因舉七年戰爭之役（此役由英法爭加拿大而起普與英合奧與法合兵連七年）謂英之兵費凡九千萬磅。而當時國內通寶總額不過一千八百萬磅。其時國主未嘗有私積。而民間之銷鎔金銀器以充軍用者。亦未之前聞也。是軍事不恃豫蓄金銀之明證也。斯密乃論遠征之師所以餉其軍者。不出三途。致其國所前積之金銀。一也。致其國工業所成之熟貨。二也。轉其國農功所登之生貨。三也。而三者之中。其第一法勢不可行。其第三法勞費多而結果少。故製造熟貨之轉輸。實爲餉軍獨一無二之富源。苟製造品之轉運無窮。則數千萬之金錢。再出再入。而吾民固未嘗覺也。質而言之。則有物品者不患其無以易金銀。而彼硜硜然以多藏爲軍實之豫備者。徒見其心勞日拙而已。此種理解。在今日固人人能道之。而當斯密時代。不可謂非特見也。

疇昔當重商主義之盛行。學者以謂國際通商。其目的專在歛進金銀。金銀非富之義已明。則前說已無復存立之餘地。然則國際通商。其利果安在。斯密以爲大利有二。一曰出有餘。二曰濟不足。夫一國地方民功之所產。而至於有餘者。物雖供而莫之求也。故有餘則無利。通商者致有餘之產於方求之國。而鬻其最貴也。物有其不足者。有求而莫之供也。故不足則生鬱而事或不周。通商者致他所易供之貨。以濟吾土所不足。而買其最廉也。是故一交易之間。而其利並起。此斯密解釋國際通商之定義。而一破數千年之迷夢者也。

斯密又曰。使兩國通商。而其所易者皆國中之所產。則兩國交相利。而所利惟均也。此所有餘。彼則通之。此之母財。彼則復之。始也各出其財力以恢其國中之地產。繼乃通其有無。而無用者轉爲有用。而以租庸息合三成價之理。其終利乃散於民間焉。是故兩國之民。雖不相謀。而實爲相養之事。以其所易之貨均也。故其始之斥母亦均。斥母均故國民之相養亦均。然則國民受利之多寡。相養之廣狹。視彼此交通之微鉅。然則與吾爲通之國。必其購買力與生產力愈富者。然後吾之所得於彼也乃愈饒。（彼之所得於我者亦然）亦必彼國之總殖歲進。然後其購買力生產力乃愈富。故眞明通商原理者。未有不望其鄰之富者也。而前此狹隘之商戰主義。乃謂國不求利則已。苟其求之。必致損於他邦。一若盡力以使餘國皆貧。而後吾富乃大成。此眞大惑不解者也。

案斯氏之說。卽合全地球以行大分業。所謂生計無國界者也。前此之持通商政策者。以是爲損人利我之一機關。及斯密氏起。始使天下共曉然於兩利之始爲眞利。反是則其道必不可長。而反以受其敝。二百年來世界通商政策生一大革命。皆斯密氏之爲之也。雖然。世運遞變。無往不復。近今則保護主義之反動又大起矣。其故於下節詳述之。

重商派之所最謹者。謂欲塞金銀之出國。道在審進出差。進出差者。總進出口之貨相抵之餘數也。使出者多而進者少。則爲差正。而所贏在我。收價於外。而後平。則我之金銀增矣。反是則爲差負。而所贏在人。出價以償而後平。則我之金銀減矣。疇昔政治家所以汲汲焉講求保護政策。阻遏之於所入。而獎勵之於所出者。皆以此故。斯密乃首言進出之差。無從指其正負之實。次言差正差負。無與於一國總殖之虧盈。其說如下。

斯密曰。常法稽兩國進出之差。而得其較大者。不出二塗。稅關簿錄一也。兌費贏絀二也。顧稅關評定物價。事求簡徑。固多漏略。故其所綜。常非物值之眞。而不可以爲典要。至兌費之不足依據。亦與稅簿正同。蓋債逋往來之差。未必卽爲貨物進出之差。而債逋之差之正負。又未必卽爲貨物之差之正負。蓋兩國債務之交涉。不恆由於兩國之徑爲交易。視其地所通之廣狹。而牽聯常及於數地。一也。按斯密之意謂甲國對於乙國之正負未必爲眞正負譬如甲國每歲匯出於乙國者二千萬乙國匯入甲國者僅千五百萬則甲國似爲負矣然或丙丁等國之貨物經乙國以達於丙丁而乙國本產之貨輸入甲國者實不如甲輸入之多若是者則甲不已正而乙不已負乎此其理也此指一國對一國之正負言也若一國對羣國之正負則不必計及此矣。各國泉幣精窳互殊。圜法章程不一。以致名實紛殽。銀行號稱平兌。實乃不平。所謂贏絀者。未必果爲贏絀。二也。案論者以金融之緊縮卽爲差負之證故斯密詳辨之 準此以談。則尋常所謂進出正負差。其與於綜覈名實者幾何矣。

夫進出正負差之難遽定也旣若此。然使果爲差正。亦未必遂爲國之福。果爲差負。亦未必遂爲國之病也。蓋輸入過度。則一國貨幣之貯藏減固也。然愈減則貨幣之價格愈騰。物價隨而下落。物價落而輸出必復增。增則貨幣旋歸矣。輸出過度。則一國貨幣之貯藏增固也。然愈增則貨幣之價格愈下落。物價隨而上騰。物價騰則輸入必復增。增則貨幣旋散矣。蓋幣之爲物。其性質亦與百物同。應於供求之趨勢。任彼自已而自底於平。然後知沾沾焉以差正自喜。戚戚焉以差負自危者。果無當也。

附論進出正負差之原理及其關於中國國計之影響

案對於國外貸貣之總額。不能全以稅關簿錄爲憑。無論關簿之必不可憑也。卽使可憑。而兩國貸貣之數。實不僅在貿易故也。近世學者推論貿易以外之國際貸貣關係。其重要者五端。

第一　旅行交通所消費者。吾民遊於他國。則金錢外出。他國民遊於吾國。則金錢內歸。

第二　承買外國之公私債而貸與資本營業於外國而投下母財者。其貸與投下之時。則金錢外出。其收還之時。則金錢內歸。

第三　當其貸與及投下之時。每歲當有利潤。若他國人爲我債主及營業於我國者。則金錢外出。若我爲彼債主及營業於人國者。則金錢內歸。

第四　凡一切國際交通事業若運送業銀行業保險業等應得之利益。若其業全在他國人手。吾事事須仰託於彼者。則金錢外出。反是則金錢內歸。

第五　海外工人之工金。他國民傭於我國者。則金錢外出。我國民傭於他國者。則金錢內歸。

嘗觀日本大藏省理財局之統計。其在通商貿易表以外。每歲應支出收入之總額。其類別如下。

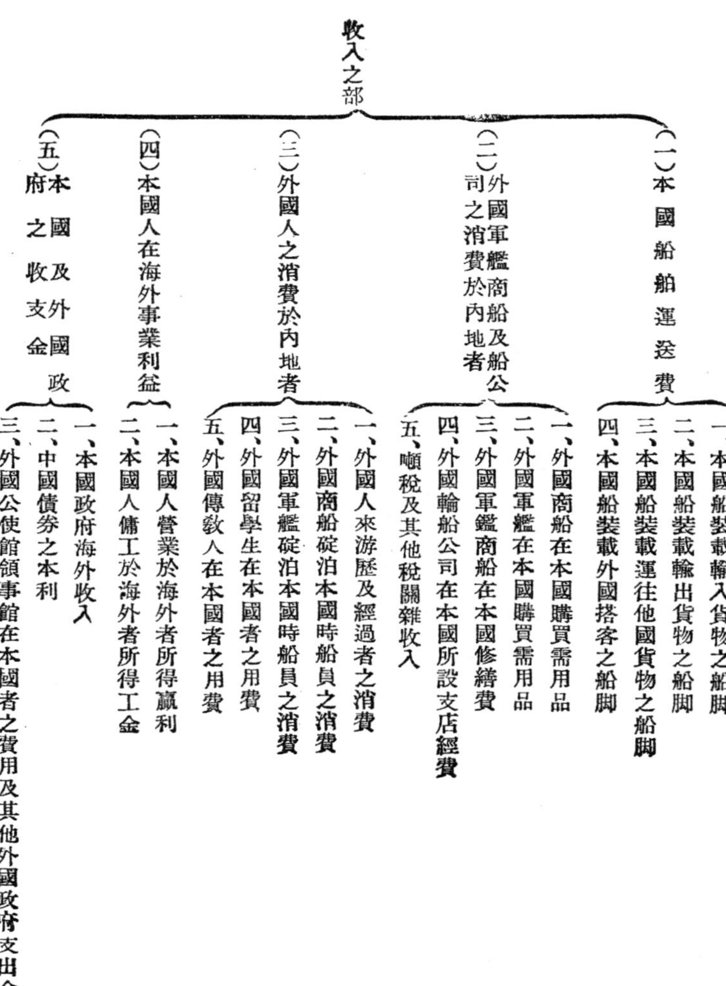

支出之部

- (一)外國船舶運送費
  - 一、本國人搭外國船之船脚
- (二)本國軍艦商船及船公司之消費於海外者
  - 一、本國軍艦商船在外國購買需用品
  - 二、本國輪船公司在外國所設支店經費
  - 三、本國軍艦商船在外國修繕費
  - 四、噸稅其他諸稅及蘇彝士運河通航稅
  - 五、船舶保險費之納與外國保險公司者
- (三)本國人之消費於海外者
  - 一、本國人往外國游歷及經過者之消費
  - 二、本國軍艦商船碇泊外國時船員之消費
  - 三、本國留學生在外國者之學費
  - 四、海外布教用費
- (四)外國人在內地事業利益
  - 一、外國人營業於本國者所得贏利
  - 二、外國人貣資於本國者所得贏利
  - 三、外國人存金於銀行者之利息
  - 四、外國人匯返其本國之工金
- (五)本國政府支出金
  - 一、在外國之公使領事館經費及其他政府支出金
  - 二、購買兵器彈藥費
  - 三、外國公債本利

由此觀之。則國際貸貣之種類甚煩雜。而斷不能徒以海關貿易表之正負。指爲國財出入全額之正負明矣。苟惟貿易表之爲據也。則近百年來英國之貿易表皆爲差負。且其負數甚鉅。一八九七年差負一百五十八兆磅一八九八年差負一百七十七兆磅而英之富何以稱焉。而不知英人之投資本以營業於外國者。每年所得贏利在九千萬磅以上。其船舶運送代

價所得七千磅以上。代乙國轉運貨物於丙國。而得其媒介之利者。一千八百萬磅以上。卽此三端。已足償貿易表之差負而有餘。自餘若德若法若荷蘭。大都類是。觀於此而歎重商派之斷斷於貿易表上之統計者。眞所謂知二五而不知一十也。

以近世學者之所觀察。則一國之總差正總差負。（不專指貿易表）皆各有其利病。所爭者全在其致正致負之原因。而不在偶正偶負之現象。質而言之。則徒以正負而論定其國殖之榮瘁消長者。是所謂武斷之論。而不應於實情者也。

請言富國而得差正者。

（一）全國生產之元氣大强。前此所負於外國之債務。日以減少。而輸出品日增。超過輸入。以博取債權於外國者。（如美國）

（二）貸放大資本於外國。而收其利者。（如英國）

（三）外國前此貸我之資本。今玆歸還者。

請言貧國而得差正者。

（一）因國力已竭。而驟貸厖大之資本於外國者。（如埃及）（當外資驟進時。其國際匯兌自爲差正）

（二）因購買力衰微。無力以銷外國之物品。故貿易表爲差正者。

請言富國而得差負者。

（一）全國生計界大發展。購買力大增加。而收益源在於外者。

(一)新貸出巨額之資本於外國。而未能收還者。

(二)新從外國購入機器等類。而常住母財（日本譯為固定資本）增加者。

請言貧國而得差負者。

(一)本國生產力衰微。全被外國之產業侵蝕。本國之市場。對於外國而純立於「債務者」之地位者。

(二)以他種原因而負巨債於外國者。（如中國累年之賠款是）

(三)紙幣發行太濫。而因以驅逐正幣於境外者。

(四)或購買力外觀似强。實則奢靡成風。競以外品相尚。耗國力於無用者。

由此觀之。則徒見有差正之表。不足為其國賀。徒見有差負之表。不足為其國弔。所辨者不在外形。而在實力之內容。斯密又言費殖差萬不可負。（費者一國之總歲費也。即其支用者也。殖者一國之總歲殖也。即其存蓄之以為母財者也。兩者相待之率。名費殖差。殖過費則為正。不及費則為負。正者其國日富。負者其國日貧也。）而進出差則或正或負。無關於本源。（參觀嚴譯原富部丁上第四十二葉）誠哉其知言也。

吾嘗据此諸例以研究中國之國殖。首諸訶貿易表。已頻年為差負之現象。其表如左。（表中數目皆以海關兩計算）

年次	輸入	輸出	差負
光緒十四年	一二四、七九二、八九三	九二、四〇一•〇二七	三二、一九一、八二六
十五年	一一〇、八八四、三五五	九六、九四七、八三二	一三、九三七、二四三
十六年	一二七、〇九三、四八一	八七、一四四、四八〇	四〇、〇七九、〇〇一
十七年	一三四、〇〇三、八六三	一〇〇、九四七、八四九	三三、〇五六、〇一四

十八年	一三五、一〇一、一九八	一〇二、五八三、五二五	三二、五一七、六七三
十九年	一五一、三六二、八一九	一一六、六三二、三一一	三四、七三〇、五〇八
二十年	一六二、一〇二、九一一	一二八、一〇四、五二二	三三、九九八、三八九
二十一年	一七一、六九九、七一五	一四三、二九三、二一一	二八、四〇六、五〇四
二十二年	二〇二、五八九、九九四	一三一、〇八一、四二一	七一、五〇八、五七三
二十三年	二〇二、八二八、六二五	一六三、五〇一、三五八	三九、三二七、二六七
二十四年	二〇九、五七九、三三四	一五九、〇三七、一四九	五〇、五四二、一八五
二十五年	二六四、七四八、四五六	一九五、七八四、八三二	六八、九六三、六二四
二十六年	二一一、〇七〇、四二二	一五八、九九六、七五二	五二、〇七三、六七〇
二十七年	二六八、三〇二、九一八	一六九、六五六、七五七	九八、六四六、一六一
二十八年	三一五、三六三、九〇五	二一四、一八一、五八四	一〇一、一八二、三二一

据十五年間之統計。則我國之與外國通商。年年爲差負。最少者負至十三兆兩有奇。最多者負至一百兆兩有奇。十五年累計共負至七百兆兩有奇。大約每年勻計四千餘萬兩。而自光緒四年至二十四年。凡二十年間。共借洋債五萬萬元有奇。（義和團賠款未計）每年本息攤還。共須還三千萬。專以此兩項論。則吾中國每年例應償債務已七千餘萬。（前此猶少愈近愈多若近數年來總應每歲百餘兆至二百兆元也）此外若貨物保險費。貨物運送費。政府支出費（即駐各國公使館領事館諸費及其他）外遊者之船費及用費。（中國人在海外者合五六百萬太平洋航路之船恃華人以爲養者十居七八竊嘗略計之香港舊金山線路輪船九艘每年來回合計約共航一百零八次香港溫高華線路輪船五艘每年來回合計約共航五十次每次華人搭客勻計最少應有三百人三等艙船脚每人勻計一百元僅以此兩線路計每歲華人來往總在四萬五千人以上其船脚在四百五十萬元以上而出砵命舍路航香港之

線路尙不計大約每歲吾民往檀香山及北美洲之太平洋沿岸各地者其船費已不下五百萬元矣夫吾民在海外者數百萬南北美洲合計不過二十餘萬耳而其來往川資所費已若茲其鉅已統計全額能無失驚耶以美洲論以上所算僅計其至太平洋岸之費耳而彼等中之强半數或往美國東部南部者或往墨西哥者中美洲者西印度羣島者南美洲者其接續之車費船費尤爲不貲以吾所懸揣南北美洲每歲華人來往舟車費應需七百餘萬元雖不中不遠矣澳洲南非洲印度及太平洋羣島之來往者約當美洲四之一當爲百五十萬元內外南洋一帶若暹羅若安南若英屬新加坡檳榔嶼諸島若荷屬之爪哇諸島若美屬小呂宋次及東方之日本高麗合計華人殆四五百萬其每歲一來一往之總數以最低率命之亦應在五十萬人以上舟車費勻計下等客位每人十五元其總額已登在七百五十萬元以上內惟新加坡至香港汕頭廈門航路有華人自開之輪船公司其船費不入於外國應除出數十萬元大約此諸航路船費爲外國人所得者至少總在七百萬以上合諸美洲澳洲各地則其總額一千五百萬元有多無少也依日本大藏省理財局所統計則此數皆須列入國際貸貣表者矣

綜合諸項計之。則十年勻算。每年平均其總差負總應在一萬萬兩以上。至近數年。則更當倍之。蓋二十八年以來貿易表之差負。已及一萬萬兩。而義和團事件賠款約章中明載。每年攤還本息共四十二兆兩有奇。僅此兩項。已百五十兆兩內外矣。其餘雜項。亦何慮數十兆。此皆我國負擔外國債務之大略情形也。

使如重商派之所想像。凡屬差負之債務。悉須以見金償還。則自光緒十五年以至今日吾國金銀出口者。最少亦應在八百兆兩以上。每年平均總在五十兆兩以上。乃徵諸海關貿易表。則其實狀如何。（表中皆以所值海關兩銀兩計算）

年次	金之出入		銀之出入	
	進口	出口	進口	出口
光緒十六年	…………	一、七八二、三三八	…………	三、五五七、七七二
十七年	…………	三、六九三、二四六	…………	三、一三一、八八六
十八年	…………	七、三三二、○○○	…………	四、八二五、○○○
十九年	…………	七、四五九、○○○	二○、八○四、○○○	…………

二十年	…………	一二、七四四、〇〇〇	二六、三八九、四〇〇	…………
二十一年	…………	六、二二四、〇〇〇	三六、六八五、〇〇〇	…………
二十二年	…………	八、一一四、〇〇〇	一、七二〇、〇〇〇	…………
二十三年	…………	八、五一一、七〇〇	一、六四一、五〇〇	…………
二十四年	…………	七、七〇三、八四三	四、七二二、〇二五	…………
二十五年	…………	七、六三九、七七九	一、二七一、四四四	…………
二十六年	一、二〇二、三一五	…………	一五、四四二、二一二	…………
二十七年	…………	六、六三五、三一三	…………	六、六三五、三一三

据右表所示、凡十二年間、金進口總值銀一百二十萬零二千三百十五兩、銀進口總值銀九千八百六十七萬五千五百八十一兩、合計值銀九千九百八十七萬七千八百九十六兩、金出口總值銀七千八百二十四萬零一百九兩、銀出口總值銀一千七百六十一萬二千四百六十兩、合計值銀九千五百八十五萬二千五百六十九兩、進出比較、進餘於出者、尚四百零二萬五千三百二十七兩、若是乎吾國金銀匪直無所漏卮於外、而反若有贏者、則何以故、吾嘗析分之、以求其理由如下、

(一)由於海關貿易表之不完備也　貿易表之萬難完備、各國所同、而吾國尤有甚者、則以此項報告、專據海關、而吾國之進出口貨、非盡經海關、如直隸山陝之與蒙古貿易、復經蒙古而與俄羅斯陸運貿易、四川之與西藏貿易、凡此皆海關之所不能稽及、竊疑吾國進出之差負、未必年年如是、其甚、必有從此諸路以

補其闕者。

(二)由於外債之輸入也。中國近二十餘年來外債之數如下。

(年次)	(債額)	(債權者)
光緒四年	二、五〇〇、〇〇〇圓	德國
五年	一六、一五〇、〇〇〇圓	滙豐銀行
十八年	三〇、〇〇〇、〇〇〇圓	同
十九年	一〇、〇〇〇、〇〇〇圓	渣打銀行
二十年	一〇、〇〇〇、〇〇〇圓	德國
廿一年	一五八、二〇〇、〇〇〇圓	俄法兩國
廿二年	一六〇、〇〇〇、〇〇〇圓	英德兩國
廿四年	一六〇、〇〇〇、〇〇〇圓	滙豐德華正金三銀行
合計	五四六、八五〇、〇〇〇圓	

以此數論。既已五百四十餘兆圓。而近年以督撫之名義私借者尚不計。譬諸一私人負乙應償者千金。而從丙借得者亦千金。是不過吾之債務移其對乙者以對丙。而於橐中現金之增減無與也。又如負乙應償者千金。而從丙借得者二千金。是不過將來之債務更加一倍。而目前橐中之現金方且不見其減而見其增也。夫國家之借外債。亦若是而已。吾外債之最巨額者爲二十一二十二二十四年三度所借。其總額蓋

四百七十八兆圓除折扣外實爲四百五十兆圓有奇而其主要在用以償日本兵費日本兵費二萬萬兩益以遼東三千萬兩實償三百四十兆圓有奇耳（議和條約本訂分六次交附以百分五之利息惟聲明三年內全交則利息豁免故二十四年之借款爲此也二十四年全償而利息全免也）尙餘百兆則實輸入吾國內而調劑吾生計界者也夫所借以償日本之二百三十兆兩其款固未嘗歸諸我亦未嘗出諸我語其外形不過以甲國之資本移於乙國而於我無與語其實際不過以吾輩今日所負擔分貽諸將來而於目前仍無與也而況乎其所借者尙有餘於所償也然則所以調和貿易表之差負者此殆其一端矣

但猶有一義當贅陳者彼外債之輸入又非輦此五百餘兆之現金以致於我前也果爾則二十一二十二二十四年之貿易其金銀之進口豈不當歲加百餘兆也而顧不爾者則彼償日本之三百五十餘兆直由倫敦巴黎橫濱各銀行兌付日本者固不必論卽其餘額百兆吾所謂流通國內以調和我生計界者亦不過一轉移其債權或以供吾國人支給海外公私債務之用或外國人貿還於我國者不必持其本國之實貨以爲易但擕此債券已可在中國各口岸之銀行得現金而捆載吾貨以去云爾故此中關係不過在銀行金融機關之一轉捩而於金銀進出之差正差負毫無與也

（三）由外人競投母財以營業於內地也　前節所論則前此埃及生計界所以曇花一現驟呈活氣者皆此之由然以此解中國進出差負而金銀不漏之理由則猶未能盡也蓋所借外債之大部分實用以還賠款而流通我國者不過少數若曰彼債主一轉移其債權卽不必持貨以爲易而可以此款販我貨以致諸彼國則宜出口貨緣此而增而入口貨緣此而減於貿易表上我反爲差正而顧若彼者則外人競投母財以

營業於內地實爲此中最重要一關鍵也今略舉外人在內地經營事業所投資本之數

中國東方鐵路	五百萬盧布	華俄銀行
蘆漢鐵路	三千七百萬兩	比利時新設公司
津鎮鐵路	七百五十萬磅	英德各任其半
山西鐵路	二千五百萬佛郎	華俄銀行
粵漢鐵路	四百萬磅	美國開發公司
山西礦務	一千萬兩	福公司
河南礦務	一千萬兩	英意合設北京公司
四川礦務	一千萬兩	英國會同公司
又	一千萬兩	法國福安公司
安徽礦務	五百萬兩	日本新設公司
又	七百萬兩	英國安裕公司
滬甯鐵路	三百二十五萬磅	英國銀公司
華俄銀行	六百萬盧布	俄國政府
膠濟鐵路	一百五十兆元	德國中央銀行
山東礦務	六千萬元	同

以上所舉不過其犖犖大者。至如各小鐵路小礦務與夫英法兩國在南部接修入境之鐵路。以未能確知其資本額。故不列入。又近年外國人在北京天津及各口岸承辦事件。如電燈電話電車自來水無線電音等之類。尚不在此數。十年以前外人在中國所營業基礎久定者。如各銀行各輪船公司各紡織局與夫置買地皮建造房屋在中國者。尚不在此數。然即觀右表所列。其額之巨。不已令人駭絕耶。雖此等資本。不過預定。並非現時已全放下。然放下者既過三之一。且將及半矣。夫此資本者。彼外人豈其點點滴滴從母國運來哉。貿易表上差負之率。我所應償而彼所應受者。受矣而不持歸。即還以爲母財於我國。此其一也。國債債券應得之利率。舉以之爲母財於我國。此其二也。每歲所受攤還賠款四十餘兆。舉以之爲母財於我國。此其三也。三者之外。若猶不足。夫然後或輦金或轉貨於其本國以爲補助焉。此實現在列强經營中國之情形也。夫其新放下之資本。其贏利未能遽回復也。即至贏利已回復之時。亦每歲勻攤其數。不鉅。不能敵其所放下之「常住母財」(即固定資本)之數也。以多數之母財置諸中國。而歲挾其少數之子以歸。此不足以致中國通貨市場之緊縮也明矣。而況乎所獲之子。或竟復斥以爲母。而永不出境也。夫通商之理。必兩利而後可久。斯密氏言之詳矣。故如斯密之說。必不容有一國常立於差負之地位者。苟常差負。則必其有他道焉以補之矣。否則每歲販貨以來者。必須橐金而去。無論非主人之所能堪。即客亦安所得利也。夫案中國之貿易表。既明見其歲歲之差負。自三四十兆以迄百兆矣。徵諸條約。又明見歲歲四五十兆之償款。等於正供矣。而彼得我此款者。既不見其增運我貨物。又不見其輦空我現金。然則此款究何著也。則外人所投下之母財在我國中者。雖無確實之統計。而可以知其概矣。

（四）由於購置機器各物變爲常住母財也。學者論差負之原因。必以此條爲一要端。蓋懋遷必賴母財。而所購爲尋常物品。則必售甲購乙。售乙購丙。售丙購丁。然後可以獲利。故其性爲循環。如在英倫致千金之貨於上海者。其勢不可不復由上海致千金之貨於英倫（以箇人而論不必自致之。以國際通商而論則本國曾致千金之貨於外者。勢必有外國千金之貨復還於本國也）。進出正負差所以終不能太相懸絕者。皆循此原理也。惟置機器等物。則其母財忽失循環性。而爲常住性。其所責之贏。不在今茲而在方來。夫是以可以不販貨旋歸以爲易也。此又物品與泉幣兩不出口之由也。中國近年購此類物於外者不尠（鐵路用之鐵軌木材等皆是。又政府所購軍艦軍械等亦屬此類。特彼則並失其母財之性而變爲銷費性耳。然其不復以土產相抵銷則一也）。但此項之大部分。與前第三項殆相一致。蓋此種常住母財之所有權。屬於我者甚少數。而屬於外人者大多數也。

（五）由於傭工海外者挾其所獲之庸以歸也。英法德荷諸國。皆有巨大之差負貿易表。而所恃以爲彌補者。全在海外營業之利贏。夫既屢言之矣。吾國人在海外號稱數百萬。而爲商者之數實甚微。其在美洲澳洲等處。大率皆販本國日用雜品。還售諸本國工人。毫不能爭外族絲毫之利。殆不足道。其間有運售絲繡瓷漆等器求買主於外人者。然不過捜整售零。銖積寸累。所得抑至纖矣（中美洲南美洲及太平洋羣島中華人類皆業此。多有致小康者）。其漕輓大宗貨物。挹盈注虛。稍足以當行商之名者。惟日本俄羅斯等處間有之。然資本甚小。贏利亦微。不足爲影響於祖國生計界也。其最有力之實業家。蓋在南洋。如英荷屬殖民地之礦（錫硫居多）之烟酒。緬甸安南暹羅之米。暹羅之木材。爪哇之糖等。吾華人海外營業之大觀。惟此爲最。雖然。彼中所謂有力之實業家者流。大率有適彼樂土菟裘終焉之志。其利贏之還潤祖國者。百不及一二。數內地生計界之影響。殆可置彼等於度外語其關係最大者則傭工所得之庸值是已日本大藏省理財局之報告（參觀前表）其第四項中所謂海外事業利益者分爲兩種其一爲商人營業所得者歲不過一百九十八萬餘元其二爲工人傭工所得者歲至一千二百十九萬餘元其工之所獲多於商之所獲六倍有餘（前表所列十九項中其數以此項爲最鉅）以吾所聞日本人在海外者最多爲檀香山三萬餘人次則美國及加拿大之太平洋沿岸合計亦可三萬人此外南洋菲律賓等處除醜業婦外不少概見自餘占大多數者則高麗及中國北部而已此等貧瘠之地所得勞庸萬不能豐計其所謂千二百餘萬大約屬於檀香山及美洲者當占千萬我國雖無統計不能得其確數然吾民之耐勞苦善蓄積過於日本人日本以六七萬人而歲能輸千萬傭值於祖國依此比例我國人在南北美檀島澳洲南非洲凡諸白人夥多庸值甚昂之都會者合計不下三十萬人歲當能輸四千萬內外之庸值於祖國（美澳等處華人之庸率其中數約每月美金三十元英金六磅之譜吾今懸擬三十餘萬人歲輸入四千萬約每人平均百二十元左右不過其兩月之工金耳故此數殆不遠）吾又嘗在加拿大哥林比亞省調查其地之華人每歲匯返中國之數約值墨銀二百萬析分之則工人之勞庸居其四之三商家之贏利居其四之一蓋彼中所謂商者雖全未能與西人爭利不過運祖國日用常品以供給吾工人固也顧吾工人一切衣食住之消費皆守鄉風其所得勞銀復散諸該地以潤澤白人之市場者十不及一而惟仰供給於本國之小商（白人所以妬恨華人者此亦一原因）故彼小商者亦可謂間接以爭外人之利者也何也苟無彼小商則吾之工人種種消費勢不能不仰供給於西商則所得庸值將復散其三之一或半數於白人之手也（檀香山及太平洋岸一帶之日本人其仰供給於華商者殆太半）有彼小商而工人之漏卮乃塞其强半然則彼小商所得之贏亦當附從工人之庸值以增入外財輸入之統計表也明矣以哥林比亞一省工傭輸歸者百五十萬而

商贏輸歸者亦五十萬。然則諸地合計。工傭輸歸者可得四千萬。則商贏輸歸者當亦不下千萬。是以上諸地歲可輸歸五千萬也。若夫南洋一帶。庸值甚微。遠非白人夥多之都會所可比。吾擬其最低之率。每人平均輸歸者歲可二十圓。而其人數殆三四百萬。即以三百萬計。每年輸歸總額。已應有六千萬元。其小商之贏。以前比例。當爲千五百萬元。是此諸地歲可輸歸七千五百萬元也。兩者合計。則此項外財之來歸者歲約百二十餘兆。中國所以累年有差負之貿易表者。此亦其重要一原因也。工庸商贏輸歸所以爲貿易差負之原因者蓋以彼在海外所得之財販外貨以運入中國及其貨既售後所得之財即不必復販我貨以出外此所以進口多而出口少也或疑吾國海外僑民每歲嘗有值百餘兆之外貨辦入本國不知此不必由我民直接自辦也我民以所得庸贏存放外國銀行彼外人有欲辦貨至中國者則在銀行取匯票貨至中國售畢得金則還諸銀行銀行即以付諸海外存銀原主之家中故其銀不復須辦貨再出口也

今更括言之。則每年由全國國殖總體支出者。

(一)貿易表之差負率

(二)償款之本息

(三)外債之本息

(四)外人投母財於本國經營各事業其所得之贏利

(五)人民出洋者之舟車費

(六)政府在海外支費(日本此項每歲一千三百餘萬元中國所支不及其半)

(七)旅行游學者之支費

其收入增附於全國國殖總體者。

(一)外債之現金

(二)外人投下本國經營事業之母財

(三)海外國民之工庸商贏

(四)外國軍艦商船碇舶本國時之噸稅與其他費用及其商船公司之支店費

(五)外人來游歷傳敎者之支費

(六)外國政府在本國支費

此其大概也。兩項之出入。恆足以相補相銷。其伸縮盈朒之率。恰如其分量。而斷不至大相懸絕。卽偶或一二歲中彼有所伸。而此有所縮。不旋踵而復底於平。此殆生計學上自然之公例。有非人力所能强爲左右者。不如是。則通功易事之道。或幾乎息也。譬如吾中國每年貿易表上輸入之總額爲三百兆。益以支出之七項需二百兆。都爲五百兆者。而每年貿易表上輸出之總額。不過二百兆。則其收入之六項中自必有三百兆以抵其缺。亦都爲五百兆。卽有畸零。亦不過上下於一二十兆而已。斯密所謂任物自已而勢必趨於平。正謂是也。抑猶有一義當附言者。此五百兆之支出與彼五百兆之收入。一歲中循環往復於本國與外國之間。而其結局之大較恆足以相當云爾。但當其循環往復之時。所憧憧出入者。或爲貨物。或爲金錢。則恆視夫兩者供求相劑之間。孰適於獲利。適者不招而自來。不適者不麾而自去。蓋至此而金銀之性質與常物毫無所異。非謂貨物之進出爲差負者。金銀之進出必爲差正。貨物之進出爲差正者。金銀之進出必爲差負也。德國近三十年來貿易表。最足爲此學理之左證。今更贅引之。右表之單位以十萬萬馬克起算

(年次)	(貨物之部)		(金銀之部)	
一八七二……七九年	輸入超過	九二〇四	輸入超過	六三〇
一八八〇……八四年	輸出超過	二四四	輸出超過	一四六
一八八五……八九年	輸入超過	八八〇	輸入超過	四〇
一八九〇……九四年	同	五一二八	同	四二
一八九五……九八年	同	四一三四	同	一七九

觀此則其貨物出入之正負，與金銀出入之正負適成比例。此實足以助斯密張目，而令重商派者流更無術以自完其說焉矣。夫中國十餘年來貨物之入口者多於出口者，而金銀之入口者亦多於出口者，正循此例也。既陳其理以鑒既往，請衡其勢以察將來。躁淺之士聞吾說也，或將曰：吾疇昔憂商務之漏卮，憂賠款之剝膚，今如子言，則吾嚮者以爲既散既蝕既飛既沈之物，惡知夫乃盤旋回繞，卒寸步不出我室也。且如子所述內外貨貳無論如何而必趨於平之一原理，則吾國無論何種失利權損國計之事，皆不足憂，而我生計界之前途永不懼遺變也。新民子曰：嘻！是又知其一不知其二也。夫前此所藉以抵償貿易差負之巨額者，雖其途頗複雜，要之海外僑民之工庸商贏爲其最大宗，無可疑也。當彼之時，貿易表之差負未始不可稱爲一良現象。（英國之差負其現象亦頗同此。）何也？無待出吾貨以與人爲易，而吾之國殖已自增。（所增者非指其匯歸之金錢，而無易之外貨入於我國，我國本貨不必外出而自能流轉國中，以積母而廣養，故曰總殖增也。）此差負之最可歡迎者也。雖然，自光緒八年美禁華工以來，前此有三十萬華人之美國，歲減一萬，更閱數年便減至盡。而澳洲、南美洲、檀島、菲島、古巴相繼設禁，凡庸值銷昂之都會，不及十年，華人足跡遂將全絕，所餘

者則南洋羣島其庸率與吾內地不相上下者也。夫南洋之實業家。其於祖國生計界全體。無甚影響。夫既言之矣。庸率稍昂之諸地既盡絕。則餘彼芸芸者所助幾何。故自今以往。此增長國殖之特別一途徑。有日蹙無日紓。此不待智者而決也。加以甲午庚子兩度喪師以來賠款一項之所出。幾於與彼工庸商贏之所入者全相消。使非有外債及外人經營事業所投資本以爲抵塡。則吾國總母財之涸固已久矣。然生計學上之原理。固萬不許爾爾。苟爾爾則於彼亦靡所利也。於是乎母財輸入之大勢。遂滔滔而不能自已。此非徒各國實業家之野心使然。實生計學原理原則之所命令也。吾今請更爲簡易直捷之一言。大抵自今以往。吾國每年支出國外之總額。合進口貨物之代價及賠款債息其他種種。併計總不能下於五百兆之數。此一定之斷案也。支出國外者既有五百兆。則從國外收入者。亦不能下於五百兆。此又一定之斷案。雖我不求而彼固自致也。但今所當研究者。則此收入之五百兆。其輸來也果從何塗。是卽我國民死活問題也。夫海外之工庸商贏。則既已遞減矣。此後欲補此缺。則必賴生產力驟進。一躍而捩轉差負之貿易表。使爲差正也。然此恐非十年二十年之日力所能奏其功。於是乎終不得不出於輸入母財與借國債之兩途。外國母財輸入之爲利爲害。其學理之關係甚複雜。此屬於別問題。今勿詳論。但吾所敢豫言者。則(其一)海外華僑庸贏之輸入與外人母財之輸入爲反比例也。蓋每歲五百兆之入。既萬不可少。設我出口貨物之代價爲二百五十兆。其餘雜收入五十兆。則尙餘二百兆爲華僑庸贏與外人母財兩者所分占。苟今歲華僑庸贏占百二十兆者。則外人母財占八十兆。寖假而庸贏所占僅餘百兆。則外資所占亦百兆。寖假而庸贏僅餘八十兆。則外資遂占百二十兆。如是一方遞減。一方遞增。而彼遂將全勝也。(其二)外國母財之輸入與吾之貿易差負成正比例也。生計學公例。庸厚則贏薄。庸薄則贏厚。故挾母財以求贏者恆趨於庸薄之地若水就下歐美人之患過富而必求業場於中國也勢使然也然其所投下之母財必非運載現金而來也彼疇昔在中國未能得經營實業之特別權利故販來外貨所得之代價只得還運土貨外出以取贏逮門戶開放之既實行舉全大陸爲彼族長袖善舞之地其外貨所獲之贏與其復販土貨出口不如竟在內地營業之利爲尤厚也又中國出口大宗大率皆原料品而製造品甚稀外人之販出此原料品以製成熟貨也大率銷於其本國者若干焉還以銷於我國者若干焉將來內地之外資營業既日盛彼製熟貨以銷外國之原料視前此固無甚增減至其製熟貨以還銷中國之原料則出口必日以替矣夫以中國天產之饒而庸率之廉將來其製造品必有侵略全世界之一日此固識者所同認也但當初發軔之時則求銷費於此四萬萬人之大市場已覺應給不暇故吾以爲今後二十年間當爲中國製造品與外國製造品競爭於中國市場之時代二十年以後乃爲中國製造品與外國製造品競爭於世界市場之時代然則此二十年間外資愈進而貿易表之差負愈甚可斷言矣若夫外資與國權之關係與全國人民生計之關係吾將別著論之

論希臘古代學術

第一章 總論希臘學術本論範圍專在哲學其他不具讀者亮之

希臘者歐羅巴之母也政治出於是學術出於是文學出於是技藝出於是乃至言語風俗有形無形之事物無一不出於是雖謂無希臘則無歐羅巴非過言也希臘學派至繁極賾而其目的皆以考萬物蕃化之現象於其

變遷無定中而推見其本體以求其永遠不動之原理爲歸故初期之哲學皆天然哲學也世界觀也所謂伊阿尼亞派所謂埃黎亞派所謂畢達哥拉斯派（並詳見下章）其持論雖各異其所向之鵠一也異焉者不過其著眼之點而已卽甲派主實驗乙派主推理丙派執其中庸所以有異同者在於此然諸家錯說異論紛殽其勢必趨於懷疑懷疑派者以爲眞理終非吾人所能識者也何則人之知識緣感覺生感覺者不過吾意根之狀態而非可以代表外物之本體者也然則吾所謂眞理者非絕對（絕對者無對待也如云絕對之眞理卽無假理以爲對待之謂也）之眞理明矣以此之故復生出詭辯學派謂吾人無論不能知眞理也卽知之亦非可告語於他人此希臘胚胎時代學派之概略也梭格拉底出反對此等懷疑論以爲吾人之本性不徒有感覺而已而實具有能察物理之能力雖然梭氏專言倫理之原理而未及純正哲學雖以止於至善立敎而其所謂至善者言之未瞭故及其沒也其弟子互爭此點各是所是而非所非而皆自以爲師說故有所謂主樂派者有所謂非樂派者（按楊氏近主樂派墨氏近非樂派墨子有非樂篇樂者樂也）及其高弟柏拉圖出始倡性理論以調和之所謂觀念派者是也

與柏拉圖之觀念論並興者德謨吉來圖之阿屯論也柏氏爲梭氏高弟故其學注重人事之現象以倫理爲最要問題是梭氏之遺傳也德謨雖與同時然未嘗一到雅典未嘗一受梭聖之摩頂故其學注重天然現象以根塵爲最要問題蓋所受者殊科也

亞里士多德又調和以上兩家者也故其說如五色摩尼隨觀者之眼而異所見或見爲主唯心論（唯心唯物等語係用佛典語讀者細玩自明所指）而近於柏氏或見爲主唯物論而近於德謨氏雖然皆是也皆非也亞氏之說實兼兩者而存之者也彼以宇宙之本體爲變動不居進化無已以此劑通兩說故通稱此派爲進化學派亞氏之學實總匯古代思

想之源泉。而發達臻於極點者也。且其窮理之法。亦綜合諸家。彼以爲剖辨眞理。當有所憑藉也。於是創論理學（即侯官嚴氏譯爲名學者）以範之。此其持論之精確。所以超軼前哲也。亞氏又明哲學與科學（中國所謂格致學之類）之別。亦其識之加人一等也。

亞氏沒後。天下大亂。民生多艱。學者終日汲汲。求所以安身立命之途。不遑馳思精深。而一以修身爲鵠。故治純正哲學者少。惟以倫理爲最高之問學。於是斯多噶派與伊壁鳩魯派分起。同主於實踐。而甲派以成德爲至善之鵠。（天演論案語云斯多噶之教尙任果重犯難設然諾貴守義相死）乙派以快樂爲至善之鵠。（頗類近世邊沁諸賢所倡）兩者各相非。其勢力之盛。亦相匹敵。於是懷疑論復起。懷疑論不可久也。於是折衷派繼之。以爲兩者皆有所長。然折衷論亦不可久也。卒復歸於古代神祕說。以謂吾儕人類。終非能以自力求得眞理者。必也藉不可思議之神力以啓之。此說既行。而當時適與東方交通。猶太教耶穌教之思想。次第輸入。哲學既大蒙影響。而亦以我哲學影響彼宗教。於是別創一種神哲調合之派。而中古學史之幕開矣。

第二章　希臘哲學胚胎時代

第一節　伊阿尼亞學派 Ionia

伊阿尼亞派起於密理圖。故亦稱密理圖派。西曆紀元前六百年至五百年間。號稱極盛。其持論之要點。以爲宇宙物體。如此其繁賾。必有爲其根者焉。因欲求得此化生萬類之原質。而抱一以貫之者也。此派鉅子。凡有三賢。而德黎 Thales. 640–550 B. C.（凡篇中用B. c.字樣者皆耶穌紀元前之省稱也即德黎生於紀元前六百四十年卒五百五十年也下仿此）稱首。次之者爲亞諸芝曼德 Anaximandros. 611-547 B. C. 亞諾芝縣尼 An ximenes. 581-524 B. C. 德黎以水爲化生萬類之原質以其有生氣有活力時或結爲定質時或蒸爲氣質變動不居其力宏也前亞諾以無極爲化生萬類之原質謂萬物出於無極復歸無極此無極者無性無狀復無差別惟有運動漸次分離生寒熱二復次兩者而生溼氣溼氣又生木火與土土由流質漸變定質茲生萬物物憑熱力而有進化所謂天然論者是也後亞諾以空氣爲化生萬類之原質謂空氣運動曾無已時緣茲運動生二變化曰漲曰縮漲能生熱縮爲寒母地水火風緣斯而起其說實補前亞諾之所未及由沖漠而示其實際也

第二節　埃黎亞學派 Elea 及天演學派

胚胎時代第一期其所研究者在萬物之本質即能考宇宙之實體而未能及其實相也實相者何萬物各有現象或生或滅或由甲變乙由乙變甲而其生滅變化之中亦如有不生滅不變化者存所謂萬有之眞性宇宙之實相實古今哲學界一大問題也至胚胎時代第二期而此問題遂浮現於希臘諸哲之腦膜中其間有兩家之反對論起曰埃黎亞學派曰天演學派

埃黎亞之初祖曰芝諾芬尼 Xenophanes 570-478 B. C. 其集大成者爲二祖巴彌匿智 Parmenides 515-B. C. 天演派學之宗師曰額拉吉來圖 Heraklitos 535-475 B. C. 額氏與巴氏並世而生而其說若冰炭之不相容巴氏之論以「有」(Being) 爲宗而額氏之論以「成」(Becoming) 爲主巴氏以萬法之實相爲一如不變額氏以爲流轉無已試舉兩說之要領而參較之

巴氏之說曰存者惟「有」「非有」不存匪惟不存亦不可識所謂「有」者無始無終惟有現在不生不滅

又不可分。唯一不二。平等如如。無以名之。強名「特安」特安者希臘語球之義也巴氏舉以似圓滿平等一如之本體此特安者。寂然不動。爲萬有本亦其眞相。其他現象變化生滅。無量無數。皆由衆生六根頑妄自生分別。指爲本相。無有是處。

額氏之說曰。一切物相。非有非無。有無兩相。同時而現。惟趨於成以爲其鵠。卽集卽散。方散方集。忽來倏去。孰覩其朕。世界起滅。成敗循環。更無一物同一不變。而常存在。是故萬物皆在過去將來之間。所謂今者。更不可指。或有問者。物相旣是流轉不住。以何因緣而得認識。是故當知變化之中。有不變者。流轉之內。而有恆常。斯何物斯。字曰天演。天演有則法則之則也而使萬物皆出於機。皆入於機。額氏名此物曰羅哥士 Logos 希臘語性理之義也凡物之變。不出二力。其一反抗。其二壓服。以此因緣。物物相鬩。經無量刼。曾無已時。而此二者。同時而在。更無矛盾。譬如幼孩變而成壯。壯又變老。幼壯老三。接構相鬥。而今壯者。卽前幼孩。是一非二。若云幼者是甲。壯老是乙。或云幼壯相戰。壯勝幼敗。而彼幼者蒙其損害。無有是處。是故當知凡有爭競。必有調和。爭競調和。萬物之父也。額氏又精於格物學以火化爲天地祕機謂萬物皆出於火皆入於火由火生成由火毀滅其說與化學家合額氏實推物理以言哲學之大宗師也近世靈基赫胥黎之流大表彰之有以夫

大抵宇宙成立 World process 之問題。哲學家之最大問題也。物之兩象。曰有與無。而埃黎亞派。以爲此對待之相。不可兩立。額氏之派。則以爲相反相成。並行不悖。巴氏卽埃黎亞派墮於常見。以爲萬物恆一如如不壞。見爲變化相者。皆迷妄也。額氏毗於斷見。以爲萬法流轉。大道無常。見爲固定相者。皆迷妄也。其兩義之不相容也如此。雖然其揭櫫理性。而以六根六塵所接構者爲迷見。一也。其論各偏於兩極。雖有不能盡合眞理者存。要之此二氏者實代表當時思想之二大潮流。各明一義。爲後世的其功豈淺尠耶。

第三節　調和派之三家

巴額之異趣既角立而不相下於是胚胎時代第三期之學者以調和此兩大思想而統合之爲務又不惟調和統合而已巴額僅言宇宙之生成而此時代之學者更進而求其所以生成之故於是有三大家出焉曰四大論派曰種子論派曰阿屯論派是也

四大論佛書皆以地水火風爲四大故取以爲名派之鉅子曰唵拔鐸黎 Empedocles 490-430 B.C. 以爲世界萬物皆本於原質原質混合而物以生原質分離而物以滅此原質者名爲萬物之根不生不滅不增不減原質有四地水火風是也然此四原質何以能成萬物何以能使萬法變化流轉而無窮則以有愛憎二力故愛力增勝混合斯起甲物微分入乙空隙混爲一體如磁與鐵混合極端成斯菲羅 Sphairos 譯言球之義也巴氏云「有」即是此義憎力增勝時乃分離其之動機亦復如是愛憎兩極往來無息宇宙變成皆起於此此其緒論亦調額宗也

種子論派之鉅子曰安那薩哥拉 Anaxagoras 500-428 B.C. 以種子代四原質所謂種子於其性質即形色味含差別相無數無量可遞分剖如兔毛塵此種子者不生不滅種子初相殽雜渾沌始於反對終於混成其動力一名奴烏士 Nous 譯言精神此奴烏士純一平等能識能慮運動宇宙如一機器結集種子遂生萬物任舉一物皆含種子無量無數譬如雖雪非無黑性但其質外有總之者安氏此論精神體質剖分部居後世學者亦呼爲二元論

阿屯論派 Atonuism 阿屯爲物質原始之微點化學書譯本多見其名之初祖曰黎烏揭菩 Leukippos 500- B.C. 其論益與埃黎亞派相近但其相異者則埃黎亞派僅言有而此派則言其運動性也埃黎亞派僅言實而此派則言實質與虛空並存也其論以爲宇宙萬有由阿屯成此阿屯者本來平等而在虛空箇箇分離充塞十界但謂分者實非阿

屯。阿屯本體既不可分復不可變。綜其論。根卽將巴彌匿智之所謂「特安」者。打破而成碎片也。至此阿屯以何因緣而得成物。彼其持論異安那氏。彼言阿屯動力所起。隨其重量及其性質而生差別。物有自性。非離本質。而別一物主其運動。此派後衍爲德謨頡利圖之說。別詳下章。

綜此三派之概要。其立脚地皆與埃黎亞派同。謂現在之物。皆不生滅。而亦採額氏變化流轉之說。蓋以性體之集合離散。爲變化流轉所自生。此卽其調和宗旨所在也。

第四節　畢達哥拉斯派

畢達哥拉斯 Pythagoras 582-500 B. C. 派。亦名意大利派。其學於諸派之外。自成一家。以數爲萬物之本體。而以律呂精義附之。以謂有物必有則。而則皆自度數而成。數之關係。不因時與地而異。數有奇偶。奇者有限。偶者無涯。斯二反對。則成萬物。雖其論或不免牽合。至其言天文學。則不朽之功也。畢氏以爲宇宙本體爲一球形。攢其心者號「中央火」。周其四圍。復有球十。各附總體。回轉不停。雖我地球。亦此十中而居其一。繞中央火。循其側面而常運行。是故吾人棲其半面。於中央火與地球間所生關係。不能測知。諸球運行。常發妙音。號曰天樂。諸星世界。各有秩序。常相調和。而我所居閻浮提洲。是其變亂偶不完全之一部分。是等諸義。與近世天文學家言。幾同一揆。前哲思想之精銳。眞可歎絕矣。又其學理頗帶宗教氣味。常言輪迴生轉。以善修善證者。得生極樂。常住自由。修惡果者。漸次墮落。又勸人制情慾。求解脫。舍肉體之獄。舍達靈魂之樂園。故史家有謂畢達哥拉斯曾游印度。受其敎義者。亦非無因也。

由此觀之。則前此之諸派。不過德黎氏支與流裔。而畢氏則與德氏立於對等之地位者也。德氏一派。全就物質上着想。畢氏一派則從物形上着想。而其立論至以數爲萬物之撮影。故胚胎時代之學術實以德畢兩氏中分天下也。埃黎亞派及額拉吉來圖派其受畢氏之影響者亦不少然百家紛騰無所折中於是懷疑詭辯派興

第五節　懷疑時代

凡學術之有懷疑。是過渡時代除舊布新之一現象也。故於德畢巴額諸哲之後。而懷疑學派出焉。結胚胎時代之餘局。開全盛時代之先河。其論哲理也。以爲萬有之眞理。畢竟非吾人所能認識。其論倫理道德也。以爲舍習俗之外無所用力。故常應於時用教授種種學藝。而思想變遷之原因實包孕於是矣。當時倡此說者如普羅特哥拉 Protagoras 481-411 B. C. 哥智亞 Gorgias 485-380 B. C. 希比埃 Hippias 490- B. C. 普羅狄加 prodicus 之徒。皆其著者也。今避繁重。不徵引其學說。

亞里士多德之政治學說

大哉亞里士多德。生乎二千年以前。而令今世之言哲學者。言名學者。言數學者。言天文學者。言心理學者。言倫理學者。言生計學者。言政治學者。無一不崇拜之以爲鼻祖。以爲本師。試一繙泰西汗牛充棟之科學書。觀其發端處敍述本學之沿革。無論何科。無不皆推本於亞里士多德。於戲大哉亞里士多德。吾欲一一臚舉其學說。則恐累十數萬言。猶不能盡。今他勿論。先論政治。

亞里士多德。Aristotle 希臘之雅典人。生於西曆紀元前三百八十四年。卒於同三百二十二年。柏拉圖之弟子。梭格拉底之再傳弟子。而亞歷山大王之師傅也。古代之文明。極盛於希臘。希臘之文學。薈萃於雅典。雅典之

學術集成於亞里士多德之一身亞氏者實古代文明之代表人也而所謂 Politics（即政治學）之一科學所以能完全成一顯門漸次發達以馴致今日之盛者其功必推亞氏故欲治此學不可不以亞氏學說爲研究之初桄

先是亞氏之師柏拉圖嘗著一書名曰「共和國」Republio 鼓吹大同理想以爲大同之世人不得獨妻其妻獨子其子不得有私財貨不藏己力不爲己則姦淫不興盜竊不作而世乃太平此實與中國禮運之微言大義相暗合而理想家之極軌也奈其事終非此五濁惡世之所得行其境終非此萬數千年內之人類所得達於是賢弟子亞里士多德起而損益補正之然後政治學之鵠乃立柏氏之說如駕輕氣球縱觀宇內倏搆華嚴樓閣於一彈指頃亞氏之說則不離平地不厭塵濁徐取此世界而莊嚴之再造之者也柏氏以倫理學與政治學混視爲一而亞氏則區別之亞氏非捨棄理想而其理想必務與事實相緣附此其所長也

亞氏乃博觀人羣之現象及希臘列國當時之政體以求國家起原發達之跡以爲人之爲羣始於家族家族相集次成村落村落團結次成國家雖然以進化次第論則國家視家族村落爲稍後以人生目的論則國家視家族村落爲尤要何也必至於成國家然後人道乃完國家猶全體也國家以內之諸結集猶肢官也無全體則肢官亦無所附亞氏乃言曰『人也者善羣之動物也其好爲政治天性然也』又曰『苟不恃羣不恃國而能自生存者必非人類也非高於人類之諸神卽下於人類之禽獸也』亞氏持此義斷定國家爲人道不可須臾離之物其成之也非偶然其存之也非得已此卽亞氏之政治起原論也

案柏拉圖言人之所以相羣全爲謀生計上之便利其理不如亞氏之確

又案亞氏謂人之天性善爲羣其所謂天性者有二義一渾沌之天性指其未發達者而言二完全之天性指

其已發達者而言。故最初之生民。雖非能合羣而爲政治。然此不過如小兒之不能善飯。非其性之不能。實其性之未至耳。故必至合羣爲政之後。然後眞性乃見也。

次論國家之性質。亞氏以爲國家者。結集而成體者也。而其結集之者。實惟國民。（按原書作市民蓋希臘之國家實市府也故當時有市民無國民今爲便讀者僭易以國字）故欲知國家之性質如何。當先知國民之性質如何。亞氏乃爲界說三條。

第一　國民者非同居一地之人皆可冒此名也。若外國人之流寓者。若奴隸。皆同居此地。而不可謂之國民。

第二　國民者非僅有裁判上之權利。即可冒此名也。雖非國民者。藉條約之規定。亦得有裁判上之權利。（按如外國人之訟獄亦常一體審判之）而於國民之資格無與也。又如未成年者。老而退者。嘗犯罪失公權者。外國人之爲後於本國者。皆非完全之國民。

第三　眞國民者。有權以參預一國立法行政司法諸政務。得任一切之官職。無有限制者也。

按亞氏之釋國民。其義有未盡然。二千年前之學說。勢不能如今日之完備。此不足爲亞氏病也。凡讀斯篇者。皆作如是觀可也。

又按今日我國國民之資格。恰與亞氏所列第二條者相類。未足稱爲完全國民也。

亞氏最有功於政治學者。在其區別政體。彼先以主權所歸。或在一人。或在寡人。或在多人。分爲三種政體。一曰君主政體。Monarchy 二曰貴族政體。Aristocracy 三曰民主政體。Polity or Democracy 此實數千年來言政體者所莫能外也。亞氏又不徒以主權所在爲區別也。更以行此主權之手段。或正或不正。而細判之。於是乎三種政體。各有變相。都合爲六種。其君主政之不正者。謂之霸主政體。Tyranny 其貴族政之不正者。謂之豪族政體 Origarchy 其民主政之不正者謂之暴民政體 Othlocracy 至其正不正於何判乎凡以公意謀國家之公益者則無論權在一人在寡人在多人皆謂之正以私意謀一己之利益者亦無論權在一人在寡人在多人皆謂之不正

按此亞氏政體論之大略也其三種分類後世談政體者莫不徵引之蓋未有他種區別更善於彼者故相沿而不能易也雖然當知亞氏所指三種政體與近代之三種政體皆大有異古代君主政體與近世君主政體所異者何近世之君主比於古代之君主其實權更强且大也近世專制君主以行政之職兼立法之權古代則無是古代之人羣實無所謂立法之思想存也所謂法律者不過因前古之習慣循續奉行其君主未嘗有獨布一法令破壞一羣之習俗以厲行之者也故古代之君主其專制權雖能行於臣民之上而不能行於法律之上也非如近世之專制者無服從法律之義務綸言一出萬法皆空也此其所以不同也古代貴族政體與近世貴族政體所異者何欲觀近世貴族政體之眞相宜借鑒於英國英國自十九世紀初葉以前名爲有限君主政體 A Limited Monarchy 實則純然貴族政體也前此英國國王及上議院有左右下議院之權力實則貴族爲一國之代表也至一八三二年一八六七年一八八五年三次改革國會條例至今貴族政體之跡全熄英國之貴族政體其貴族非自認爲我卽國家不過行政治上之監督權耳古代不然古代貴族秉政之國不以一國中全體人民爲組織國家之分子惟以少數之貴族爲組織國家之分子而其餘小民皆爲附屬物也分子者物理學上之語如輕氣養氣兩分子組織成水舍此則無水也人民全體爲分子組織成國家舍人民則無國家也古代貴族不然惟以己爲組織成水之分子其餘小民則視爲浮於水面之物也不寧惟是古代所謂民主制度其實猶不能如近世之貴族制度也何則彼所謂有公民權者不過國民中一小部分耳自餘則謂之奴隸不謂之民亞氏所生之雅典號稱最文明之國也然當時公民數不過萬六千人其奴隸殆十倍之

又亞氏不以奴隸之制爲非詳見下節以此少數之公民爲一國之分子。舍彼之外則無有國家。謂非貴族而何。至其當時所謂貴族政治者。又於此少數之中而更少數者也。此其所以與今制劃然也。古代民主政治與今世民主政治所異者何。(其一)則如上所述古代民主之與貴族。不過百步五十步之差也。(其二)則古代之民主政體。其會議國事也。凡有公民權者皆躬列其席。雅典是也。今則不然。人民不能人人皆列席。惟投票選出代表人使代己發表意見。故古代之民主制。其民有直接之參政權。今世之民主制。其民僅有間接之參政權也。古代之制惟在小市府可以行之。幅員稍寥廓。則勢不能集。所以羅馬統一全歐以後。其民主政治不能徧及不能久存也。今世之制則雖合全球爲一國可也。此又其所以爲異也。要之知人論世。乃得其眞。讀亞氏之書。當審彼二千年前之羣治何如。若徒以今日之眼觀之。未有不在在窒礙者也。

又按貴族政體。極盛於古代。直至百年以前。其燄猶未衰。自今以往。殆將滅絕矣。今日天下萬國。既無復有一貴族政體者存。故亞氏之分類。雖直至孟德斯鳩猶採之。及近世則漸廢不用。據政治學者所分。大率爲獨裁政體合議政體兩大類。而其中復分子目焉。參觀中國專制政治進化史篇中國通行舊譯。有所謂君主民主君民共主者。其名號稍悖於論理。蓋所謂君主者。殆指專制君主言。所謂君民共主者。殆指立憲君主言。然立憲君主固不能謂之非君主也。此其所以爲失當也。然則今日而言政體。當刪出亞氏所列貴族一項。惟存君主民主二者。而君主之中。復區爲專制立憲兩子目焉。斯爲得矣。雖然。君民共主四字。一極良之名詞也。吾蓋不忍舍之。然則雖稍謬論理。而徇俗稱。亦未始不可也。要之君民共主之一政體。實過渡時代最妙之法門也。其制固不可以久。然在今後數百年間。保持治安。增進公益。道未有善於是者。此種政體之出現。實由進化自然之運使然。亞氏之時代勢不能預構此思想亦無足怪君民共主之政治濫觴於英國英國之政權不徒合君與民二者而爲一也又合君與民與貴族三者而爲一亞氏所舉三種冰炭不同器之政體今乃合一爐而冶之此又亞氏所不及料也

又按亞氏以三種政體並其變相合爲六種孟德斯鳩則删其貴族變相民主變相二者定爲四種此實無理之分類也夫正不正至無定形也試請亞氏於君主與暴君之間貴族與豪族之間民主與暴民之間而畫然畫出一界線曰如何之程度則屬於甲如何之程度則屬於乙吾知其難矣譬吾中國君主堯舜湯武之爲令辟秦政隋廣之爲民賊夫人而知矣然此二者之相去其間不啻千百級級級之程度互異夫孰能取而武斷之曰自某級以上皆正格之君主政體自某級以下皆變相之君主政體也推之貴族民主兩項亦復如是故吾有以知亞氏六種分類之法不可行也吾以爲不論及正不正則已耳苟論及此則惟民主爲正而其餘皆不足以當此名也何也國者民之結集體也民之在國猶血輪之在身也血輪有一窒塞其全身爲之不寧故主權之當在民此事理之至淺而無待煩言者也然則民主亦有不正者乎曰有法蘭西大革命時代是也彼其時實非多數爲政仍少數爲政也託民主之名而無其實者也然則自餘兩政體亦有優劣乎曰貴族政體無往而不賊民者也既非所以保一國之自由亦非所以保一國之秩序貴族政體之爲劣體不俟辯也然各國大率無不經過此級但爲時有久暫範圍有廣狹耳若夫君主政體則異是當人羣之初立也人皆率其惡性以姿於野蠻之自由爭奪相殺靡有已時無法律無制裁故非有强有力者行威嚴以鎮壓之則其羣終不可得就君主政治者初民時代之恩人也是故此種政體在今日則謂之不正而在古代則謂之正雖然其所謂正者與民主之正有異吾

聞佛之說法有實有權權法者何因衆生根器未成熟而別開一方便法門以導之使由迷而漸入悟也及既悟矣則權法在所必當捨苟不爾者謂之「法執」而法轉爲迷因矣故權法在小乘教謂之正在大乘教謂之不正君主制度亦然既過其時不可不舍所謂權正非實正也故吾以爲不論正變則已苟論此則六者之中五皆變而惟一爲正也且亞氏所謂正變者其區別在一謀公益一謀私益云爾謂君主貴族爲政之時而能後其私利以先人民之公益若此者雖故書雅記時或附會而樂道之至其實事吾未之見也有强權者恆濫用其權人類之天性然矣故亞氏所謂三種正格者雖未嘗不可懸之以爲鵠若夫徵諸歷史上恐億劫而不一遇也雖然同一謀私益也在多數人民自謀之則私也而反爲公矣故依亞氏之論理惟民主政體有正之可言其餘皆無可言也若民主而仍有不正者則必非眞民主也否則當應用權法之時而誤用實法也

亞氏又論政體腐敗之由及其革命循環之狀以爲凡一國之始立也其最初之政體必爲君主政體所謂武人爲於大君也以其强有力故能統率羣落掌握主權整齊團結之以成一國之形此爲第一級（即君主政體）及後此傳國於子孫子孫漸忘開創之艱不率由祖法以謀國家人民之公益專制恣行民不堪命此爲第二級（即霸主政體）專制之弊既極於是其臣下有起與爲難者叛亂滋生其結果也倡亂之諸首領代起以掌握政權市筐篋之恩結人民之歡以自固其位此爲第三級（即貴族政體）及貴族政體既確立漸無藉人民之助於是益恣肆以徇私利其黨與多其團體大故其害人民之自由壞羣治之秩序比於一人之君主其禍尤烈此爲第四級（即豪族政體）及其極也民不聊生於是多數者相率蹶起致成劇烈之革命革命以後除公害興公益國乃大治是爲第五級（即民主政體）及其末流民主之治漸老且衰國民漸失其敬重法律之念濁其平和禮讓之風馴至於無政府之慘狀此爲第

六級。即暴民政體 於斯時也有一二梟雄桀黠者起焉。煽惑愚民。自植權力。羽翼已就。遂覬天位。至是復迴轉於第一級。而君主專制政體再興。而革命循環之圈一周。君主政復興之後。其第二次循環亦復如是。善惡相續。治亂相尋。如是遞嬗。以至無窮。

按亞氏此論。與孟子所謂天下之生久矣。一治一亂者。其理想正同。雖然。此未足以爲政治之眞相也。此蓋亞氏據其有生以前所經之歷史而推測將來耳。實則後此地球上諸國。從未有依此定例以爲循環者。夫創業者多善政。繼體者多弊。舉此在君主貴族兩政體或有然。至於民主之治。其現象適與此相反。草創伊始。民未習於自治。法律未備。風俗未醇。往往罅漏百出焉。行之數十年百年。經驗日多。遂漸改良。遂能成爲完全眞民主之治。此近世歐洲諸國之明效大驗也。亞氏所謂由第五級變爲第六級者。在古代希臘羅馬雖嘗有之。然彼非眞行民政耳。苟眞行民政。則進矣。斷未有能退者也。吾請更以佛理譬之。學佛者以成佛爲究竟。當其未成佛也。則輪迴循環於天人六道中。或受天身。或受龍身。或受人身。或受餓鬼畜生身。於彼於此。其變相不可究詰。亦無一定升降之次第。而惟視其所造業以獲報果。苟一旦成佛矣。則斷未有復能墮落者也。苟猶墮落。則必其所到者仍非佛地也。政治亦然。政體以民主爲究竟。當其未至民主也。則沈噎循環於民賊之下。或遇仁君而爲君主政。或遇暴君而爲霸主政。或遇共和而爲貴族政。或遇橫强而爲豪族政。或遇亂賊而爲暴民政。於彼於此。其變相不可究詰。亦無一定進退之例。而惟應其時勢以生波瀾。苟一旦成民主矣。則斷未有能復墮落者也。苟猶墮落。則必其所行者仍非民主也。不觀夫美法二國之比較乎。美國自獨立以來。所行者眞民主也。吾敢信其自今以往。更歷千萬年。斷未有轉爲君主政體或貴族政體者也。法國大革命之時。所行者非眞民主也。故自一七八九年至一八七零年。凡八十年中。復戴君主者三度。改易憲法者二十一次。大亂棼棼幾無寧歲。無他。未至其究竟則然耳。故孟子一治一亂之言。非吾所敢從也。吾以爲不治則已。苟治未有復能亂者也。雖美國今日之治猶未可謂之郅治再以佛語譬之則美國殆已到辟支獨覺位猶未能到佛菩薩位也使治而復亂。則所謂治者必非眞治也。今日進化之學理大明。知一切有機體之物。莫不循進化公例。國家一有機體也。夫焉能獨戾此例乎。進化與循環。正兩反對之現象也。知此則亞氏政體循環之說。不攻自破矣。至其前此之有循環。則亦不過循環於進化之中。特其圈太大。易被眩惑。故誤此爲彼耳。

又案亞氏所謂由民主而復變爲君主者。在泰西往往有之。希臘列國旣數見不鮮矣。後此如羅馬之該撒。法蘭西之拿破崙第一。拿破崙第三。皆其最著者也。民智民德之程度。未至於可以爲民主之域。而貿然行之。此最險事。言政治者所不可不熟鑑也。至其言君主貴族民主遞嬗之理。在疇昔泰西諸國亦屢見焉。但其論斷不可通於今日。今彼之貴族政體。殆如死灰之不可復燃矣。如彼俄羅斯者。今世界上第一專制國也。使其將來果有破壞今制之一日。試問能如亞氏之例。復移於貴族之一階級乎。必不然矣。

然則亞氏於諸種政體之中。以何者爲最良乎。亞氏之說道德也。最尊中庸。其言曰。『眞勇在亂暴與卑怯之間。眞仁在吝嗇與奢侈之間。』故彼亦據此意以論政治。亞氏乃言曰。無論何國之民。大率可區爲三級。一曰富而貴者。假名曰上等社會。二曰貧而賤者。假名曰下等社會。三曰在富與貧貴與賤之間者。假名曰中等社會。一國之中。上等社會常最少數。下等社會常最多數。而中等社會亦常在其中。苟一國政權而在彼最少數者。彼等驕奢淫泆。不事民事。甚者朘括人民之脂膏以爲己肥。其害國莫大焉。反是而在彼最多數者。彼等無學識。無經驗。

不能事事甚則虜掠富者之財產陷於無政府之慘狀其害國亦莫大焉故莫如執兩端而用其中使國之政權常在次多數之中等社會則常能調和彼兩階級而國本以固矣

按亞氏此言至當不易之言也今日歐美諸立憲國皆遵此道也其所以能破壞專制確立自由其始亦未有不賴中等社會之功者也「最大多數最大幸福」一語誠可爲政治界之金科玉律然今猶未至其時也今世各國之社會黨挾持此義以號召於天下然其弊往往陷於無政府主義此固不可以立卽立矣而亦不可以久也雖然亞氏之言在歐西則甚易領會自中國人讀之則苦難索解矣何也中國數千年來只有「一人政體」而更無所謂「寡人政體」「多人政體」者不問其爲上等社會中等社會下等社會皆戢戢然同蜷伏於一尊之下而更何從於此三者之間而下比較也噫（又案亞氏祇比較少數多數而不論及君主者當時希臘君主政體殆全絕矣）

立法行政司法三權分析之論亦自亞氏始也亞氏之言曰一國之政治樞機有三（第一）討議國事之權也（第二）官吏之資格及其職權也（第三）司法權限也其第一項所掌者凡國中宣戰媾和締結同盟解散同盟諸大政以及制定法律監督會計審定死刑放逐沒收等諸大獄（按此屬於司法範圍之事當時希臘人皆以衆議決之）此等權力當以歸諸全體之人民或人民中之一部分其歸諸全體之人民者民主制之特質也至人民參與政治之方法亦不一有爲一總團體合而議之者有不能爲總團體故輪班而議之者（案亞氏當時未有代議之制故有輪班之例以濟其窮實則此兩法皆不可行於今日也）然其權限惟在選舉官吏議准法律決定和戰稽查國計犖犖數大端足矣其餘一切行政事務當委託於當局官吏若行政權盡吸集於議會之手此實最惡濫之民主制非國家之福也

案英國長期國會之末路及法國大革命時代皆吸集行政權於議會其弊有不可勝言者亞氏早道破之矣

其第二項亞氏提出種種之問題。曰官吏之數當幾何乎。曰官吏所當管理者爲何等事務乎。曰其在職之任期當若何。將終其身乎。抑有期限乎。其期限宜長乎。宜短乎。一人可得再任乎。將不得乎。曰任命官吏之法當若何。其任之之權當在何人乎。其可以被任者當屬何等人乎。一切人民皆可以任用官吏且被任用爲官吏乎。抑於人民中立特別之等級。特別之限制。惟某種人得有任官權。惟某種人得有被任爲官之權。而他皆不得乎。其任之之時。當用選舉法乎。抑用抽籤法乎。亞氏乃參伍錯綜之而列爲十二種格式。各順應於其政體以爲適宜。其論民主政體所當行者。則一切人民皆得選官吏。一切人民皆得爲官吏。而其任用之法。或選舉或抽籤。隨其所司之職爲區別是也。

按抽籤官之法頗駭聽聞。蓋當時希臘諸邦。面積極小。而有公民權者其人數亦更有限。且尋常官吏。酬俸至薄。人不樂爲。特以維持國家之義務。不可不强羣中若干人使從事耳。故當時亦兼採用此法。

其第三項亦提出三種問題。曰當以何等人任法官乎。法官之職掌如何乎。其任命之方法如何乎。亦順應於三種政體而論之。茲不具引。

進化論革命者頡德之學說

二十世紀之天地開其幕者今已一年有奇。此年餘之中。名人著述。鴻篇鉅製。貢獻於學界者。固自不少。而求其獨闢蹊徑。卓然成一家言。影響於世界人羣之全體。爲將來放一大光明者。必推英國頡德 Benjamin Kidd 先生今年四月出版之「泰西文明原理」一書。

頡德者何人也。進化論之傳鉢鉅子。而亦進化論之革命健兒也。自達爾文種源說出世以來。全球思想界。忽開一新天地。不徒有形科學爲之一變而已。乃至史學政治學生計學人羣學宗教學倫理道德學。一切無不受其影響。斯賓塞起。更合萬有於一爐而治之。取至殽至賾之現象。用一貫之理。而組織爲一有系統之大學科。偉哉近四十年來之天下。一進化論之天下也。唯物主義昌。而唯心主義屏息於一隅。科學（此指狹義之科學即中國所謂格致）盛。而宗教幾不保其殘喘。進化論實取數千年舊學之根柢。而摧棄之飜新之者也。

進化論之功。在天壤。有識者所同認矣。雖然。以斯賓塞之睿智。創綜合哲學。自謂借生物學之原理。以定人類之原理。而其於人類將來之進化。當由何途。當以何爲歸宿。竟不能確實指明。而世界第一大問題。竟虛懸而無薄。故麥喀士（日耳曼人社會主義之泰斗也）嘲之曰。『今世學者以科學破宗教。謂人類乃由下等動物變化而來。然其變化之律。以人類爲極點乎。抑人類之上。更有他日進化之一階級乎。彼等無以應也。』赫胥黎亦曰。『斯賓塞之徒。既倡個人主義。又倡社會主義。（即人羣主義）然此兩者勢固不可以並存。甲立則乙破。乙立則甲破。故斯氏持論雖辯。用心雖苦。而其說卒相消而無所餘。』此雖過激之言。實亦切當之論也。雖然。麥喀士赫胥黎雖能難人。而不能解難於人。於是頡德乃百尺竿頭。更進一步。於一千八百九十四年。初著一書。名曰人羣進化論 Social Evolution 以解此問題。

頡德以爲人也者。與他種動物同。非競爭則不能進步。或個人與個人競爭。或人種與人種競爭。競爭之結果。劣而敗者滅亡。優而適者繁殖。此不易之公例也。而此進化的運動。不可不犧牲個人以利社會。（即人羣）不可不犧牲現在以利將來。故挾持現在之利己心。而謬託於進化論者。實進化論之罪人也。何以故。現在之利己心。與進化之大法無相關故非惟不相關實不相容故此現在之利己心名之爲「天然性」頡德以爲此天然性者人性中之最「個人的」「非社會的」「非進化的」其於人類全體之永存之進步無益而有害者也頡德以爲人類之進步必以節性爲第一義節性者何有宗教以爲天然性之制裁是也苟欲羣也欲進化也必不可不受此制裁宗教者天然性之反對者也補助者也常有宗教以與人類天然之惡質相抗然後能促人羣之結合以使之進步故宗教家言未有不犧牲個人現在之利益以謀社會全體未來之利益者宗教之可貴在是而已

頡德以爲論人羣之進化不可不以生物進化之公例爲其基礎因首引達爾文之學說以爲前提達氏之學說其根本思想有二

第一　一切生物皆有非常之繁殖力無論何種生物苟一任其生殖而無他方以阻之則其一雄一雌所產之子孫必至布滿地球此繁殖力以幾何級數而增進

第二　凡一切生物惟適於境遇者乃能生存故常順應於境遇而遞有所變化其變化之結果則遺傳於其子孫而此之變化非獨在外形爲然耳卽內部之機關亦然卽心理之機能亦然

因此二者而自然淘汰之公例出焉自然淘汰者謂生物雖恃其繁殖力可以生存然以其所產太多之故不得不競爭競爭之結果於是大部分歸於滅亡而生存者不過一小部分當其競爭之際各生物皆有自變化之能力其變化雖小而一以適於境遇爲主於是優而適者獨存遺其種於後一切生物依此公例經無量世無量劫以至今日其間所經過之境遇至複至雜故其身體之組織心智之機能亦隨之以日趨複雜一言蔽之則一切

生物皆常受外界之牽動。而屢變其現在之形態而已。

此實達爾文學說之大概。舉數千年之舊思想翻根柢而廓清之。爲科學界哲學界起大革命者也。雖然。達氏之所謂優所謂適者。不過專指現在個人之利益或其種族多數之利益而已。達氏之言曰。『無論何等生物。必當常變其狀態。使有益於己。然後可以生存。』頡德氏以爲達氏進化論之中心點在此。其所以不完滿者亦在此。頡氏以爲自然淘汰之目的。在使同族中之最大多數得最適之生存。而所謂最大多數者。不在現在而在將來。故各分體之利益。及現在全體之利益。皆不可不犧牲之以爲將來達此目的之用。於是首明現在必滅之理。與現在滅然後羣治進之義。乃進言曰。以尋常人之識見。所最貪者生也壽也。所最惡者死也夭也。然死之與夭。有大關係於進化功用者存。何則。彼高等生物下等生物之別。非以其住世之久暫爲差。而以其傳種之長短布種之廣狹爲差。（按若以住世之久暫第其高下。則動物之壽視人類爲長者多多矣）故高等生物。其壽命不特不加長而已。往往愈進於高等而其壽愈短。種族之所以能發達。有時固賴長壽。有時亦賴短命。使當外界境遇變化甚劇之際。則惟短命者乃可與之順應。何以故。惟短命則交代之事屢起。於是乎其習慣其狀態其性質等。變化甚速。得以適於時代而自存。苟不爾者。以長壽而保持舊態。變化甚緩。不能與外界之變遷相追逐。則其競爭必敗北。而日歸澌滅。夫物之所以有生。其目的必非在自身也。不過爲達彼大目的。（即未來之全體）之過渡而已。其所以有死。亦即爲達此大目的之一要具也。故死也者。進化之大原也。

頡氏以爲凡物之不進化者。則無有死。彼下等簡單之生物。以單細胞結集而成者是也。故其一個之生物體。俄然可剖分以爲二個焉。更可剖分以爲四個焉。分裂又分裂。繁殖以至巨萬。而終不死。若是者謂之無限之生命。

高等進化之生物則不然。其種族皆有平均一定之壽限。及限而不得不死。若是者謂之有限之生命。今使既列於高等生物。與他高等者相競爭。而生命仍復無限。則他族之屢屢交代者。其子孫皆多變化。而有順應境遇之資格。我乃持舊態以與之競爭。其種族之敗亡。可翹足而待也。故死也者進化之母。而人生之一大事也。人人以死而利種族。現在之種族以死而利未來之種族。死之爲用不亦偉乎。夫既爲未來而始有死。則亦爲未來而始有生。斷斷然矣。

案死之爲物。最能困人。記曰。天地之大也。人猶有所憾。人既生而必不能無死。是尋常人所最引爲缺憾者也。故古來宗教家哲學家。莫不汲汲焉研究死之一問題。以爲立腳點。嘗綜論之約有八說。儒家之教。以爲死而有不死者存。不死者何。曰名。故曰君子疾歿世而名不稱焉。又曰。死或重於泰山。或輕於鴻毛。若何而與日月爭光。若何而與草木同腐。此儒家之所最稱也。其爲教也。激厲志氣。導人向上。然只能引進中人以上。而不能範圍中人以下。蓋猶有憾焉。此其一。道家之教。厥有三派。一曰莊列派。以爲生死齊一。無所容心。故曰。物方生方死。方死方生。又曰。莫壽於殤子。而彭祖爲夭。其爲教也。使人心志開拓。然放任太過。委心任運。亦使人彷徨無所歸宿。此其二。次爲老楊派。以爲死則已矣。毋寧樂生。故曰。生則堯舜。死則腐骨。生則桀紂。死則腐骨。腐骨一耳。孰知其極。其爲教也。使人厭世。使人肆志。傷風敗俗。率天下而禽獸。罪莫大焉。此其三。又次爲神仙派。以爲人固有術可以不死。於是煉養焉。服食焉。其愚不可及矣。此其四。此皆中國之言也。（墨氏以爲死後更無他事故所言者惟人世間之事蓋墨教不以死爲立腳也短喪節葬之說其一端矣）其在域外。則埃及古教。雖死之後。猶欲保其遺骸。於是有所謂木乃伊術者。其思想何在。雖不能確指。要之出於畏死而欲不死之心而已。此其五。印度婆羅門外道。以生爲苦。以死爲樂。於是有不食以求死者有餧蛇虎以求死者有臥轍下以求死者厭世觀極盛而人道或幾乎息矣此其六景教竊佛說之緒餘冥構天國趨重靈魂其法門有可取者然其言末日審判死者復生是猶模棱於靈魂軀殼之間者也其解釋此問題蓋猶未確未盡此其七佛說其至矣謂一切衆生本不生不滅由妄生分別故有我相我相若留則墮生死海我相若去則法身常存死固非可畏亦非可樂無所罣礙無所恐怖無所貪戀舉一切宗教上最難解之疑問一一喝破之佛說其至矣雖然衆生根器既未成熟能受者蓋寡焉此其八八家之宗旨雖各不同要之皆離生以言死非即生以言死也所論者既死後之事非未死前之事也出世間之言非世間之言也宗教家言非科學家言也其以科學談死理圓滿透達顚撲不破者吾以爲必推頡德氏此論夫死之困人也至矣雖有英雄豪傑氣概不可一世一語及此鮮有不嗒然若喪皤然改其度者公德之所以不能盡羣治之所以不能進皆此之由頡氏此論雖未可爲言死之極軌然使人知有生必有死實爲進化不可缺之一要具爲人人必當盡之一義務夫其必不能免也旣如彼而其關係重大也又如此等是死也等是義務也其奚擇哉奚怖哉奚餒哉以此論與孔佛耶諸大宗教說並行則人庶不爲此問題所困而世運可以日進頡氏所以能爲進化論革命鉅子者在此焉耳

頡氏又言凡物之有男性女性之別也亦非爲現在也非爲生物各個之利益也凡以爲未來計使適應於時勢而速其變化之率也有兩生物於此則必各經過其特別之境遇各自發達各有其過去所受之特色因使之結合焉調和焉俾共傳其特色於其子則比之僅傳單一之特色者其必有所優矣欲結合兩物之特色不可不結合其含此特色之細胞此男女之事所以爲貴也凡生物之由生而至死也其間體內細胞又屢屢變化故當其

受生也。既受祖宗傳來各種複雜之特色。及其成長也。又自有所受外界熏染之特色。復加於舊特色之內。而一併貢獻於其子孫。此乃種族之所以日進也。然則人生數十寒暑。所以常轉旋其體內細胞而變化之者。凡亦爲未來計而已。

自然淘汰既以未來爲目的。故生物既全爲未來而存立。故凡爲未來而多所貢獻者。高等生物也。反是者下等也。代未來而多負責任者。高等生物也。反是者下等也。故勤勞於爲未來者。則爲優爲勝。怠逸於爲未來者。則爲劣爲敗。不見夫動物乎。最下等者。產卵則放任之不復顧。故其卵及其幼兒之大多數。皆常滅亡。稍進至鳥類。則孵化其卵。而復養育之。更進至哺乳動物。則養育其兒之勞愈多。而在生物界愈占高等之位置。物既有之。人亦宜然。

頡德既定此義爲進化論之標準。因持之以進退當世之學說。其言曰。『進化之義。在造出未來。其過去及現在。不過一過渡之方便法門耳。今世政治學家羣學家之所論。雖言人人殊。要之皆重視現在。於未來少所措意焉。是可爲浩歎也。如所謂社會論。國家論。人民論。民權論。政黨論。階級論等。雖其立論之形式不同。結論各異。而其立脚點。常在於是。卽如近世平民主義之新思想。所謂最大多數之最大幸福者。亦不過以現在人類之大多數爲標準而已。其未來之大利益。若與現在之多數利益不能相容。則棄彼取此。非所顧也。試條論之。自百年以前法國大革命所自出之思想。以迄近世德國社會民主黨所稱述之學說。其最精要之論。不過以國家爲謀公衆利益之一機關而已。胎孕法國革命者。若康輒。若希比沙士。若志的羅。若達廉比爾諸家。皆以社會爲個人之集合體。故不可不以個人之利益爲目的。社會之義務。卽爲現時組織社會之人。汲汲盡瘁是也。其意義未嘗有所謂未來者存也。盧梭祖述此說而益倡之。混國家與社會爲一。其所重者亦在國家多數人民之利益。亦未嘗有所謂未來者存也。英國平民主義首倡之者爲斯密亞丹。其所著原富發揮民業之精神。建設恆産之制度。破壞過去之習慣。以謀現在之利益。而於未來一問題蓋闕如也。斯密所發起之新思想。經邊沁、阿士丁（按日人常譯爲墺斯陳法理學大家也）、古士彌勒（按約翰彌勒之父也世人稱爲大彌勒）、瑪兒梭士、理嘉圖（按二人皆生計學家斯密派之鉅子也）、約翰彌勒諸賢之講求益臻完備。皆以現在幸福爲本位。以鼓吹平民主義者也。邊沁以爲羣學之理想在於增進一羣之利益。而一羣之利益。即合其羣內各人之利益而總計之者也。一切道德。皆以此爲根原。能自進己之利益者。謂之善行。反是謂之惡行。爲利益而犧牲義務可也。爲義務而犧牲利益不可也。若此者世稱之爲樂利說。實現在主義之極端也。（按頡氏所論邊氏不無太過觀邊氏學說一篇自明）此等思想自經約翰彌勒引申發明之後。以未曾有之勢力深入於英國人之腦中。斯實可謂近世自由主義之導師也。然其流弊所存。固有不能爲諱者。約翰彌勒學貫百家。識絕千古。其高深博大之理想。固吾所大敬服。雖然其所論亦以現在之利益爲基礎。僅能言國家之所以成立。而於人羣之進化仍無關也。夫國家非人羣之一機關乎。以彌勒之達識。生當進化公例大明之日。而於現在者非爲現在而存。實爲未來而存之理。竟不克見及。不可謂非賢者千慮之一失也。斯賓塞以進化哲學倡導學界。其大功固不可及。至其羣學之思想亦不免與彌勒同病。斯賓塞屢言犧牲過去以造現在。而不言犧牲現在以造未來。無他。重視現在太過。見有所蔽。而於現在必滅之理未嘗厝意也。雖然。斯賓塞非全忘未來者。彼嘗言曰。人羣之進化。實由現在之利益與過去之制度相爭。而後勝於前之結果也。又曰。國界必當盡破。世界必爲大同。此皆其理想之涉於未來者也。雖然彼其所根據者。仍在現在。彼蓋欲以現在國家思想擴之於人類統一之全社會。未足眞稱爲未來主義也。

其在德國。有所謂唯物論者。有所謂國家主義者。有所謂保守黨者。有所謂社會黨者。要之悉皆以現在主義爲基礎而已。今之德國。有最占勢力之二大思想。一曰麥喀士之社會主義。二曰尼志埃之個人主義。尼志埃爲極端之强權論者。前年以狂疾死。其勢力披靡全歐。世稱爲十九世紀末之新宗敎。麥喀士謂今日社會之弊。在多數之弱者爲少數之强者所壓伏。尼志埃謂今日社會之弊。在少數之優者爲多數之劣者所鉗制。二者雖皆持之有故。言之成理。要之其目的皆在現在。而未嘗有所謂未來者存也。』頡德氏既臚列諸家之說。一一駁難之。因斷言曰『十九世紀者。平民主義之時代也。現在主義之時代也。雖然。生物進化論既日發達。則思想界不得不一變。此等幼稚之理想。其謬誤固已不可掩。質而論之。則現在者實未來之犧牲也。若僅曰現在而已。則無有一毫之意味。無有一毫之價値。惟以之供未來之用。然後現在始有意味有價値。凡一切社會思想國家思想道德思想。皆不可不歸結於是。』此實頡德著書之微意也。

飲冰室文集之十三

近世文明初祖二大家之學說

緒言

泰西史家分數千年之歷史爲上世中世近世三期。所謂近世史者。大率自十五世紀之下半（西曆以耶穌生後一百年爲一世紀）以至今日也。近世史與上世中世特異者不一端。而學術之革新其最著也。有新學術。然後有新道德、新政治、新技藝、新器物。有是數者。然後有新國新世界。若是乎新學術之不可以已如是其急也。近世史之新學術亦多矣。日出日精。愈講愈密。其進化之速。不可思議。前賢畏後生。吁其然哉。雖然。前此數千年之進化。何以如此其遲。後此數百年之進化。何以如此其速。其間必有一關鍵焉。友人侯官嚴幾道常言『馬丁路得、倍根、笛卡兒諸賢。實近世之聖人也。不過後人思想薄弱。以謂聖人爲古代所專有之物。故不敢奉以此名耳。』吾深佩其言。蓋爲數百年來宗教界開一新國土者。實惟馬丁路得。爲數百年來學術界開一新國土者。實惟倍根與笛卡兒。顧宗教今已屬末法之期。而學術則如旭日升天。方興未艾。然則倍氏笛氏之功之在世界者。正未始有極也。我國屹立泰東。閉關一統。故前此於世界推移之大勢。莫或知之。莫或究之。今則天涯若比鄰矣。我國民置身於全地球激湍盤渦最劇最烈之場。物競天擇。優勝劣敗。苟不自新。何以獲存。新之有道。必自學始。彼夫十六世紀泰西學界

轉捩之一大原雖以施之今日之中國吾猶見其適吾用也故最錄其學說之精華以供考鑒焉若其全豹有原書在

倍根學說 Bacon

倍根英國人生於一千五百六十一年明嘉靖四十年卒於一千六百二十六年明天啓六年其時正承十五世紀古學復興 Renaissance 及新教 Protestant 確立之後學界風潮漸變雖然學者猶泥於希臘阿里士多德 Aristotle 柏拉圖 Plato 之科臼未能自闢塗徑其究也不免涉於詭辯陷於空想及倍根興然後學問始歸於實際英人數百年來汲其流迄今不衰故英學先實驗而後理論倍根者實英國學界之先驅又英國學界之代表人也

倍根以爲人欲求學只能就造化自然之迹而按驗之不能憑空自有所創造若恃其智慧以臆度事理則智慧卽爲迷謬之根原譬如戴青眼鏡者所見物一切皆青戴黃眼鏡者所見物一切皆黃一切物果青乎哉果黃乎哉常人妄思以謂五官所感觸之外物一與其物之原形相脗合不知其相脗合者吾之精神耳非物之本質也此種妄想爲人性所本有百般誤謬由此生焉

倍根曰吾人之精神如凸凹鏡外物之來照者或於凸處或於凹處於是乎雖同一物而其所照不同我之觀察自不得不有所謬此爲致誤之第一原因又五官所接者非物之本色而物之假相也此爲致誤之第二原因又吾人之體質各各不同於是乎同一事物而人之所見各各相異此爲致誤之第三原因又人與人相處之間謬見亦常因緣而起如農夫自有農夫之謬見工商自有工商之謬見學士大夫自有學士大夫之謬見又前人之

學說亦往往爲謬見之胎。蓋凡倡一先生之言者。常如傀儡登場。許多點綴。觀者不察。遂爲所迷。此爲致誤之第四原因。

倍根以爲治此迷因。惟一良法。然非如阿里士多德論理學之三句法也(按英語Logic日本譯之爲論理學。中國舊譯辨學侯官嚴氏以其近於戰國堅白異同之言。譯爲名學。然此學實與戰國詭辯家言不同。故從日本譯)蓋三句法者。不過語言文字之法耳。既尋得眞理而敍述之。則大適於用。若欲由此以考察眞理之所存。未見其當也。然則倍根之所謂良法者如何。曰就實事以積經驗而已。

所謂實驗之法何。曰就凡事物諸現象中。分別其常現之象及偶現之象。而求其所以然之故。是爲第一著手。是故人欲求得一眞理。當先卽一物而頻頻觀察。反覆試驗。作一所謂有無級度之表以記之。如初則有是事。次則無是事。初則達於甲之級度。次則達於乙之級度。凡如是者。皆一一考驗記載。無所遺。積之既久。而一定理出焉矣。

學者若將研究甲事。而下實驗之功。乃此事未發。而見他現象相繼而起。則當諦思此現象以何因緣而生乎。或研究乙事。既已得之。而初時所豫料之現象後乃不起。則當諦思彼現象以何因緣而滅乎。又或所測之現象正當發起之頃。而他之諸現象隨之而生。有時而增。有時而減。則當諦思此衆現象以何因緣而增。以何因緣而減乎。如是屢驗不已。參伍之。錯綜之。捨此取彼。因甲知乙。則必見有一現象與他現象常相伴而不可離者。

夫兩個以上之現象。常相依而不可離。是卽所謂定理者也。故苟無甲之現象。則乙之現象亦無自而生。如空氣動盪爲聲之原因。苟無動力。則聲音終不可得傳。空中養氣爲火之原因。苟無養氣。則火光終不可得熱。若是者謂之物之定理。人苟能知物之定理。豈復有爲五官所蔽而陷於迷見者乎。

凡一現象之定理。既一旦求而得之。因推之以徧按其同類之現象。必無差謬。其有差謬者。非定理也。何也。事物之理。經萬古而無變者也。此等觀察實驗之功。非特可以研究外物之現象而已。卽講求吾人心靈之現象亦不外是矣。

綜論倍根窮理之方法。不外兩途。一曰物觀。以格物爲一切智慧之根原。凡對於天然界至尋常至粗淺之事物。無一可以忽略。二曰心觀。當有自主的精神。不可如水母目蝦倚賴前代經典傳說之語。先入爲主。以自蔽。然後能虛心平氣。以觀察事物。此倍根實驗派學說之大概也。自此說出。一洗從前空想臆測之舊習。而格致實學乃以驟興。如奈端因蘋實墜地而悟吸力之理。瓦特因沸水蒸騰而悟汽機之理。如此類者更僕難盡。一皆由用倍根之法。靜觀深思。遂能制器前民。驅役萬物。使盡其用。以成今日文明輝爛之世界。倍氏之功。不亦偉乎。朱子之釋大學也。謂必使學者卽凡天下之物。莫不因其已知之理而益窮之。以求致乎其極。至於用力之久。而一旦豁然貫通焉。則衆物之表裏精粗無不到。而吾心之全體大用無不明矣。其論精透圓滿。不讓倍根。但朱子雖能略言其理。而倍根乃能詳言其法。倍根自言之而自實行之。朱子則雖言之。而其所下工夫。仍是心性空談。倚虛而不徵諸實。此所以格致新學。不興於中國。而興於歐西也。

倍根最不喜推測之學者也。其言曰『吾之所謂格物學者。在求得衆現象之定理而已。若夫其現象之大本。則屬於庶物原理之學。非吾之所知也。庶物原理之學。所以講求造化主及靈魂有無。與夫造化主與人類、靈魂與軀殼之關係。此其事太高妙。不可信據。於人事之實際。無裨益焉。置之可也。』倍根側重別理而輕原理。此其所以有遜色於康德斯賓塞諸賢也。雖然，『羅馬非一日之羅馬』作始者勞最鉅而事最難，不有倍根，安保後此之能有康德斯賓塞哉。

笛卡兒嘗語人曰『實驗之法，倍根發之無餘蘊矣。雖然，有一難焉。當其將下實驗之前、苟非略窺破一線之定理，懸以爲鵠，而漫然從事於實驗，吾恐其勞而無功也。』此言誠當。蓋人欲求得一現象之原因，不可不先懸一推測之說於胸中，而自審曰，此原因果如我之所推測，則必當有某種現象起焉。若其現象果屢起而不誤，則我之所推測者是也。若其不相應，則更立他之推測以求之。朱子所謂因其已知之理而益窮之也。故實驗與推測常相隨，棄其一而取其一，無有是處。吾知當倍根自從事於試驗之頃，固不能離懸測，但其不以此教人，則論理之缺點也。故原本數學以定物理之說，不能不有待於笛卡兒矣。

笛卡兒學說 Descartes

笛卡兒，法國人。生於一千五百九十六年（明萬曆二十四年）幼受學於教會所立之學校。久之不滿志於其功課，慨然曰，吾與其埋頭於此迂腐陳編，不如自探造化之典籍。乃辭黌舍爲義勇兵，有年，復棄去游歷歐洲諸國，自言天下事一劇臺耳，吾自登場爲傀儡，何如置身場外，靜觀自得哉。乃屏居荷蘭二十餘年，以爲宗教政治之自由，惟此國爲最也。以千六百五十年（順治七年）卒。

笛卡兒以前，宗教之燄極張，凡宗教皆以起信爲基者也。路得之創新教，大破舊教積功德之說，以爲惟以信獲救。於是斯義益深入人心。古學復興以來，學者視希臘先賢言論，如金科玉律，莫敢出其範圍。此皆束縛思想自由之原因也。笛卡兒起，謂凡學當以懷疑爲首，以一掃前者之舊論，然後別出其所見，謂於疑中求信，其信乃眞。此實爲數千年學界當頭棒喝，而放一大光明以待來哲者也。

笛卡兒以爲古今人人之所見其相殊如此，其甚也，五官之所感受，智慧之所觀察，其失眞如此其頻數也，我儕人類之生，常昏昏茫茫，如在醉夢，得無其精神中有一種妄想之原因，不能自拔者耶？抑世界中有一二妖魔魅吾人之腦，而障其慧眼耶？於是乎以人之知慧爲不可恃，而必須別求可恃之道以自鑑。

笛卡兒以爲斷事理者，意識之事也；見事理者，智識之事也。意無涯而智有涯，智識之爲物，猶鏡也，鏡之受物象也，苟明現於其前者，固能受之，固能照之，但其未呈現者，或現而不甚分明者，則鏡之用窮矣。然則智識之區域本甚狹，而有所限制，其致迷謬也亦寡。若夫意識，則區域甚博，且甚自由，而無限者也。於是有智鏡所未照，或照而未分明者，而我之意識常躁進，而輒下判斷，是其所是，非其所非，若此者，是謂意識之權溢出於智識之域外，而一切迷謬緣之而起。

於是乎所以救之者有一術，曰：不自恃智識，不濫用意識而已。當一事物之觸照於吾智鏡也，常自審曰：吾智識之所受果能合於外物之眞相乎？吾自以爲不謬誤者，保無更有謬誤之點存於其間乎？笛卡兒以爲學者苟能常以此自疑，則於此疑團之中，自含有可以破疑之種子。蓋人但能知吾智慧之易生迷妄，則此自知之功，正爲對治迷想之第一良藥。何也？既自知之，既自疑之，則凡遇事物，自不敢輒下判斷，而大謬乃可以不生。

由是觀之，則當吾智識接於外物之時，吾精神中別有自由者存，則判斷之一事是也。判斷之事，固吾所得自肆，亦吾所得自制，苟不下判斷，則無可以致謬之理。蓋迷謬二字之訓詁，惟指判斷之不合理者云爾。

夫此自審自疑不遽下判斷者。非智識之事。而意識之事也。以是之故。我得保其自由。立於外物感觸絡繹之中。隨其來而順應之。此則吾儕人類之精神。雖云微弱。然其中猶有盛强之力存焉。人之所以異於萬物。而能窮天下之理者。恃此耳。苟能善於用力以防外物之侵入牽引。則彼迷妄之魔想何由詿誤我乎。此實思想界之護身符也。

難者曰。遇外物而不下判斷。所以防誤謬之患者則得矣。雖然。眞理亦無自而發明也。笛卡兒曰。是固然也。然所謂不下判斷者。謂不遽下而已。非長此以終古也。譬之戰事。未交綏以前。厚其陣。固其營。先爲不可勝以待敵之可勝。所謂將軍欲以巧勝人。盤馬彎弓故不發。此實笛卡兒窮理學之第一步也。故世人名笛氏之懷疑爲故意之懷疑。亦名方法之懷疑。

然則所恃以破疑之術奈何。曰凡遇物皆疑之。而其中必有不容疑之一物存。曰我相是也。當其懷疑也。而心口相商曰『我疑之』。疑之者誰。我也。知我之疑者誰。亦我也。疑也者。思想之一端也。我自知我之思想。而當我思想之之時。卽我自知我思想之時。我與思想爲一體。此天下之最可信憑而爲萬理鵠者也。

笛卡兒乃立一案曰『我能思故是故有我』Cogito ergo Sum 以是爲一切眞理之基礎。此事存於我精神中。與外物毫無所預。我愈益疑我之思想。是我愈益思想也。是我愈益知我之思想也。夫我之斷此事而信之。實我之自由也。我自知有我。而不敢誣我。則何復有謬誤之患乎。（此段析理頗晦澀。是譯者不能文之咎也。讀下文自解其意）

笛卡兒之意。以爲吾人之遇事物也。當自察吾智慧之能力。其程度若何。而運吾之精神以自取捨之。惟然。故就於凡所受物相。一一加檢點。其所見分明者取之。不然者舍之。可疑者疑之。不知者闕之。如是者皆我之所有權。

而非外物所得而强也。事固有難有易。有單簡有錯雜。有時宜之差別。有爲他人所註誤。彼五官之智識。一一受之樊然殽亂。不能悉衷於理。有固然者。非智識之罪也。若夫意識固可以自主者。意識一無所事。而惟隨智識所受爲轉移。是我自棄其所以爲我之具也。是我自降其尊以徇外物也。笛氏此論。可謂博深切明。孟子所謂『耳目之官不思而蔽於物。物交物則引之而已。心之官則思。思則得之。不思則不得也。此天之所以與我者。先立乎其大者。則其小者不能奪也。』正是此意。

笛卡兒又曰。夫遇事物而妄下判斷者。非徒自欺耳。而又欺人。此學者所當大戒也。我未知是事而不能斷之。非我之罪也。未知是事而妄謂知之以誤他人。是我之罪也。然則惟以至誠無僞之心。行我之自由。自信得過。乃可以信於天下矣。

苟用此法。不特可以爲求得眞理之具而已。又使我之智慧。能獨立不倚。而保其自由者也。何以言之。苟此理釐然有當於吾心乎。雖外境界如何拂我。我必取之。苟此理惄然不慊於吾心乎。雖外境界如何煽我。我必棄之。以故雖復亞里士多德之所傳說耶穌基督之所垂訓。乃至合古今中外賢哲所同稱道。爲一世之人所信據之理。苟反之於吾心而有所未安。則棄之如敝屣可也。出吾之所自信。以與古今中外賢哲挑戰決鬬可也。我之所倚賴者。惟有一我而已。噫嘻。是豈所謂中立而不倚强哉矯者耶。

笛卡兒以爲學者苟各各自有其所信之眞理。自堅持之。以成一家言。其有相異若不相容者。則對壘相攻擊。往復相辯難。久之而完全之眞理。行將出乎其間矣。何也。智慧雖有高下大小之差。而其本性則相同。而眞理之爲物。又純一而無雜者也。夫以同一本性之智慧。求純一無雜之眞理。苟黽勉從事。安有不殊塗同歸者耶。故其始雖或人人異論。而必有相視而笑莫逆於心之一日。但其最要者曰至誠無自欺而已。故笛卡兒書中常言曰。公等誠求之誠求之非見之極明者勿下斷語。如是則公等之於眞理。庶乎近矣。

笛卡兒之歿。距今既二百餘年。其所謂『非見之極明者勿下斷語』一言自今日視之。幾陳腐不足道矣。而所以能開出近今二百餘年之新學界者。實自此一語啓之。蓋自中世以來。學者惟依傍前人。莫能自出機杼。前哲所可彼亦可之。所否彼亦否之。不復問事理之如何。附和而雷同之。所謂學界之奴隸也。及笛卡兒興。始一洗奴性。而使人內返本心。復其固有之自由。笛氏之功。不在禹下也。

綜覽近世學風。有愈使人佩笛氏之言而不能諼者。不見乎二百年來學者。自騰所見。大聲疾呼。無所瞻顧。其有異同。互相攻難。不遺餘力。紛紛焉若相仇視者然。雖然。皆以爭眞理爲歸宿。故苟有一眞理之出現。則相率歸之。如水就下。莫或迷其舊以自欺。誠哉其相異相爭者。正所以爲相合相服之前驅也。何也。思想之自由。眞理之所從出也。且猶有一左證於此。古今諸學術中。其進化最速者。必其思想辯論。恢恢乎有自由之餘地者也。是故數學之進步。最速而最完。格致學次之。何也。彼學者苟有所見。可以任意發明之。辯詰之。無所顧忌。無所束縛也。若政治學宗教學倫理學。其進步最遲。而至今不完者。大率爲古來聖賢經典所束縛。爲現今政術風俗所牽掣。或信古人而不敢疑之。或有所見而不敢傳述之。是猶不免笛卡兒所謂自欺者。而意識之自由。未能盡其用也。觀於是而益歎笛卡兒偶乎遠矣。

以上所言自由之性。無自欺之心。笛卡兒窮理學之第一義也。若其用之之方法。則分爲三段。一曰剖析。二曰綜合。三曰計數。剖析者。謂凡遇一事物。務用心剖析之。以觀其內之包容何物是也。綜合者。遇諸種之思想及事物。

次第逐一以總合之。使前後整齊是也。計數者。凡所觀察所思想之事物。一一計算之。而不使遺忘是也。其方法甚簡易。而甚詳盡。而持論尤精者。實在綜合之法。

笛卡兒以爲世界庶物。如此其蕃。雖然其間必有一大理之貫注。而凡百之理。皆歸結於是。故學者當於衆理之中求出其孰爲統領者。孰爲附屬者。所謂通其一萬事畢也。然則其道何由。曰當講求事物之時。或於其各部相聯屬之故。不能知其所以然。則當先推測一理。懸以爲鵠。然後以實驗之法。考其結果之符合與否。若其否也。則更懸他鵠以求之。如是求之不已。必能知各事物所以相聯屬之故。而大理躍如矣。故笛卡兒嘗設一譬。曰智慧猶太陽也。其所照之物雖多。而太陽則一也。智慧所講求之學術雖多。而其所以用智慧者則常同。故吾人苟於一理見得透。則於講求他理。自事半功倍。何以故。凡百之理。皆相聯屬故。又曰惟天下之理。皆相聯屬。故學者之窮理。不可局於一科。必當涉獵羣學。而究其相合之所由。此笛卡兒綜合法之梗概也。

此外笛卡兒所言良智之說。靈魂之說。造化之說。世界庶物之說。皆精深博大。巍然成一家言。首尾相應。盛水不漏。以其義太閎遠。不適於吾國人今日之研究。故暫闕如。以待來者。要之笛卡兒之學派。實一掃中世拘攣之風。驟開近世光明之幕。歐美五尺童子。所莫不欽誦。而吾國人所當深求其故者也。

合論

倍根與笛卡兒兩派。自其外形論之。實兩反對派也。甲倚於物。乙倚於心。甲以知識爲外界經驗之所得。乙以智識爲精神本來之所有。甲以學術由感覺而生。乙以學術由思想而成。兩派對峙相爭。殆百餘年。其間祖述之者。

各有鉅子。試略舉其重要者如下

格物派（英吉利）	窮理派（大陸）
倍根	笛卡兒
霍布士 Hobbes（一五八八—一六七五）	斯拼挪莎 Spinoza（一六三二—一六七七）
陸克 Locke（一六三二—一七〇四）	黎菩尼士 Leibniz（一六四六—一七一六）
謙謨 Hume（一七一一—一七七六）	倭兒弗 Wolff（一六七九—一七五四）

以上諸家各明一義。議論愈剖而愈精。眞理愈辨而愈明。至十八世紀之末。德國大儒康德。（Kant 一七二四—一八〇四）者出。遂和合兩派。成一純全完備之哲學。而近世達爾文 Darwin 斯賓塞 Spencer 諸賢出。庶物原理之學益光大矣。而要之推原功首。則二百年來侁侁衿纓之子。不得不膜拜於倍根笛卡兒二老之下。永無諼焉。二老誠近世之偉人哉。

倍氏笛氏之學派雖殊。至其所以有大功於世界者。則惟一而已。曰破學界之奴性是也。學者之大患。莫甚於不自有其耳目。而以古人之耳目爲耳目。不自有其心思。而以古人之心思爲心思。審如是也。則吾之在世界。不成贅疣乎。審如是也。則天但生古人可矣。而復生此百千萬億無耳目無心思之人。以蠕緣蠹蝕此世界。將安取之。故倍氏之意。以爲無論大聖鴻哲。誰某之所說。苟非驗諸實物而有徵者。吾弗屑從也。笛氏之意。以爲無論大聖鴻哲。誰某之所說。苟非反諸本心而悉安者。吾不敢信也。其氣魄之沈雄也如彼。其主義之切實也如此。此所以能摧陷千古之迷夢。卓然爲一世宗也。雖謂近世文明爲二賢之精神所貫注所創造。非過言也。我中國數千年來。學術莫盛於戰國。無他。學界之奴性未成也。及至漢武罷黜百家。思想自由之大義。漸以窒蔽。宋元以來。正學異端之辨益嚴。而學風之衰益甚。若本朝考據家之疲舌戰於字句之異同。鉤心角於年月之比較。更卑卑不足道矣。爾來士大夫亦知此學之無用。而思所以易之。不知中國學風之壞。不徒在其形式。而在其精神。使有其精神也。則今日之西人。何嘗不好古金石古文字。何嘗不談心性。談有無。而其與吾之所謂漢學宋學者自殊科矣。使無其精神也。則雖日日手西書。口西語。其奴性自若也。所謂精神者何也。卽常有一種自由獨立不傍門戶不拾唾餘之氣概而已。今士大夫莫不震懾於西人政治學術進步之速。而不知其所以進步者。有一大原在。彼其奔軼絕塵。亦不過此二百餘年事耳。我苟得其大原而善用之。何多讓焉。苟不爾。則日日臨淵而羨之。終無濟也。嗚呼。有聞倍根笛卡兒之風而興者乎。第一。勿爲中國舊學之奴隸。第二。勿爲西人新學之奴隸。我有耳目。我物我格。我有心思。我理我窮。車驅之車。驅之何渠不若漢。

天演學初祖達爾文之學說及其略傳

近四十年來。無論政治界學術界宗敎界思想界人事界。皆生一絕大之變遷。視前此數千年若別有天地者然。競爭也。進化也。務爲優强。勿爲劣弱也。凡此諸論。下自小學校之生徒。上至各國之大政治家。莫不口習之而心營之。其影響所及也。於國與國之關係。而帝國政策出焉。於學與學之關係。而綜合哲學出焉。他日二十世紀之世界。將爲此政策此哲學所磅礴充塞。而人類之進步。將不可思議。此之風潮。此之消息。何自起耶。曰。起於一千八百五十九年。卽咸豐九年何以故。以達爾文之種源論 Origin of Species 出版於是年故。

達爾文名查理士羅拔（Charles, Robert. Darwin.）英國人也。生於一千八百零九年。嘉慶十四年與美國前大統領林肯英國前大宰相格蘭斯頓同歲。生論者稱其年爲人道之福星云。其祖父埃拉士瑪士 Erusmus Darwin 以醫學及博物學有名於時。於植物變遷之跡。頗有所考究。父名羅拔。世其醫學。達爾文九歲喪母。其幼年在小學校也。才智無以逾人。校中功課。常出其妹之下。惟好搜集昆蟲草木金石魚介等以爲樂。蓋其博物學大家之資格。天授然也。十六歲入蘇格蘭之埃毡保羅大學。復更入琴布列大學。爲教師亨士羅所器重。受其薰陶。慨然有立偉功於學界之志。千八百三十一年。卒業於大學。時英國政府獎勵學術。將特派一探險船於海外。周航世界以資實驗。達爾文得亨士羅之保薦。遂得附所派之壁克兒船以行。時年僅二十二。是歲十二月二十一日。船發濟物浦。直航南亞美利加。復徧歷澳大利亞洲等處。環繞地球。五年而還。此五年內。實爲其一生學問之基礎。一切實驗智識。皆得於是。歸國之後。首著『壁克兒航海日記』一書以公於世。聲價藉甚。不數月而諸國翻譯殆徧。後陸續著『壁克兒航海之地質學』『珊瑚島之構造及分布』等書。於是博物之名大噪。被舉爲國學會院名譽會員。千八百四十二年。遂去倫敦。卜居於京特省附近之一村落。屏絕塵俗。潛心滌慮。將航海五年內所蒐之材料。所悟之新說。整齊之。鍛鍊之。蓋其精心毅力。務求眞理之極則。不敢自欺。不肯急功近名以取譽於世。殆欲積二三十年之力。成一滿志躊躇之大著述。或至身後乃始布之。其眼光之偉大有如此者。

不圖事與心違。千八百五十八年。達氏之知友和理士。忽自南美洲寄一稿於達氏。請其商於先輩碩學黎亞兒氏而刊布之。達氏一讀其文。恰與己十年來所苦思力索。蓄而未發之新說。一一暗合。若在器量蹋小者流。或不免爭名譽。起嫉忌。而思有以壓抑之湮沒之。亦未可知。乃達氏腦中。皓皓若秋月。曾無半點妖雲。直攜其原稿以示黎亞兒富伽兩前輩。此二人者。皆達氏之親交。而深知其平生所研究所懷抱者也。乃共勸達氏。使急敍次其新著。一並布行。達氏乃始出其新論之大略。與和理士氏之書。同宣布之於倫敦林娜學士會。實一八五八年七月一日也。此兩論一出。全國學者耳目爲之聳動。或嘆爲精新。或斥爲誕妄。評論沸騰。不知底止。達氏乃益蒐其材料。緯其理論。敍次成編。所謂種源論者。遂以一八五九年十一月出於世。

此書之未出也。世人皆以種爲一成不變者。物物皆由上帝特別創造之。自受造以來。以迄今日。未嘗或變。今日之犬。卽太古之犬也。今日之猴。卽太古之猴也。今日之苔之松。卽太古之苔之松也。以爲秉生以來。卽釐然而不可易。若夫下等動植物之次第進化。以至變成今日之高等人類。此等怪誕之說。更無有人敢著想者。可無論矣。達爾文以前。雖有一二博物學者。稍有見於物類蕃變之現象。如拉麥氏於千八百一年所著書。曾微發其端倪。而達氏之祖父埃拉士瑪士所著 Zoonomia 一書。亦嘗大倡其說。雖然。彼等雖知其變遷進化之跡。而不知其變遷進化之所以然。及種源論出。積多年之實驗。而以一大學理網羅貫通之。然後人物生生之理。乃顯於世界。今述其要略如下。

達爾文以爲生物變遷之原因。皆由生存競爭優勝劣敗之公例而來。而勝敗之機。有由於自然者。有由於人爲者。由於自然者。謂之自然淘汰。由於人爲者。謂之人事淘汰。淘汰不已。而種乃日進焉。何謂人事淘汰。凡動物之豢飼者。植物之樹藝者。因其豢之培之之境遇不同。而無量數之變種起焉。譬之家兔。常飼以某物。而其毛可以變色。常豢以某法。而其耳可以加長。如是者使之變百數十種不難焉。其實則皆自同種之野兔來耳。以是例之。乃至養鳩者。（達爾文最留心查鳩之變種當時英國養鳩之風甚盛達氏爲養鳩會會員細心查之有數百種變法云）養金魚者。栽菊者。栽蘭者。其理莫不如是。皆本由一簡單同類之種。而人工能使之變至數十數百而未有已也。

此等變種之生。非突如其來者。乃由極微極小之點。漸漸而遷。其始甚細。其末甚鉅。試觀之犬。有獵犬。有鬬犬。有守羊羣之牧犬。有衞宅門之家犬。有牽挽車之御犬。皆各具其特別之智能性質。以適人之嗜好。而供人之指揮。非其祖種之生而卽然也。人類積多年之力馴之練之。專濬發其機能之一部分。是以及此。

此不徒於物爲然也。卽人類亦有之。古希臘之斯巴達人。常用此法以淘汰其民。凡子女之初生也。驗其體格。若有尩弱殘廢者。輒棄之殺之。無俾傳種。惟留壯健者使長子孫。以故斯巴達之人。以强武名於時。至今歷史上猶可見其遺跡焉。此皆所謂人事淘汰之功也。

自達爾文此說昌明。各國敎育事業大有影響。蓋今日文明世界。雖斷無用斯巴達野蠻殘酷手段之理。然知人之精神與體魄。皆能因所習而有非常之變化。以故近日學校。益注意於德育體育兩途。昔惟重敎授者。今則尤重訓練。可以懸一至善之目的。而使一國人使世界人共向之以進。積日漸久。而必可以致之。此亦達爾文之學說與有力焉者也。

所謂天然淘汰者何也。此義達爾文初不敢武斷。其後苦思力索。旁徵博較。然後尋出物競天擇之公理。此物與彼物同在一地。而枯菀殊科者。必其物有特別之點。與天然界之境遇相適。則能自存焉。能傳種焉。譬之沙漠。有各種色之蟲滋生其間。其所以受生者本相等也。但青紅紫黑等色之蟲。易於辨認。故飛禽蜥蜴諸物。輒搏而啄之。日漸減少。其種遂歸滅亡。所存者則與沙漠同色而難辨認者也。至飛禽蜥蜴諸物亦然。其有青紅紫黑諸色者。易於瞥見。蟲類一覩而知爲其敵。所在避之。故常不得食以死。日漸減少。其種亦歸滅亡。所存者則與沙漠同色而難瞥見者也。以此之故。凡沙漠中惟有黃色白色之蟲。黃色灰色之鳥。無他。彼惟最適於其所在之境遇而已。

達爾文推物競之起原。以爲地上所產出之物數。比諸其所以營養之之物質。常不能相稱。其超過之率。殆不可思議。若使有生而無滅。則一雌一雄所產之子孫。轉瞬間可占盡全球之面積而有餘。即如人類生殖最遲者也。二十五年而增加一倍。以此比例。則一夫婦之子孫。經千年後。已屛足而立於地球矣。況乎動植物之孳生速率。遠非人類所能比者乎。動物生產最遲者莫如象。自三十歲至九十歲。可以產子。計最少數一牝牡產六子。經七百五十年則當得象一千九百萬頭矣。自餘百物皆可類推。以此之故。於有限之面積中。而容無限之品類。其勢固不可以不競爭。競爭之結果如何。卽前節所述適者生存之公例是也。

達爾文以爲此天然淘汰之力。無有間斷。無有已時。比諸人事淘汰之力。其宏大過之萬萬。猶天產物與人造物之比例也。且其影響。不特在同種之物而已。各物與各物之間。往往互有關係。其繁賾至不可思議。試舉其例。嘗有人移植英國產之一種蘭花於紐西崙之原野。屢植而不能孳生。惟村落附近。則叢茂焉。推原其故。蓋蘭花之孳殖。常藉蜜蜂互遞其花粉於雄蕋雌蕊之間。然後構精而傳種焉。而紐西崙之地多野鼠。野鼠喜食蜜蜂。蜜蜂不生。而蘭自不得長。村落附近所以反是者何也。則以其有貓。有貓故無野鼠。無野鼠故有蜜蜂。有蜜蜂故有蘭。夫孰知蘭之生產。與彼風馬牛不相及之貓。有若此之大關係乎。達爾文引此等證據甚多。使人知事物與事物相關聯之間。其原因極繁賾。達氏之眼光。可謂偉大矣。

萬物同競爭。而異類之競爭。不如同類之尤激烈。蓋各自求食。而異類者。各有所適之食。彼此不甚相妨。虎之與牛也。狼之與羊也。鳥之與蛇也。其競爭不如虎之與虎狼之與狼蛇之與蛇也。大抵愈相近。則其爭愈劇。人之與魚鳥爭。不如其與獸爭之甚也。歐洲人與他洲之土蠻爭。不如歐洲各國自爭之甚也。而其爭愈劇。則其所謂最適者愈出焉。

夫所謂適者生存。非徒其本體之生存而已。必以己之所以優所以勝之智若力傳之於其子。子又傳諸其孫。如是久而久之。其所特有之奇材異能。益為他物之所不能及。於是其當初偶然所得之能力。遂變而為一定之材性。馴致別為一種族而後已焉。此種之變遷所由起也。

苟明此理。則知現今庶物之樊然殽列者。其先必皆有所承襲而來。若深究其本質。必有彼此相同之痕跡。可以尋得者。其最始必同本於一元。而現今之生物界。不過循過去數十萬年自然淘汰之大例。由單純以趨於繁賾而已。卽吾人類亦屬生物之一種。不能逃此公例之外。故達爾文據地質學家所考究地下層石內之古生物。察其變遷進化之順序。以著所謂人祖論 The Descent of Man 者。於一千八百七十一年出版。以明人類亦從下等動物漸次進化而來。

達爾文自種源論出版以後。猶日日蒐集研究。至老不衰。其後陸續著行之書二十餘種。以一千八百八十二年（光緒八年）卒。年七十有四。其訃音登於報紙中。知與不知。莫不嗟悼。卒由國會決議。以國葬之禮。歸其遺蛻於名儒奈端氏之墓傍。俄美德法意大利西班牙各國。皆派員會葬。諸國之大學諸學會之代表員來會者千數云。

達爾文之著書二十七種。不下千數百萬言。其學理之精深。證據之繁博。今世無量數之鴻儒碩學。竭畢生之力以研究之。尚不能盡其端倪。況余之新學小生。欲以區區數葉之論文。揭其綱領。烏能有當。但今所以草此篇之意。欲吾國民知近世思想變遷之根由。又知此種學術。不能但視爲博物家一科之學。而所謂天然淘汰優勝劣敗之理。實普行於一切邦國種族宗教學術人事之中。無大無小。而一皆爲此天演大例之所範圍。不優則劣。不存則亡。其機間不容髮。凡含生負氣之倫。皆不可不戰兢惕厲。而求所以適存於今日之道云爾。

達爾文新說之出於世也。耶穌教徒視之如讐。如數百年前反對地動說之故事。出全力以抗之。蓋以其論與舊約創世記所謂上帝以七日造成人物之說不相容也。雖然。眞理者最後之戰勝。彼等至今。已如反舌之無聲矣。

法理學大家孟德斯鳩之學說

自一千七百七十八年。美國獨立。建新政體。置大統領及國務大臣。以任行政。置上下兩議院。以任立法。置獨立法院。以任司法。三者各行其權。不相侵壓。於是三權鼎立之制。遂徧於世界。今所號稱文明國者。其國家樞機之組織。或小有異同。然皆不離三權範圍之意。政術進步。而內亂幾乎息矣。造此福者誰乎。孟德斯鳩也。自千七百七十二年。英人於本國禁用奴隸。八百三十三年。並屬地而悉禁之。八百六十五年。美國南北戰罷。奴制全廢。而俄羅斯亦以千八百六十一年。行釋放農奴之制。於是白種人轄治之地。無復一奴隸。苟及歲者。皆得爲自由民。人道始伸。而戾氣漸滅。造此福者誰乎。孟德斯鳩也。自白加掠著刑法論。爲近世刑法之所本。而列國靡然從風。廢拷訊之制。設陪審之例。慎罰薄刑。惟明克允。博愛之理想。遂見諸實事。造此福者誰乎。孟德斯鳩也。孟子曰。有王者起。必來取法。是爲王者師也。近世史中諸先哲。可以當此語而無愧者。蓋不過數人焉。若首屈一指。則吾欲以孟德斯鳩當之。

孟德斯鳩。法國人也。生於一千六百八十九年。（康熙二十八年）幼稟天才。讀史有識。稍壯。探究各國制度法典。並研究法理學。千七百四十年。舉爲本省議會議員。其年入學士會院。益刻苦厲精。研治各學。頗有著述。爲世所稱。千七百四十六年。辭議員職。遊歷歐洲諸國。歸國後。益潛心述作。先成羅馬盛衰原因論、英國政體論、兩書。既乃成萬法精理。（法文原名 Esprit des Lois 英文譯爲 The Spirit of Laws 譯意言法律之魂也。日本人譯爲此名。今從之。）以千七百五十年公於世。蓋作者二十年精力之所集也。此書一出。全國之思想言論爲之丕變。眞有河出伏流。一瀉千里之勢。僅閱十八月而重印二十一次云。其聲價之高。概可想見。

當法王路易第十四之際。君主專制政體。正極全盛。及其歿後。弊害百出。羣治腐敗。道德衰頹。宮廷教會。尤爲蠹政淵藪。然其時學術方進。英國文明之化。日寖流入。於是國民思想漸起。將撥反動力以排政治之專制。抑教會之橫恣者。紛紛然矣。而當時築其壘。煽其流。隱然爲全國動力之主動者。厥有三人。一曰盧梭。二曰福祿特爾。三曰孟德斯鳩。盧氏之說。以銳利勝。福氏之說。以微婉勝。而孟氏之說。以緻密勝。三君子者。軒輊頗難。而用力之多。結果之良。以孟氏爲最。

孟氏之學。以良知爲本旨。以爲道德及政術。皆以良知所能及之至理爲根基。其論法律也。謂事物必有其不得不然之理。所謂法也。而此不得不然之理。又有其所從出之本原。謂之法之精神。而所以能講究此理。窮其本原。正吾人之良知所當有事也。萬法精理全書之總綱。蓋在於是。

孟氏曰。凡屬圓顱方趾。而具智慧者。卽可以自定法律。雖然。當其未著定法律之前。自有所謂義不義正不正者存。所謂事物自然之理也。法律者。卽循此理而設者也。若謂法律所令之外。無所謂善。法律所禁之外。無所謂惡。

是猶於未畫圓形之前，而云自其中央達於周邊諸綫長短相等也，如何而可哉。故理也者，人與人物與物相交換之間所最適宜者是也，而此理常同一，而無有變。若各邦所設之政法，特施行此理之條目耳。

又曰：法律者，以適合於其邦之政體及政之旨趣爲主。不寧惟是，又當適於其國之地勢及風土之寒熱，又當適於其國之廣狹，及與鄰邦相接之位置，乃至土壤之沃瘠，及民之所業，或農或牧或賈，各各相宜。又當適於其國民自由權之廣狹，及民所奉之宗教，又當適合於民戶之多寡，及人民多數之意嚮，與其性質。不寧惟是，此法律與彼法律，必有相因。當求其所以設立之故，並創製此法者宗旨之所在。凡欲講究一邦之法律者，必須就此數端悉心考求，未可執一以論也。孟氏萬法精理一書，即用此法以考察各國之法，而論列其得失之林者也。其博深切明，不亦宜乎。

孟氏學說，最爲爲政治學家所祖尙者，其政體論是也。政體種類之區別，起於亞里士多德，而孟氏剖之更詳。其言以爲萬國政體，可以三大別概括之：一曰專制政體，二曰立君政體，三曰共和政體。凡邦國之初立也，人民皆慴伏於君主威制之下，不能少伸其自由權，謂之專制政體。及民智大開，不復統於一人，惟相與議定法律而共遵之，是謂共和政體。此二者其體裁正相反，而介於其間者，則有立君政體。有君以蒞於民上，然其威權受法律之節制，非無限之權是也。

既明其區別，乃論其得失。孟氏以爲專制政體，絕無法律之力行於其間。君主專尙武力，以懾其民，故此種之政，以使民畏懼爲宗旨。雖美其名曰輯和萬民，實則斲喪元氣，必至舉其所賴以立國之大本而盡失之。昔有路伊沙奴之野蠻，見樹果纍纍，攀折不獲，則以斧斫其樹而捋取之，專制政治殆類是也。然民之受治於其下者，輒曰但使國祚尚有三數十年。吾輩且假日媮樂。及吾死後。則大亂雖作。復何恤焉。然則專制國民之姑息偷靡。不慮其後。亦與彼蠻民之斫樹採果者無異矣。

孟氏又曰。凡專制之君主。動曰輯和其民。其實非眞能輯和也。何也。以彼奪民自由權使民畏懼爲本旨故也。夫民者。固有求自保之性者也。而畏懼之心。與求自保之性。又常不相容。然則專制之國。必至官與民各失其所願望而後已。無他。其中之機關。本自有相牴牾者存也。故只能謂之苟安。不能謂之輯和。輯和者。人人各有所恃以相處而安其生也。苟安者。一時無戰亂而已。故專制國所謂太平。其中常隱然含擾亂之種子。

又曰。凡專制之國。必禁遏一切新奇議論。使國民隤然不動。如木偶然。其政府守一二陳腐主義。有倡他義者。則謂之爲畔道。爲逆謀。何也。彼其宗旨。固以偷一時之安爲極則也。以故務馴擾其民。若禽獸然。時時鞭撻之。使習一二技藝。以效己用。民既冥頑如禽獸矣。則其中有一極獰惡而善威嚇者。則足以統御之。不寧惟是。乃至不必以人爲君。而治之有餘。昔瑞典王査理第十二。嘗有所命於元老院。元老院不奉詔。王曰。卿等若猶不從。朕將以一履强命卿等。元老遂唯唯不敢違。由此觀之。一履猶可以御民。故曰不必以人爲君而治之有餘也。

孟氏論專制之弊。大略如是。可謂深切著明也矣。至其論專制與立君兩體之比較。則以爲專制之國。君主肆意所欲。絕無一定之法律。然行之既久。漸有相沿成習之法。以御衆。此爲政治沿革之第二期。此種政體。威力與法律並行。蓋專制之稍殺者也。雖然。其法律非因民之所欲而制定。未可稱爲眞法律。只能謂之例案而已。而此例案者。果何物乎。則舊制相沿。國王之下。有若干之世臣巨室。皆有其先世所傳之規例。君主或自恣過甚。若輩輒援例以爭。藉以限制君權者。如斯而已。

孟氏又曰。立君政體國之機關。其所以運轉自如不至破壞者。有一術焉。蓋以一種矯僞之氣習。銘刻臣僚之腦髓。牢不可破。即以人爵爲莫大之榮是也。惟其然也。故孜孜焉各競其職。莫敢或怠。以官階之高下。祿俸之多寡。互相夸耀。因此一念。羣臣皆自修飾。其甚者或致身效死。以徼身後之榮者。蓋亦有人矣。而要之不外一種矯僞之氣驅而役之者也。

又曰。立君政體之國。苟欲不速滅亡。必其君主有好名之心。有自重之意。以己身之光榮。與國家之光榮。視同一體。如是則必將希合民心。勉强行道。而其國亦得以小康。雖然。君主好名之極。而世臣巨室或不能限制其威權。則君主必自視如鬼神。而一無所顧忌。此孟氏論立君政體之大略也。約而言之。則强暴之威力。與一定之規則。相混合而已。然則此政體者。亦專制共和兩政間之過渡時代也。

次乃論共和民主之政。孟氏以爲民政未立以前。必有一種半君半民之政。以介其間。若是者謂之貴族政治。蓋以國中若干人獨掌政柄。實君主之餘習也。若夫共和政治。則人人皆治人。人人皆治於人者。蓋各以己意投票選舉。以議行一國之政。故曰人人皆治人。既選定之司法官。則謹遵其令。而莫或違。故曰人人皆治於人。而其本旨之最要者。則人民皆自定法律。自選官吏。無論立法行法。其主權皆國民自握之。而不容或喪者也。

孟氏又謂民主國所最要者。在凡百聽民自爲。其不能躬親者。則選官吏以任之。民各行其權以選吏。其明鑒自有令人不得不歎服者。何也。民非必皆鍊達事務。而於他人之鍊達與否。辨之最明。身經百戰者。必被舉爲武員。學問湛深者。恆被舉爲文職。餘事皆然。蓋有莫之致而致者焉。欲求國事之無失職者。莫善於此途矣。

孟氏論三種政體之元氣。其說有特精者。卽專制國尙力。立君國尙名。共和國尙德是也。而其所謂德者。非如道學家之所恆言。非如宗教家之所勸化。亦曰愛國家尚平等之公德而已。孟氏以爲專制立君等國。其國人無須乎廉潔正直。何以故。彼立君之國。以君主之威。助以法律之力。足以統攝羣下而有餘。專制之國。倚刑戮之權。更可以威脅臣庶而無不足。若共和國則不然。人人據自由權。非有公德以自戒飭。而國將無以立也。

孟氏又曰。立君之國。或間有賢明之主。而臣民之有德者則甚希。試徵諸歷史。凡君主之國。其朝夕侍君側號爲近臣者。大率皆庸陋惡劣。見之令人作嘔者也。何也。彼其坐於廟堂。衣租食稅。不營產業。其皇皇焉日夕所求。不過爵位而已。利祿而已。其氣傲。其行鄙。遇上於己者。則又卑屈無恥。遇有直言之士。則忌之特甚。聽其言。則阿諛反覆。詐僞無信。故遇仁聖之君。則惡其明察。遇庸暗之主。則貪其易欺。君主之倖臣。莫不如是。此古今東西之所同也。不寧惟是。苟在上者多行不義。而居下者守正不阿。貴族專尚詐虞。而平民獨崇廉恥。則下民將益爲官長所欺詐。所魚肉矣。故君主之國。無論上下貴賤。一皆以變詐傾巧相遇。蓋有迫之使不得不然者也。若是。君主之國。固無所用其德義。昭昭甚也。

孟氏又嘗著波斯寓言一書。以諷當時專制政治。蓋其時歐洲惟荷蘭瑞士行民主政。頗爲各國所重。而亞洲各國。莫不畏之。故託諸波斯人語。謂荷瑞不置君主。爲歐洲最劣之國。然戶口殷息。莫踰二邦云云。篇末遂自伸己意。謂有眞光榮眞名譽眞德義者。惟民主國爲然。一國之人可稱爲國民者。亦惟民主國爲然。其推崇民主制如是。

雖然。孟氏於民主政治之精義。尚有見之未瑩者。蓋其於法律與自由兩者之關係及其界限。未能分明故也。孟氏謂法治之國（以法律施治謂之法治）人人得以爲其所當爲。而不能強其所不可爲。此自由權所在也云云。顧所謂當爲者。其意甚晦。何則。政府者。非能舉人人所負之責任。而一一干預之也。特責任之關於義者。可以强之使行。其關於仁者。政府初不得而問也。孟氏又謂凡法律之所聽。皆得爲之。若此者謂之自由云云。雖然。此特指自由之關於法律者言之。未得爲仁義中正之自由也。何也。所謂法律者。固非盡合於道也。故一國之中。雖人人服從法律。而未可謂眞自由。何則。所謂法律者。誰創之耶。其法律果何如耶。是未可知也。夫法律縱爲美備。若創法者爲不稱其職之人。而强行於國中。是亦不正也。卽創法者悉稱其職。一由國民之公議。然苟有背於自由平等之理。猶之不正也。孟氏於此義未盡瀏亮。故每以法律與自由併爲一譚。此亦千慮之一失也。故孟氏雖推崇民主政體。然頗以不能持久爲疑。蓋猶囿於當時學者之所見。以古代希臘羅馬之制爲民主政之極則。而於法治之眞精神。尙一間未達也。

孟氏既敍述各種政體。乃論各政體所由立之本原。於是舉英國政體。謂此所謂立憲政體。最適於用。而施行亦易。實堪爲各國模範。其言曰。苟欲創設自由政治。必政府中之一部。亦不越其職。而後可。然居其職者。往往越職。此亦人之常情。而古今之通弊也。故設官分職。各司其事。必使互相牽制。不至互相侵越。於是孟氏遂創爲三權分立之說。曰立法權。曰行法權。曰司法權。均宜分立。不能相混。此孟氏之所創也。

孟氏謂立法行法二權。若同歸於一人。或同歸於一部。則國人必不能保其自由權。何也。兩權相合。則或藉立法之權以設苛法。又藉其行法之權而施此苛法。其弊何可勝言。如政府中一部有行法之權者。而欲奪國人之財產。乃先賴立法之權。豫定法律。命各人財產皆可歸之政府。再藉其行法之權以奪之。則爲國人者。雖起而與之爭論。而力不能敵。亦無可奈何。故國人當選舉官吏之際。而以立法行法二權歸於一部。是猶自縛其手足而舉其身以納之政府也。

又謂司法之權。若與立法權或與行法權同歸於一人。或同歸於一部。則亦有害於國人之自由權。蓋司法權與立法權合。則國人之性命及自由權必至危殆。蓋司法官吏得自定法律故也。司法權與行法權合。則司法官吏將藉其行法之權以恣苛虐故也。若司法立法行法三權合而爲一。則其害更甚。自不待言。故尚自由之國。必設司法之制。使司法官吏無罷黜之患者。何也。蓋司法官獨立不羈。惟法律是依。固不聽行法各官之指揮者也。

孟氏此言。其所以分離三權。而不使相混者。蓋以國人選舉官吏。固以一己之事使之代理。因分任其事於各人。而不使踰越。故三權鼎立。使勢均力敵。互相牽制。而各得其所。此孟氏創見千古不朽者也。

雖然。三權之所以設立者。蓋出於官民之互相契約。一則託以自由之權。一則受之。此其故孟氏實未之知。故其所論之旨趣。不能出代議政體之外。蓋在代議政體。則任此三權者。實代民而任之者也。故必設法以防制之者勢也。若夫民主國。則任此三權者。不過受百姓一時之託。苟有不滿於民者。則罷黜之而已。

孟氏又謂自由之國。其國人苟有精神之自由者。則國人皆可以自治。而不必仰庇於人。故國人相聚爲一。據立法之權以自守之可也。然此事頗難施行。在大國則必不可行。在小國亦不免流弊。故必選舉若干人以代理之云云。

觀孟氏此言。其意蓋在代議政體。而未知民主之眞精神也。盧梭駁之曰、所謂代理人者。將乘國人之信己。而藉口於代理國人。以肆行無忌。是猶畫押於紙以授之也。夫官民之交涉。契約而已。故任立法之權者。止可云受託者而已。未可謂代理人也。

孟氏首舉立法權而歸之國民。誠當矣。次論行法權。則謂立法行法不可不分。而行法權宜歸統一。苟不爾。則事或滯而不行。且不免錯雜之弊也。然其論所以統一之之法。則以爲舍君主末由。此蓋猶拘墟於一時之耳目。而未達法治之大原也。不觀諸美國乎。行法之權。統於一人。所謂大統領也。而大統領之性質。與君主自殊科矣。何也。彼固未嘗有特權也。孟氏必欲舉行法權歸諸累世相承不受譴責之君主。又欲調劑二權。置貴族於君民之間。以成所謂混合政體者。此由心醉英風太甚。而不知英國此等現象實過渡時代不得不然。非政法之極則也。孟氏之論貴族。亦不免於謬戾。彼謂取人之材能勳績。或鍊達事務。而選舉之者。貴族政治之本旨也。蓋彼之意以爲民主之本旨。則以抽籤之法爲選舉。貴族之本旨。則以考績之法爲選舉。夫一國之中設有特權。與一國之中人人平等者。本不相同。貴族之制。或因門第。或因財產。而握有特權。異於平民。民主之制。則無論其材能如何。勳績如何。初不因此而握特權。苟願效力於其國者。則以一己之自由權。自行表薦。而國人亦以其自由權而選拔之。故彼此均有自由權。以互相爲約。此卽民主政治之本旨也。美國之上院卽然。其不得以此爲貴族之制亦明矣。

孟氏之所以致誤之由。蓋不知平等之義故耳。其意若曰民主國之平等。不過無所區別。而一切賢愚均無所表異而已。是未眞知平等之義者也。所謂平等者。尊重各人之自由權。及由自由權所生之各權。無所等差。雖有奇材異能者。不得自恃其長以制御衆人。衆人亦不得因此而有特權。唯以其自由權自白其所長。以取信於衆人。而衆人亦以自由權選舉之。如是而已。若夫材能勳績。絕無所表異於衆。要非平等之本旨也。

至其論法律制度。則孟氏所見有極偉者。厥後法國改革制度。出於孟氏之功爲多。十八世紀攻擊奴隸惡習不遺餘力者。莫先於孟氏。當時薄休惠及其他教徒等。均以奴隸爲不當廢。孟氏獨闢之。又哥魯智斯以戰爭爲奴隸所由出。其言曰。戰勝者固得殺獲其敵人。於是宥其敵而使之爲奴。固無所不可。其他學者又謂主人與奴隸互相契約。此奴隸所由出也云云。孟氏於此等邪說。皆一一駁正之。今摘萬法精理中數節如左。

戰爭之時。苟非萬不得已。勝者固不能殺其敵人。且人虜他人以爲奴。輒曰吾當時萬不得已。固欲殺之。尋又宥之。因以爲奴。然爲斯言者。果誰信之耶。蓋彼誠萬不得已。何不殺之。既可宥之。非眞不得已也。

凡有所賣者。必有所自利。既自鬻以爲他人奴。則非眞出於賣買明矣。何則。一爲人奴。則身命財產。皆爲人有。則爲主人者。一無所施。爲奴者。一無所得。天下有如是之賣買者乎。夫各人所有之自由權。卽衆人所有自由權之一部。各人固不得而棄之也。

夫人不得自鬻其身。以棄其自由權。乃其所生之子。豫爲設法。以棄其自由權。有是理耶。戰勝者不得以所敗之敵人爲奴。乃幷舉敵人所生之子。以爲吾奴。其背於理。亦明矣云云。

當時歐人蓄奴自利之風正盛。學者或文致其理。以媚權貴。所以迴護奴制。持之有故。言之成理者。甚夥。然以遇孟氏之說。則如湯沃雪。如日照螢矣。故眞理一昌。不過百年。而奴隸之制。遂絕跡於天壤。斯豈非仁人君子心力之爲乎。

孟氏又倡議改革刑法。實爲近世文明各國之所宗。先是蒙吞士當十六世紀。嘗論刑罰過嚴。謂爲悖理。然聞者習焉不察。若李翕留所定刑典。則慘酷殘忍。殆無人理。又路易第十四之勅令。更增揭死刑無算。拷訊之制。視爲戲樂。犯者一罪。而受者兩刑。一時恬然。莫以爲怪者。孟氏乃首唱廢拷訊。設陪審。寬刑律諸大義。昭昭乎若揭日月而行。哲理一明。惡風丕變矣。

孟氏以爲凡民政之國。其人皆有愛國之念與自重之心。苟非至兇極暴之人。斷不至於犯法。故每以惡名之暴露。爲譴罰之極點。在此等國。僅恃民法之力。已足窒邪慝而遏惡心。彼暴力固在所不需也。故文明國之制刑。不在懲惡而在勸善。所以防未然。易風俗而已。辟以止辟。刑期無刑。此立理官之原意也。

又謂凡法制之所以亂。罪犯之所以滋者。非由刑罰之寬有以致之也。惟有罪者得逭其罰。故雖嚴而不懲。苟廷尉良得其平。則畫象而不犯。又謂刑罰過嚴之弊。足以敗壞人心。使喪其廉恥。而自甘卑汚。蓋國之所以亂。其故有二。一由民之不守法律。一由法律不善。毆民日趨於惡。夫民不守法。猶可教也。猶可坊也。若法不善而毆民於惡。則國非其國矣。何也。病之病可以藥治之。由藥生病。則愈病愈藥。愈藥愈病。不至於死亡而不止也。

自孟氏此論出世後。白加掠復祖述其意。著刑法論。發揮而光大之。流澤生民。日進月善。孟氏亦人道之明星哉。

孟氏於富國之學。亦能別創意見。彼謂自由之權。與平等之義相應。而財產之厚薄相去過遠。則平等之義終不可保。何則。貧者與富者相並。其勢不能無所屈。故孟氏欲新制法律。務使一國之貨財。散布於衆人。而不使聚於數人。又欲禁造無益之貨物。使不害有益。此孟氏之論平準。所由以節約爲主。而又欲舉古昔民主國租賦之法數條。使復行於今日也。

孟氏之論租賦。謂民之所以出租稅者。無他。蓋分其財產之一分。而使其餘之財產。得藉此安固而已。故定租賦之額者。須將政府每年所需幾何。與百姓每人所需幾何。詳爲核算。若剝國人有用之財。以充國人無用之費。非自由之道也。

又定租賦之基本須通國人之財產分之爲三一曰國人所不可一日無者二曰國人有之得藉此以圖利者三曰卽國人有之亦不必有益於國人者故第一分則爲政府者決不得而稅之第二分則不妨稅之第三分則稅之不妨稍重蓋使租稅之額有輕重以求合於平等要之從百姓財產之厚薄以爲其負擔之輕重差以上下其租稅也

孟氏又論政府調濟貧人之法其語亦有獨到者彼云所謂眞富者有業之民而已所謂眞貧者無業之民而已其意蓋謂人雖絕無所有未足爲貧唯無業者乃爲貧耳

又謂撫恤鰥寡孤獨廢疾者若但給以衣食雖曰仁慈非政策也政府當務之急在使一國之人各得其所衣必煖食必飽而無饑寒疾病之患此正爲政府者之所當有事也若夫姑息之計不過好施者之所爲知政者所不取也故凡無所業者則與之其未知所業者則敎之如是而已

孟氏一切議論深切著明大率類是雖後之論者謂其於意欲自由之理見之未瑩故其論道德法律也能知其主義不能知主義中之主義能語其本原不能語本原之本原故可謂之法律史學而未可謂之法律理學云雖然作始者難爲功繼事者易爲力自孟氏以後法理學大家陸續輩出如奧斯陳伯倫知理之徒或其博雅明辨駕孟氏而上之雖然皆孟氏之子孫也承其先業而匡救其失此正後學者之所當有事而曾何足以爲前輩玷耶若孟德斯鳩者眞造時勢之英雄哉

孟氏以千七百五十五年卒得年六十六歲卒後二十年而美利堅合衆國獨立三十四年而法國大革命起四十九年而拿破崙大法典成一百十年而美國南北戰亂平頒禁奴令於國中著爲憲法

樂利主義泰斗邊沁之學說

緒論及小傳

漢宋以後。學者諱言樂。諱言利。樂利果爲道德之累乎。其諱之也。毋亦以人人謀獨樂。人人謀私利。而羣治將混亂而不成立也。雖然因噎固不可以廢食。懲羹固不可以吹虀。謂人道以苦爲目的世界以害爲究竟雖愚悖者猶知其不可也。人既生而有求樂求利之性質。則雖極力克之窒之終不可得避。而賢智者既吐棄不屑道。則愚不肖者益自棄焉。自放焉。而流弊益以無窮。則何如因而利導之發明樂利之眞相使人毋狃小樂而陷大苦。毋見小利而致大害。則其於世運之進化豈淺尠也。於是乎樂利主義 Utilitarianism 遂爲近世歐美開一新天地。此派之學說日本或譯爲快樂派或譯爲功利派或譯爲利用派西文原意則利益之義也吾今櫽括本派之梗概定爲今名

樂利主義遠導源於希臘之阿里士帖菩 Aristippus 伊壁鳩魯 Epicurus 至於近世。而英國之霍布士 Hobbes 陸克 Locke 謙謨 Hume 復大倡之。而使之確然成一完全之學理。首尾完具盛水不漏者。則自佐里迷邊沁 Jeremy. Bentham 及約翰彌勒 John Stuart Mill 兩先生。請先言邊沁。

邊沁英人。以一千七百四十八年生於倫敦幼而穎悟好談玄理心醉典籍。五歲家人戲呼爲哲學兒。年十四。入惡斯佛大學嶄然顯頭角千七百六十三年入林亢法學院學法律及法國大革命起曾三度游巴黎察其情狀。經驗益多。歸國後。潛心著述。遂爲近世道德學法理學開一新國土。其最初所著書。即駁擊英國法律之謬誤。當

時英民久蜷伏於專制國王諂諛議院之下。驟聞邊沁之論。咸目爲狂。或且讎視之。將搆陷以興文字獄。而邊氏不屈不撓。主張己說。始終如一。久之一世輿論。遂爲所動。卒能以三寸之舌。七寸之管。舉數百年之弊法而廓清之。使循次改良。以演成今日之治。及至晚年。而邊沁之令名滿天下矣。列國之宰相及政黨首領。咸尊信其說。施之於政策。述之於演壇。每有所改革。輒踵門叩其意見。而邊氏於當代大人先生。無所交接。惟喜與有道之士游。以千八百三十二年卒。得年八十五。其所著書最有名者。曰『道德及立法之原理』Principles of Moral and Legislation（此書日本陸奥宗光有譯本題曰利學正宗）曰『立法論』Theory of Legislation（此書日本田口卯吉有譯本題今名）曰『政體論雜記』Fragments on Government。曰『錯誤論』Book of Fallacies。曰『裁判制度之方案』Plan of Judicial Establishment 等。

近百年來於社會上有最有力之一語。曰『最大多數之最大幸福』。其影響於一切學理。殆與『物競天擇優勝劣敗』之語同一價值。自此語出。而政治學、生計學、倫理學、羣學、法律學。無不生一大變革。而此語之出現於世界。實自邊沁始。邊沁最有力之學說。可分爲兩大端。曰關於倫理者。曰關於政治者。今請分論之。

邊沁之倫理說

邊沁以爲人生一切行誼。其善惡標準。於何定乎。曰使人增長其幸福者。謂之善。使人減障其幸福者。謂之惡。此主義放諸四海而皆準。俟諸百世而不惑。無論爲專屬於各人之行誼。與關係於政府之行誼。皆當以此鑑定之。故道德云者。專以產出樂利豫防苦害爲目的。其樂利關於一羣之總員者。謂之公德。關於羣內各員之本身者。

謂之私德。

邊沁以爲人羣公益一語。實道德學上最要之義也。雖然。前此稱道之者。其界說往往不明。夫人羣者。無形之一體也。而其所賴以成立者。實自羣內各各特別之箇人團聚而結構之。然則所謂人羣之利益。舍羣內各箇人之利益更無所存。於是邊氏乃創爲公益私益是一非二之說。

將欲顯眞。必先破妄。邊沁乃於其『道德及立法之原理』書中。首取舊道德之兩說而料揀之。其一曰窒欲說。其二曰感情說。

邊沁以爲窒欲說之目的。往往使人去樂而就苦。其於樂利主義。最相背馳。奉此說者有兩種人。一爲道學家。一爲宗敎家。道學家之窒欲。生於希望。將以此釣名譽也。宗敎家之窒欲。生於畏懼。將以此避冥罰也。夫道學家亦何嘗能棄樂利。其所謂名譽。卽樂利結果之大者也。特避其名而不居耳。至於宗敎家。則因野蠻時代之人類。其智識狹陋。其人格卑屈。其胸中常爲畏懼之感情所刺激。因利用之以張其軍。寖假而使人專投身於苦境。以爲美談。是所謂拂人之性。雖名之曰人道之蟊賊。殆無不可。

按邊氏此說。不無太過。窒欲主義者。其目的必非使人去樂而就苦也。蓋人類有高等性。Spiritual Life 與尋常動物不同。故於普通快樂之外。常有所謂特別高尚之快樂者。此二者或不可得兼。則毋寧舍其普通者。以求其高尚者。莊子曰。『民食芻豢。麋鹿食薦。蝍蛆甘帶。鴟鴉嗜鼠。四者孰知正味。』蓋人之智度不同。則其所覺爲苦樂者。亦自不同。故夫婆羅門之苦行。爲涅槃之樂也。佛敎之苦行。爲淨土之樂也。耶敎之苦行。爲天國之樂也。彼且視此土爲五濁惡世。尋常人所耽肉體之樂。彼以爲天下之至苦。莫過是也。夫人見豚犬之食穢也輒欲作嘔庸詎知所謂至人者不有見吾人聲色貨利之快樂而欲作嘔者乎（婆耶兩教之苦行尙有如邊氏所謂出於畏懼心若佛說則純是求高尙之樂而已）其望望然去之自固其所然則邊氏之說不足以爲難明已雖然厭世主義行則人道必破壞觀於印度其前車矣邊氏殆亦有爲而發之言也

所謂感情說者謂以己之好惡爲是非者也邊沁以爲持此說者其權衡事物也不以人羣之實際爲尺度而以一己之感情爲尺度其中復分數派(甲)良知派 Moral Sense 謂吾人之本性能告我以某事爲善某事爲惡也(乙)常識派謂以人類之習慣而知其爲善爲惡者也(丙)正理派 Rule of Light 謂有萬古不易之理以明示邪正者也(丁)性法派 Law of Nature 謂萬物有自然之律能別其善惡邪正者也而考此等種種之異說其立論根據地一皆歸本於自己之感情此亦一是非彼亦一是非同主張正理同論一事而或謂之善或謂之惡言人人殊推諸良知常識性法等派莫不皆然斯皆不遵名學之公例未定界說而遽下論斷者也若是乎論者之所謂善惡果皆空漠而無朕殽雜而無準也

邊沁既取羣說廓清而辭闢之斷定以苦樂爲善惡之標準因進論夫有立法之責任者不可不以保護人類之樂利而捍禦其苦害爲目的雖然苦樂也者至不齊而常相倚者也故欲定善惡之標準不可不先明苦樂之價値邊氏乃創爲苦樂計量之法謂苦樂之量有大小取大樂去小樂者謂之善取小樂去大樂者謂之惡其計量之法(一)較苦樂之强弱(二)較苦樂之長短(三)較苦樂之確否(四)較苦樂之遠近此四者皆直接就其苦樂之本體而可表見者也(五)較苦樂之增減謂緣甲樂而生乙樂緣甲苦而生乙苦者也(六)較苦樂之純駁謂緣甲樂而生乙苦緣甲苦而生乙樂者也此皆就一人所感受而計之者也(七)較苦樂之廣狹卽以感受苦

樂人數之多寡。爲其價値之差率者也。夫兩樂相權。則取其重。兩苦相權。則取其輕。此人類之公性情也。而尋常寡識之流。往往認大爲小。認小爲大。遂至爲小利害所詿誤。而人治日以不進。故邊沁以爲計量之法。不可以不審。卽常取苦樂二者之量。比較相消。其樂餘於苦者。則名爲善。其苦餘於樂者。則名爲惡。然後一切行誼之眞價値乃出焉。

按鄙意欲增『較苦樂之先後』一條。蓋先苦而後樂者。其樂之量可增倍蓰。先樂而後苦者。其苦之量亦增倍蓰也。此義雖似包含於長短條內。然長短則就同性言。先後就異性言也。

邊沁又曰。苦樂者不惟隨其量而生差別。亦隨其所自出之原因而生差別。若是者名曰種類差別。種類差別。於樂有十四。(一)感覺之樂。專就五官所感受者言復分爲九(一)味官之樂(二)酩酊之樂(三)嗅官之樂(四)觸官之樂(五)聽官之樂(六)視官之樂(七)色慾之樂(八)健康之樂(九)新奇之樂(二)富財之樂(三)技巧之樂(四)友交之樂(五)令名之樂(六)權力之樂(七)信仰之樂指宗教之信仰言(八)慈惠之樂。(九)惡意之樂。惡意者英文之Malevolence也人性常有以他人之痛苦爲己之快樂者其最甚者如張獻忠之非殺人則食不下咽如孫皓之樂觀人與猛獸鬥其尋常者如人宰割禽獸以自養好觀危險駭人之戲劇皆其類也(十)記憶之樂。謂人嘗享某種快樂雖事過境遷而每一念及則前此之樂歷歷如在目前者(十一)想像之樂。記憶屬既往豫期屬將來此則既往現在未來皆兼者(十二)豫期之樂(十三)聯想之樂。指因一樂而引出他樂者也如圍棋本技巧之樂也然其所以樂者不專在技巧因而引出權力之樂兩者相合成爲全體之樂(十四)救拯之樂。謂於苦時而以心中之現象救之者也於苦有十二。(一)缺亡之苦(二)感覺之苦(三)拙劣之苦(四)仇敵之苦(五)惡名之苦(六)信仰之苦(七)慈惠之苦。謂見他人或他動物受苦而心惻然不安者也(八)惡意之苦。謂見己所憎之人或動物享快樂而憤然不平者也(九)記憶之苦(十)想像之苦。(十一)豫期之苦(十二)聯想之苦。於諸種中復爲自動他動之二大別。卽慈惠之苦樂。惡意之苦樂。爲關於他人者。其餘皆爲關於己者是也。此就客觀的分類之法也。若就主觀的分類。則復區爲單純苦樂之兩種。單純者其感覺只爲一現象者也。複雜者其感覺常含兩現象以上者也。其別復三(甲)數種之樂相和合(乙)數種之苦相和合。(丙)一種或數種之樂與一種或數種之苦相和合。尋常人析理不精。往往認複雜爲單純。此苦樂所以屢相衝突殽亂而失其眞相也。

此邊沁苦樂性質分類之大略也。雖然邊沁所重者仍在量而不在性質。（即所自出之原因種類）彼意以爲苟其樂之量强弱長短相等。則最粗之小兒玩物與最優美之詩歌無所擇。一言蔽之。則邊沁計量之法。即(第一)比較種種樂相互之量之大小(第二)比較種種苦相互之量之大小(第三)比較種種樂與種種苦相消之量之大小。凡百行誼之善惡。以此爲斷。

按邊氏此論。大爲時賢所訢病。以爲是禽獸之教也。既稱爲人。而僅以快樂爲無上之目的。則與伊壁鳩魯之育豚學說何異哉。（伊壁鳩魯希臘主樂哲學之鉅子也時人笑之謂其學說惟豚爲適用耳）於是約翰彌勒病之起而損益其說。謂別擇苦樂。不可不兼量與質之二者。不徒校其多少。又當校其高卑。因立出知力的快樂思想的快樂道德的快樂諸名目。雖然此實與邊沁之說首尾不相應也。夫謂樂有高等下等之分。然其所謂高下者。又將以何爲標準而定之乎。彌勒乃云取決於輿論 Public opinion 是亦不外邊氏所謂感情說中常識之一種。其不免邊氏之呵明矣。且彌勒之意。必以肉慾之樂爲下等。以智德之樂爲高等者也。若採輿論。則高下不易位者幾希矣。故論者或謂彌勒用樂利派之名。而襲直覺派 Intuitionism 之實。非無故也。然則邊沁之說。果如論者所譏歟。曰是不然。苟所用擇之之術既極精。則必能取其高等者。而棄其下等者。何以故。凡高等之樂。其量必大。下等之樂。其量必小故。（高等之樂常與苦絕對下等之樂必與苦相倚故用邊沁較純駁一例其量之大小自見）夫樂之最下等者。聲色貨利是也。然聲色之樂每當酒闌燈炧雨散雲消。其淒涼更甚於平時。貨利之樂。往往心計經營。患得患失。其煩惱亦過於貧子。然則精於苦樂計量之術者。其果何擇也。故由邊氏之說。雖謂天下但有智愚。更無賢不肖可也。其不肖也。皆由其愚也。算學不明。以苦爲樂。以害爲利也。侯官嚴氏曰「天下有淺夫有昏子而無眞小人何則小人之見不出乎利然使其規長久眞實之利則不與君子同術固不可矣人品之下至於穿窬極矣朝攫金而夕敗露取後此凡可得應享之利而易之此而爲利則何者爲害耶」即演邊氏之意　邊氏不言魂學者也。故其所謂樂只在世間而不及出世間。彌氏補之。其理想誠高一著。然邊氏之意雖不及此。若其術則已圓滿無憾矣。彌氏增之。得無蛇足耶。得無矛盾耶。樂之最高尚者。莫如佛說華嚴。佛知夫世間樂之無常也。惟無常。故樂之後將承以苦。而苦之量愈增也。此吾所謂較先後之說所以不可不補入故毋寧取煩惱根而斷之。忍小苦以求長樂。尋常貪肉慾之樂者。佛說謂之認賊作子。故佛最精於算學者也。最善用邊沁計量之法者也。若邊氏則雖能知其術。而未能盡其用者也。抑邊氏學所以爲世訴病者。猶不止此。天下不明算學之人太多。彼其本有貪樂好利之性質。而又不知眞樂利之所存。一聞樂利主義之言。輒借學理以自文。於是競沈溺於淺夫昏子之所謂利。而流弊遂以無窮。邊氏之論。幾於教猱升木焉。故教育不普及。則樂利主義萬不可昌言。吾之欲演述邊沁學說也久矣。徒坐此兢兢耳。雖然。是豈可以爲邊沁咎也。邊沁自教卿治算學。而卿顧不治算學。顧自託於邊沁之徒。邊沁不受也。學者苟深知此義焉。則吾之譯此。其亦免於戾矣。

既定苦樂爲善惡所從出。而苦樂之所從出則何在乎。前記苦樂之種類謂苦樂以何緣因而生於吾心也此則論世間以何緣因而有苦樂也邊沁以爲有四種制裁。Sanction（一）天然的制裁 Physical sanction 謂不由人力神力之干涉。任物理自然之運行而生苦樂者也。（二）政治的制裁。Political sanction 由主權者。君主或代表主權者如行政官司法官之類之意。科以賞罰而生苦樂者也(三)道德的制裁 Moral sanction 亦名爲輿論的制裁其苦樂本無一定但因相傳之習慣故有毀譽有毀譽故有苦樂也(四)宗教的制裁 Religious sanction 謂以神明之力直接而於現世來世加吾人以賞罰緣是以生苦樂者也邊沁之提出此四制裁者何也彼既以苦樂爲善惡之標準然則以何術使人爲善去惡固不可不就其好樂惡苦之性而利導之於是所以使人苦使人樂者不可不留意焉則此四者是已邊氏以爲天然之制裁非可以人力改移也而宗教之事又其所最不肯措信者也故邊氏欲實行其主義以進世界於最大幸福首自改良政治改良道德之兩端始

邊沁乃立兩界說曰箇人之倫理 Private ethics (即屬於道德之制裁者) 曰立法之術 Art of legislaiont (即屬於政治之制裁者) 倫理者使人能得最大幸福之術也箇人之倫理者人人自導引己之行動使進於幸福之術也而政府之立法即所以使全羣之人得最大幸福之術也邊沁乃言曰人道所當勉者有三事一曰思慮 Prudence 謂對於自己而盡其義務者也(不言他而言思慮者彼以爲苟能善算善擇則必不至陷於苦而爲惡也) 二曰忠直 Probity 謂勿毀傷他人之幸福也三曰慈悲 Beneficence 謂常以增進他人幸福爲心者也然人何以必要正直必要慈悲之故邊沁未能明言雖有所言亦涉模棱故後人持以難之以爲樂利主義不能成立之證

按邊沁常言人道最善之動機在於自利又常言最大多數之最大幸福是其意以爲公益與私益常相和合是一非二者也而按諸實際每不能如其所期公益與私益非惟不相和合而已而往往相衝突者十而八九也果爾則人人求樂求利之主義遂不可以爲道德之標準是實對於邊沁學說全體之死活問題也故後此祖述斯學者不得不稍變其說以彌縫之如阿士丁 Austine 謂樂利主義爲上帝垂示之成典古羅特 Giote謂對於公利之義務。更過於私利。而約翰彌勒亦增計量之法爲計質。凡所以爲邊氏調護也。雖然。其與邊沁立說之根柢。既已相反。故反對派嗤之曰此樂利主義家之遁詞也。此樂利主義家之降敵也。果爾。則樂利主義遂不能成立乎。吾非欲以此主義易天下。故吾不必竭力爲之辯護。雖然。苟辯護之。則亦非無說也。日本加藤弘之嘗著一書曰『道德法律進化之理』其大意謂『人類只有愛己心耳。更無愛他心。而愛己心復分兩種。一曰純乎的愛己心。二曰變相的愛己心。卽愛他心也。愛他心何以謂之變相的愛己心。加藤之意。謂愛他者。凡亦以愛己也。且有時因愛己之故。而不得不愛他也。此變相的愛己心。（卽愛他心）復分兩種。一曰自然的愛他心。二曰人爲的愛他心。人爲的愛他心。亦謂之敎育的。蓋最後起積習而成性者也。自然的愛他心。又分爲二。一曰感情的。二曰智略的。何謂感情的。蓋己所親愛之人。（如父母兄弟妻子之類）其所受之苦樂。幾與己身受者爲同一之關係。故不覺以其自愛者愛之。蓋如是然後己心乃安。其愛之也。凡爲我之自樂也。此不徒施諸平等者爲然耳。乃至手畜之犬。手植之花。亦常推愛焉。所謂感情也。何謂智略的。或愛他以避害。或愛他以求利也。臣之於君也。奴隸之於主人也。其愛之也。畏之也。是避害之說也。彼此通商。而願彼之商務日昌。彼昌而我亦有利也。是求利之說也。兩者皆生於智略也。』云云。加藤之說。實可以爲邊氏一大聲援。蓋因人人求自樂。則不得不生出感情的愛他心。因人人求自利。則不得不生出智略的愛他心。（智略中之避害的。惟野蠻時代多有之耳。至其求利的。則愈文明而愈發達。）而有此兩種愛他心。遂足以鏈結公利私利兩者。而不至相離。且敎育日進。則人之感情愈擴。其範圍。昔之以同室之苦樂爲苦樂者。寖假而以同國同類之苦樂爲苦樂。其最高者。乃至以一切有情衆生之苦樂爲苦樂。故康南海常言『救國救天下。皆以縱欲也。縱其不忍人之心則然也。』而譚瀏陽之仁學。更發之無餘蘊矣。若是乎則感情的愛他心。其能使私益直接於公益者一也。強權日行。（強權謂強者之權利。其相亦有多種變化。加藤氏言之最詳。吾所著飲冰室自由書有論強權一篇可參觀。）則人之智略。愈擴其範圍。苟不愛他則我之利益遂不可得。而將終儕於劣敗之數。（生計學家之由重商保護政策而變爲自由貿易政策也。近世君主貴族之讓權於平民也。皆由智略的愛他心迫之使然也。諸類此者尚多不能枚舉。）故人不欲自求樂利則已。苟其欲之。則不得不祝全羣之樂利。寖假且不得不祝他羣之樂利。若是乎則智略的愛他心。其能使私益直接於公益者二也。夫邊氏所謂最大幸福者。謂將其苦之部分除去。而以所餘之樂爲衡也。而一羣之公益不進。則羣內之人其所苦必多於所樂。故眞明算學而精於計量之法者。則未有不以公益與私益並重者也。苟猶私爾忘公焉。則不過其眼光之短。思慮之淺。不知何者爲眞樂眞利。何者爲最大幸福而已。非能應用邊沁之學理者也。由此觀之。則邊沁之說。其終顛撲不破矣。雖然。無教育之人。不可以語此。以其無教育則不能思慮審之不確。必誤用其術以自毒而毒人也。故邊氏之學說。必非能適用於今日中國之普通學界者也。但以巍巍一大師之言。其影響既已披靡百年。全世界之現象。緣之而一變。則吾學界之青年。又烏可以不研究之。吾故紹介其說而反覆言其眞相至再至三焉。其猶有誤會焉謬託焉者。則非吾之責也。

邊沁之政法論

邊沁之學說。其影響於社會最大者。則政法論也。今一一略敍之。

（第一）主權論。　主權者。代表一國。而國中一切官職。皆由其所左右者也。邊沁以爲此主權不可不歸諸人民。何則。政治之目的。在爲國民謀最大幸福。故他人代爲謀。不如國民之自爲謀。昭昭然也。但如前此盧梭等所謂國民全體最大幸福者。邊沁以爲其範圍太廣漠。能言而不能行。故不如從多數焉。於是定主權所屬。當在一國中有選舉權之人民。（人民必具如何資格然後可有選舉權邊沁別有所論詳下節）

（第二）政權部分論　立法行政司法三權鼎立之說。自希臘之亞里士多德。既已論及。至孟德斯鳩而大倡之。美國獨立。採其學理。著諸憲法。於是諸國靡然效之。此義幾成金科玉律矣。惟邊沁駁之。以爲有所未備。邊沁曰。若謂國家之政權。盡此三者而已。則其所闕漏者有二大政。一曰選舉議員之政。二曰解散議會（指半途解散者）之政是也。論者每以解散國會爲行政長官之一任務。（今列國解散議會之權大率在首相）是甚謬也。國會爲一國至重之地位。今不及期而解散。其關係自不輕。行政官者。立法官之次也。今舉此權以畀之。其悖理亦甚矣。至選舉議員。實爲本中之本。源中之源。今之政論家。每視爲民間一瑣事。僅託司法官監督之而已。是不潔源而欲清其流也。故邊氏以爲於三權之上。必更立一政本之權。而此三職者。皆自之出。

（第三）論政本之職。　邊氏既立政本職。以爲一國最上權。若是則此職當何屬乎。曰。能盡此職之義務者。必在人民。於何知之。曰、徵諸理論而知之。驗之比較而知之。何謂徵之理論。夫政治固以最大多數之最大幸福爲目的者也。國中最大多數者。非人民而誰。人之本性。莫不好其利己者。而惡其害己者。故以此權歸之。其必能盡此責任無疑也。此一證也。凡各人一己之私事。有時不能躬親。而託諸代理人。其以己意所擇之代理人。多能盡職。以此推之。則合各人以成一國。其委託公事之代理人。亦猶是矣。此二證也。何謂驗諸比較。夫以千萬人而謀千萬人之幸福。以視夫一人或數人謀之者。其宅心必較公正。而用意必較周密。彼一人之君主。數人之貴族。雖極賢智。豈願自犧牲一己之幸福。而爲人謀哉。豈願使其他多數人之幸福加己一等哉。此三證也。故邊氏以爲政本之職。舍國民莫屬也。

按邊氏謂當有政本以總此三權。其理固不可易。蓋苟鼎立而不相統。則易陷於政權分裂之弊。而危及國家前途不少也。雖然。凡諸權者必各有代表之局院。而其權乃得實行。如國會之代表立法權。政府之代表行政權。理官之代表司法權是也。若此政本權者。將以何局院代表之耶。邊氏既謂此權在國民。然今日之國。必非能如疇昔之雅典斯巴達。集全國市民於一場也。其勢不得不選舉代議者。若是則亦與下議院之性質。有何差別。徒添出一議院。而於邊氏所謂政本之意仍無當也。（又按余未能得邊氏原著之書盡讀之。不過據譯本及他書所引耳。竊意邊氏必當有說以處此。姑列所疑以俟考。）而近世主張君主主權說者。或遂以此最上之政本權。謂當歸於君主。而箇人之利益被蹂躪者多多矣。故立言不可以不慎也。

（第四）議員全權論。　邊沁曰。凡立法官必當有全權。既被舉為議員。則其在職中不得受他人之掣肘。使之得行其志。以副一國之輿望。而謀人民之利便。此為第一要事。

（第五）廢上議院論。　邊沁又論議院只可有一。不能有二。其言曰。論者或謂於第一院（即下議院）之外。尚當別設所謂第二院（即上議院）者。使貴族與平民共政權。此頑舊之讆言也。貴族之世襲壟斷此大權。有百害而無一利。夫豺狼害人者也。然時或殺之。而用其皮。若夫上院之貴族。其害民甚於豺狼。無力殺之則亦已耳。既殺之。則並其皮亦不可用也。試舉其害。一曰誤時。蓋每事必經兩院之討論。空費時日也。二曰耗費。蓋既立上院。則其任議員之貴族。勢不可不予以俸廉。以民脂而供國蠹。何為也。三曰以少數壓多數。蓋當上院多數之意見與下院多數之意見不合也。而兩院合議之。則下院亦必有少數與上院同意者。若以此獲勝。是真多數為偽多數所壓也。四曰使政界日加混雜。夫政出多門。非國家之福也。既有下院以代表民意。而復以上院掣肘之。是治絲而棼之也。其無益也如此。其有害也如彼。故吾以爲上院者。不過貴族政體之餘孽。苟在眞文明之國。不可不芟夷蘊崇而勿使能殖也。

按約翰彌勒李拔等皆主張兩院之利。力駁邊氏說。語繁不錄。但今六大洲中置國會者不下七十國。除日耳曼列邦中有一二小國僅行一院制。餘則皆從二院制。蓋亦利害相權。舍此取彼耶。邊說未甚可據也。

（第六）普通選擧論。　下院議員之選擧權。學者有兩異說。一曰普通選擧。二曰限制選擧。而邊氏則持普通論者也。其立法論綱之緒言曰。選擧之權利。不可不公諸衆人。若曰甲宜有而乙宜無。則不可明言其可以無之之理。夫下流貧者之幸福。亦人羣幸福之一部分也。其關係於一羣之榮悴者。與彼上流富者之幸福何擇焉。而爲政者妄生差別焉。此吾所大不解也。夫所以必擧立法權而畀諸民間者何也。將以坊主治者之弄權也。而以此權獨歸於一部少數之人。其矛盾孰甚也云云。其言可謂深切著明。雖然。邊氏之意固非能謂全無限制者。不過其限制之法。不以貧富耳。彼又言曰。凡人不論男女。苟未成年者。不得有選擧權。其理有二。（一）未成年者不能躬親各事。勢不得不怙恃他人。（二）以年限不以人限。則其限不過暫時之事耳。於普通之義無悖也。既而又曰。女子及未成丁之男子。不能識字讀書者。皆不得有選擧權。此邊氏普通論中之限制論也。

（第七）直接選擧論。　選擧議員之法。復有兩異說。一曰直接選擧。謂由選者直接投票以擧被選者也。二曰間接選擧。謂由選者投票以擧代選者。復由代選者投票以擧被選者也。邊沁則持直接論。言間接之弊有二。曰使議員對於人民之責任較輕。弊一。間選人數勢必較少。易生朋黨。弊二。

(第八)匿名投票論。　選舉法中又有記名匿名利害之爭。邊氏則主匿名論者也。彼以爲記名有兩大弊。一曰脅嚇。謂富豪之家其手下傭役服屬之人不少。或不喜其主人而欲舉他人則有所懾而不敢也。二曰賄囑。謂欲中選者輒以財力通賂使小民貪一時之小利以放棄正當之權利也。故其立法論綱持祕密之論甚强。

(第九)議員任期論。　邊沁以爲每年選舉。於理最完。其利不一。而足而尤著者有二。一曰議員有溺職者。得早罷之。毋使久尸其位也。二曰抑制議員之野心。使其有所憚而不敢害羣也。雖然其制亦有可難者。曰屢屢選舉。徒滋冗費。一也。選舉競爭。屢生激動。二也。時期過短。或使一人不能終其議政之業。三也。故邊氏之論各國實行之者少。而任期不許過長。實天下之通義也。

(第十)論議院起案權。　前此各國。或雖有議院。而議員無自起草法案之權。如古代之斯巴達。近世拿破崙時代之法國是也。邊沁以爲議院不可不有此權。其理有三。(一)使起案之權。全歸行政官之手。則議員自放棄其識見。有爲之士。無從展其驥足。而議院之政治思想。日以萎微。(二)起案權須在行政官。則當其欲行某弊政也。議院雖得箝制之。至欲求先事防弊之法。則議院之術窮矣。(三)議員若無起案權。惟就行政官所提出之案討論其得失而已。則議院欲示其實力。惟有反對以廢棄原案之一法。屢激於意氣。或至並其良者而廢之。故惟使政府議院同有起案權。則此三弊者可以蠲除。

(第十一)論行政官專職。　邊沁以爲行政官之職。宜以一人專任一事。其理有十五。(1)以一人當其職。則天下之耳目集之。(2)禍害之責。歸於一身。(3)怨恨之來。無人分之。(4)利己之私。無人助之。(5)曠職之責。無可推諉。(6)有爲之譽。無人奪之。(7)人民愛敬得自專之。此七者皆所以全行政官之道德者也。(8)負責任則不得不發奮愈發奮則智慧聰明愈出焉此開官智之妙術也(9)數人共事則互相推諉而必惰一人專責則無所逃避而自勤此勸勤勉之法門也(10)若職權不專屬一人則不能獨行己見(11)不能不常詢同僚之意嚮(12)屢受無謂之疑問(13)屢起無益之爭辯(14)以此四障故施政不能迅速(15)以此五障故屢失時耗費爲國家之累此六者皆所以除行政之阻力者也

按前述邊氏所論立法官各條在泰西立憲國固屬最切之問題以今日中國觀之則貧子說金而已獨此條則直接以針砭中國時弊之言也天下安有一部七長官今制各部皆有一管部二尚書四侍郎而能舉其職者哉

(第十二)行政首長論　行政官必有首長即指君主或大統領而此首長當由世襲乎當由選舉乎邊氏則主張選舉之說其言曰無論何種政體其掌行政之大權者不可不自人民出身苟非爾者必爲人民之敵專制君主固敵也立憲君主亦不免於敵若使一國人立於其治下是受治於敵人也

按或有疑於此說謂如今日英國號稱政體最美之國是邊氏之論得毋太酷乎不知英國行政之首長實在人民出身之大宰相若國王則有其名而無其實也參觀君主無責任一篇自明

(第十三)行政官責任論　邊沁曰凡立一法者必以其法之實行爲目的欲其實行則必使之有不得不實行者此責任之所以必當明也苟其不明則所謂最大多數最大幸福之宗旨遂將掃地明之之實奈何則懲罰是也論者謂僅以賞譽可以勸職雖然畏罰之念過於趨賞是人類之天性然也故與其恃賞毋寧恃罰罰行政官有三法一曰治罪二曰贖刑三曰褫職是也故必據此三要以定條例將議院彈劾之權著諸憲法然後責任之實乃可舉雖然又不徒法律上之懲罰而已若輿論亦一種無形之法制也然必在立憲之國政治一切公布言

論一切自由然後輿論乃有力故苟無憲法無民權而欲以他力箝制行暴病民之政府其道無由

（第十四）論選擇司法官之法　邊沁曰使人民自選立法官宜也使之並選司法官非所宜也蓋司法官之性質能力孰適孰否決非人民所能知也苟使其選之則一政黨之首領必有與法官相結託而謀其私利之事是實公益之蟊賊也或有謂使議院公舉之者邊氏以爲議院不能知司法官性質能力之適否與人民同又有謂由行政官委任之者邊氏謂其弊有三（一）行政官決不能知誰某之可當此職（二）使行政官選司法官則權力集於一處其危害莫大焉（三）行政官與司法官相結則立法權必爲所蹂躪故邊氏謂必當定一資格而使法官中合於此資格者一人或數人專任選舉之事雖然彼又論法官若有失職者則當由人民投票以彈劾之罷免之然約翰彌勒謂此論流弊甚多反開法官以趨避之路云

（第十五）論陪審官　陪審官之制孟德斯鳩李拔等皆極稱道之惟邊沁則大以爲不可其言曰裁判之有陪審非無利益然利不足以償弊也故非萬不得已必不可用請舉其弊（一）使法廷有纏擾紛雜之憂也（二）使法官對於公衆而輕其責任也（三）選擇陪審人甚覺繁難徒使一人或衆人（即指陪審者）空費其日力也（四）訟獄不得速決使原被兩造俱生煩厭也邊沁於是別立准陪審官之法卽於每府縣中定一資格擇出若干人以抽籤之法使應其役苟遇疑難之案則徵集之云

此邊沁氏政法論之大概也要之邊氏著書雖數十種其宗旨無一不歸於樂利主義如項莊舞劍意在沛公如常山蛇陣首尾相應圓滿周徧盛水不漏雖謂樂利主義之集大成可也更以一言概括之則邊氏之意以爲凡舉一事立一法不論間接直接苟能使過半之人民得利益者皆可取之其使過半之人民蒙損害者皆可捨之

無論世俗所稱若何大聖。若何鴻哲。若何賢相。苟其所發論所措施。與此正鵠相繆戾者。則昌言排擊之。無所顧戀。無所徇避。快刀斷亂麻。一拳碎黃鶴。善哉善哉。此所以邊氏之論一出。而全地球之道學界政治界。劃然爲一新紀元。蓋有由也。更質言之。則邊沁實英國學派一重要之代表人也。英國今日樂利之結果。其食邊沁之賜者。非一二也。邊氏亦人傑哉。若夫貌襲其似。不究其原。以獨樂獨利。而自託於邊氏之徒。恐邊氏有知。必當戟手於九原曰。是非吾徒。吾賊也。

邊氏之說。博大精深。其著書浩如煙海。著者既未能徧讀。而各譯本中。亦未有薈萃其精義爲一編。可供重譯者。（西籍中或當有之。恨未得見。）本篇之作。以有限之日力。涉獵原著。兼取材於各書所徵引者。頗極艱辛。雖然。東鱗西爪。其不能盡揭邊氏學說之精華無漏無誤也明矣。茲將所引用書目列後。學者欲窺全豹。請更就左記各籍而瀏覽之。

陸奧宗光譯　利學正宗

邊沁原著　Theory of Legislation.

中江篤介譯　理學沿革史

綱島榮一郎著　西洋倫理學史

同　主樂派之倫理說

山邊知春譯　倫理學說批判

竹內楠三著　倫理學

田中泰麿譯　西洋哲學者略傳
杉山藤次郎著　泰西政治學者列傳
小野梓著　國憲汎論
岡村司著　法學通論
有賀長雄著　政體論

近世第一大哲康德之學說

發端及其略傳

吾昔見日本哲學館有所謂四聖祀典者。吾駭焉。稽其名。則一釋迦。二孔子。三梭格拉底。四康德也。其比擬之果倫與否。吾不敢言。即其不倫。而康德在數千年學界中之位置。亦可想見矣。作康德學說。

康德 Kant 先生名唵馬努兒 Immanuel 德國人。生西曆千七百二十四年。家世寒微。父爲馬鞍匠。母慈而嚴。正直謹嚴。言信行果。故先生幼時。即愛眞理。意志常確然不可動。蓋受母之感化爲多云。初受高等教育。至十五歲。「入奇尼福士布」大學。治神學。雖然。彼所好者。在哲學、數學、物理學。故其所研究。往往趨重於此點。二十三歲。漸以文學名。千七百四十七年。著一論文。論生力者。題曰 Thought concerning the true Estimate of Living Force 後以家計窘迫。設帳授徒。僅獲餬口。三十二歲。始爲大學之下等講師。居此職十五年。初爲論理學、哲學、物理學、數學之教授。後更兼授倫理學、人理學、地理學。千七百七十年。四十六歲。漸被舉爲論理哲學之高等教授直至千七百九十七年以頹齡辭職凡擔任此講座者廿餘年其少時從事於著作所爲數學博物學之書甚多即如天文學上之天王星亦由先生以理例測之謂五星以外必當復有此座而後此黑爾哲實因其說而測得之者也自千七百八十一年其畢生之大著所謂「純理性批判」者（德文原名爲 Kritik der Reinen Vernunft 英文譯爲 Critique of Pure Reason）始出世實爲全歐洲學界開一新紀元雖然其前此各著述片鱗碎甲發明此主義者固已不少若一七七〇年所出之「知覺界形式及原理」Concerning the Form and the Principles of Sensible and Interligible World 其尤著也此後復著「實理性批判」Critique of the Practical Reason（一七八七年）「判定批判」Critique of the Faculty of Jndgement「純理範圍內之宗教」Religion within the Bonds of Pure Reason 等書（俱一七九三年）自此益翕然爲一世大宗師維也納埃郎京哈爾黎諸大學爭聘之悉不就終身在奇尼福士布大學故全歐英俊之士欲聞先生緒論者皆走集此學至千八百四年以八十高齡無病而逝先生美姿容碧眼疏髯接人藹然若時雨之化體質頗弱然常注意於衞生故終身無大病每日起居食息著述講演散步應客皆有一定之時刻數十年來不爽杪黍終生未嘗娶妻蓋先生實最嚴格最富於自治力之人也故能以身爲德育之標準取當時腐敗之社會而一新之非徒在思想口舌之功抑亦實行之效也所著書數十種各國咸有繙譯重版皆至數十云

學界上康德之位置

自近世史之初學界光明始放一線其時屹然並起於歐洲者厥有二派一曰英國派倍根倡之專主實驗以科

學法談哲理。其繼之者爲霍布士。爲洛克。而謙謨集其大成。二曰大陸派。笛卡兒倡之。專主推理。以發心物二元論。其繼之者爲斯賓挪莎。爲黎菩尼士。而倭兒弗爲其後勁。此兩派者中分歐洲之思想界。各自發達。而常不能調和。當十八世紀之初。實全歐學界最糾紛最劇競之時代也。於是乎康德出。集其大成。

康德者。德人也。德國之哲學。爲近世歐洲中之最有力者。此普天下所同認也。雖然。以年代論之。則德人之哲學。比諸英法。瞠乎在其後。德學之開祖者。惟黎菩尼士。生千六百四十六年。實後於法之笛卡兒五十年。（笛生於一五九六年）後於英之倍根八十五年。（倍生於一五六一年）其晚出也若此。且英法二國開祖以後。後哲踵起。大揚其波。而德學則自黎氏以後。闃然無聞。其難繼也又若此。而卒能使德國學者之位置。一躍而占十九世紀學術史之第一位者。曰惟康德之故。康德實德國學界獨一無二之代表人也。

康德之時代。實德意志國民政治能力最銷沈之時代也。民族散漫。無所統一。政權往往被壓於異族之手。而大哲乃出乎其間。淺見者或以爲哲學之理論。於政治上毫無關係。而不知其能進國民之道德。牖國民之智慧。使國民憬然自覺我族之能力精神至偉且大。其以間接力影響於全國者。實不可思議。雖謂有康德然後有今之德意志焉可也。

十八世紀之末葉。所謂僞維新思想者。風靡一世。若直覺主義。若快樂主義。滔滔然徧被於天下。道念掃地。驕奢淫泆。放縱悖戾之惡德。橫行氾濫。自眞摯謹嚴之康德出。以良知說本性。以義務說倫理。然後砥柱狂瀾。使萬衆知所趨嚮。康德者。實百世之師。而黑闇時代之救世主也。

以康德比諸東方古哲。則其言空理也似釋迦。言實行也似孔子。以空理貫諸實行也似王陽明。以康德比諸希臘古哲。則其立身似梭格拉底。其說理似柏拉圖。其博學似亞里士多德。其在近世。則遠承倍根笛卡兒兩統而去其蔽。近擷謙謨黎菩尼士之精而異其撰。下開黑格兒黑拔特二派而發其華。二派一主唯心論一反對唯心論而皆自謂祖述康德其政論則與盧梭出入。而爲世界保障自由。其文學則與基特調和。而爲日耳曼大輝名譽。康德者。非德國人而世界之人也。非十八世紀之人而百世之人也。吾今請紹介其學說之大略。以貢於我學界。著者案康德學說條理繁賾意義幽邃各國碩學譯之猶以爲難況淺學如余者茲篇據日人中江篤介所譯法國阿勿雷脫之理學沿革史爲藍本復參考英人東人所著書十餘種彙譯而成雖用力頗劬而終覺不能信達加以此等極深研幾之學尋常學者頗難領會或以爲不切於實用讀之而徒覺沈悶者有焉矣雖然此實空前絕後一大哲之緒論有志新學者終不可不悉心研究之反覆熟玩焉亦自覺其有味也○又案本篇所述不免太長似不合體例但爲短簡之言恐讀者愈不解況康氏百數十萬言之著書括以十餘紙抑已簡極矣讀者諒之

康德之「檢點」學派

康德少時。最得力黎菩尼士倭兒弗之學。後讀謙謨著書。深有所感。以爲前此學者之言哲學。或偏主論定派。或偏主懷疑派。要之皆非其至者也。主論定派者每談及高遠幽邃之理。則如形與影鬬。引刀欲試。而彼影之刀旋立於我前。懷疑派攻難之。謂其武斷過信。誠哉然也。然彼懷疑派者遇難決之問題。則以爲此殆終不可得決。則亦非也。苟不能指明其所以不可決之證據。則我輩終常亹亹焉求所以決之。此正學者之責也。

故主論定派者。妄擴張吾人智慧所及於過大之域。其失也夸而自欺。主懷疑派者。妄縮減吾人智慧所及於過小之域。其失也暴而自棄。康氏以爲欲調和此兩派之爭。必當先審求智慧之爲物。其體何若。其用何若。然後得憑藉以定其所能及之界。於是有所謂檢點派之哲學出焉。蓋彼二派皆就吾人智慧所觸所受者言之。康氏則

直搜討諸智慧之本原。窮其性質及其作用也。質而言之。彼二派則從事於外。康德則從事於內者也。

案康氏哲學。大近佛學。此論卽與佛教唯識之義相印證者也。佛氏窮一切理。必先以本識爲根柢。卽是此意。康德以爲知慧之作用有二。其一推理究義。用之以立言者。其一實際動作。用之以制行者。此二者能力各殊。其在議論時。則就身外事物下考察之功者。此智慧也。其在實行時。則自動自作。而能造出一切業者。亦此智慧也。康氏乃分其檢點哲學爲二大部。著二書以發明之。其一曰 Kritik der Reinen Vernunft 所謂純性智慧之檢點也。東人譯爲純理性批判 其二曰 Kritik der Praktischen Vernunft 所謂實行智慧之檢點也。東人譯爲實理性批判 前者世俗所謂哲學也。後者世俗所謂道學也。而在康氏則一以貫之者也。

論純智（卽純性智慧）

一 學術之本原

康德以爲欲明智慧之諸作用。宜先將外物之相區爲二種。其一曰現象。其二曰本相。現象者。與吾六根相接而呈現於吾前者。舉凡吾所觸所受之色聲香味皆是也。本相者。吾所觸所受之外。彼物別有其固有之性質存。故吾所知僅爲現象。若云本相。吾具知之。無有是處。

今專以色言。吾人所見之色。特就其呈於吾目者。自我名之而已。使吾有目疾。覆視此物。則不復能如平時。譬之病黃疸者。觸目所見皆成黃色。又如戴著色眼鏡。則一切之物皆隨眼鏡之色以爲轉移。自餘聲香味等。其理亦復如是。是故當知我之接物。由我五官及我智慧兩相結構。而生知覺。非我隨物。乃物隨我也。

案此義乃佛典所恆言也。楞嚴經云。譬彼病目。見空中華。空實無華。由目病故。是故云有。即其義也。其謂由我五官及我智慧兩相結構。而能知物。五官者。楞伽經所謂前五識也。智慧者。所謂第六識也。

康德既述此義。以爲前提。因言治哲學者。當一變前此之舊法。而別採一新法。如歌白尼之論天體然。歌白尼以前天文家皆謂日繞地球。及歌氏興。乃反其說。於是衆星之位置雖依舊。而所以觀察之者乃大異。吾之哲學與前此諸家相異者。正在此點。

康德復論我之智慧。以何因緣。而能使物各呈現象。蓋我之於物。初與相接。諸種感覺。樊然殽亂。零碎散列。而不聯續。何謂諸感。若色香味。乃至大小輕重堅脆。幢幢紛投入吾根塵。而皆可爲學問資料。雖然。假使諸感長此擾雜。而吾智慧不能整理而聯接之。則吾一生芒芒如夢。所謂思想。終不得立。惟其不然。茲智慧者。能結此等紛雜感覺。令各就緒。以是能力。思想乃起。有思想故。斯有議論。有議論故。斯有學問。

復次此等衆多感覺。以何因緣。能使就緒。康德以爲彼諸感者。常有幾分聯續之性。譬如紅色以及熱氣。此二感者。一由眼受。一由身受。其實不過一點之火。爲二現象。而吾智慧能聯結之。成一思想。二象合幷。字之曰火。然後彼複雜者始得單一。彼零碎者有聯續性。智慧之力。如是如是。是故感覺惟對外物有能受性。而彼思念復能進取總萬爲一。思之云者。綜合而已。

案佛言受想行識。康氏所謂感覺即受也。所謂思念即想也。

康德以爲吾人智慧所以總彼衆感覺而使就秩序者。其作用有三。一曰視聽之作用。（案此實兼眼耳鼻舌身所受者而言舉一例餘耳）二曰考察之作用。三曰推理之作用。

智慧之第一作用（卽視聽作用）

康德以爲視聽之作用。主總合宇宙間各事物者也。譬如仰空見日。我何以知其爲日。實由日體所發諸現象感覺於吾眼簾。而我之智慧能綜合之。乃自向空中畫一圓線曰此日體也。苟非爾者。則諸種感覺飛揚流離。不可捉搦。而所謂「日」之一觀念不可得起。由此言之。吾人智慧之作用必有賴於「空間」「空間」者。如畫工之有紙縑。諸種之感覺則畫工之材料也。視聽之力則畫工之意匠也。此專就感覺之屬於外物者言也。此外復有所謂內心之感覺者。如苦也。樂也。思索也。決斷也。以何因緣能聯續此等感覺使有先後而不相離。於是乎吾人智慧之作用必有賴於「時間」「時間」者實使我智慧能把持諸感覺而入之於永劫之中者也。

案空間時間者。佛典通用譯語也。空間以橫言。時間以豎言。佛經又常言橫盡虛空。豎盡永劫。卽其義也。依中國古名則當曰宇曰宙。（爾鴉上下四方曰宇往古來今曰宙）以單字不適於用。故循今名。

然則空間時間二者。實吾感覺力中所固有之定理。所賴以綜合一切序次一切者皆此具也。苟其無之。則吾終無術以整頓諸感覺而使之就緒。亦如畫工之舍紙縑而不能爲繪事也。雖然。紙縑者畫工之所必需。然其所畫之物未嘗待紙縑以爲用。（如吾欲畫一草一石無紙縑則我固不能畫然彼草石非有賴於紙縑也何也無之則彼不出現而已草石無意識之物也非自欲出現不過我取之以爲我用耳）一切物象與空間時間之關係。其理亦復如是。其在各物固毫無待於此二者。惟我之智慧借此以爲感覺力之範圍而已。

康德又曰。空間時間二者。非自外來而呈現於我智慧之前。實我之智慧能自發此兩種形式以被諸外物云爾。

質而言之。則此二者皆非眞有。而實由我之所假定者也。是故當知前此學者。以五官之力爲窮理之本原。以時間空間二者。爲可由實驗以知其情狀。是大誤也。以吾人性中具此實理。故始得從事於諸種實驗。而謂此物自可實驗。無有是處。

案希臘以來諸學者。常以空間時間二者爲哲學上之問題。以爲萬物皆緣附此二者而存立。因推言空間之何以起。時間之何以成。以此爲窮理之大本原焉。而皆不得其朕。實由迷用以爲體故也。以吾人所賴所假定以觀察事物者。而貿然曰事物之本相全在是焉。混現象於本質。一切矛盾謬見皆起於是。故康氏首爲此論以破之。

智慧之第二作用（卽考察作用）

康德以爲視聽之作用。雖能整列一切事物。使爲學術之材料。然未可謂之眞學術也。眞學術者。必自考察之作用始。考察作用者何。觀察庶物之現象。而求得其常循不易之公例是也。如火之遇物則必焚燬。故知火之現象。與焚燬之現象。常相隨而不離。其間有一定之公例存。考察作用者。卽所以求得此種公例者也。故亦謂之判斷作用。

欲求此等公例。當憑藉所謂三大原理者以考之。一曰條理滿足之理。謂甲之現象。其原因必存於乙現象之中。彼此因果互相連屬也。二曰庶物調和之理。謂凡百現象。恆相諸相接。未有突如其來與他現象無交涉者也。三曰勢力不滅之理。謂凡現象中所有之力。常不增不減也。康德以爲此三大原理者。百物所共循。萬古而不易。學者苟由是以觀察一切。則見夫樊然殽亂之庶物。實皆相聯相倚。成爲一體。譬猶一大網罟。其孔千萬。實皆相屬。

一無或離。世界大勢。如是如是。

案此三大原理者。黎菩尼士所倡。而康德大發明之者也。其義與華嚴宗之佛理絶相類。所謂條理滿足者。即主伴重重十方齊唱之義也。所謂庶物調和者。即事理無礙相即相入之義也。所謂勢力不滅者。即性海圓滿不增減之義也。華嚴以帝網喻法界。康德所謂世界庶物如大網罟然。正同此意。考求物理者。必至此乃爲具足焉。康氏謂樊然殽亂之庶物。實相倚而成一體。此所以欲自度者必先度衆生。衆生垢而我不能獨淨。衆生苦而我不能獨樂也。何也。一體故也。橫渠同胞同與之旨。猶近虛言。此則徵諸實驗哲學之所以有益於人事也。瀏陽仁學。亦專發此義而已。

惟然。故世界庶物。皆相紐結相維繫。而無一焉得自肆者。夫是謂庶物一定不可避之理。康德以爲惟有此不可避之理。以旁羅庶物也。然後有形之學術乃得立。苟不爾者。庶物而各自肆焉。則其衆現象相因之理。欲求之而末由。更恃何道以構成此學術耶。

此三大原理者。爲庶物現象之所循。固也。若其本相亦循此否乎。康德曰。是未可知。何以故。以物之本相。既不可得知。故使吾人若能有確見本相之時。則此三定理者。不爲眞理亦未可知。且此三理者。謂舉凡吾人考察所能及之物。莫不循之云爾。雖然。我之所實驗者。未足以盡物之全數。或其所未及者。猶多多焉。亦未可知。

然則所謂不可避之三大理者。果何物乎。康德以爲是亦不過吾人智慧中所具有之定理云爾。視聽作用。必賴空間時間二者。考察作用。必賴此三大理。其事正同。舍吾人心靈以外。則此三大原理者。亦無所附麗。蓋視聽作用。必恃彼兩者。然後見其遠近先後之別。否則庶物游離紛雜。而非吾之所得受。考察作用。必恃此三者。然後相引而有條理。否則庶物突兀散列。而非吾之所得想。此皆吾人智慧作用之自然構造者也。若夫事物之本相。其實如是與不如是。是終不可得知。

綜上所言。卽康德哲學之初發軔。所謂就吾人智慧之二作用而細下檢點之功者也。此理既明。則凡學術之關於有形實物者。其基礎可知耳。何也。學固以實驗爲本。而所謂實驗者。自有一定之界。苟不馳於此界之外。則其實驗乃可信。憑界者何。物之現象是也。若貿然自以爲能講求庶物之本相者。則非復學術之界矣。

二　庶物原理學（卽哲學）之基礎

智慧之第三作用（卽推理作用）

視聽考察兩作用。能整理事物之紛擾。定其次序。使之由複雜以漸入於單純。雖然。猶未能齊萬而爲一。置之於最高最簡之域也。於是吾人之智慧。更有一高尚之作用。名之曰推理力。以是力故。故我智慧能擧一切而統屬之於其本原。康德以爲此推理力者。能檢點所序列之事物。自一理進入他理。自一例進入他例。如是層累而升。以求達於極致之處。一日達此極致。則非復如前此之事物有所憑藉。是之謂無限無倚本原之旨義。於是乎在。

案朱子補格致傳。謂卽凡天下之物。莫不因其已知之理而益窮之。以求至乎其極。至於用力之久。而一旦豁然貫通焉。則衆物之表裏精粗無不到。而吾心之全體大用無不明。與康德此論頗相類。惟朱子敎人窮理。而未示以窮理之界說。與窮理之法門。不如康氏之博深切明耳。

康德以爲彼二作用所能及者。所謂物理學也。此作用所能及者。所謂庶物原理學。卽哲學也。哲學所言之理。不能如物理學之確乎不易。何以故。考義察理。以推測爲能事。非可徵諸實驗故。

所謂本原之旨義者何。曰是有三。一曰魂。吾心中諸種現象皆自之出者也。二曰世界。凡有形庶物之全體也。三曰神。魂與世界皆出於神。故神亦名本原之本原。魂也神也世界也皆無限無倚不可思議。非復視聽考察之兩作用所得實驗。惟恃推理力以窺測之而已。所謂哲學者。卽以研究此本原旨義爲目的者也。

按康德所謂魂者。謂人之精神獨立於軀殼外者也。所謂世界者。如佛說之大千中千小千世界。非專指此地球也。所謂神者。景教之言造化主也。下文自詳。

論道學爲哲學之本

前此學者皆以哲學與道學（謂道德之學）劃然分爲二途。不返諸吾人良知之自由。而惟藉推理之力。欲以求所謂庶物原理者。及康德出。乃以爲此空衍之法。不足以建立眞學術。舍良知自由之外。而欲求魂之有無。神之有無。世界之是否足乎己而無待於外。是皆不可得斷定。故必以道學爲之本。然後哲學有所附麗。此實康氏卓絕千古之識。而其有功於人道者。亦莫此爲鉅也。

康德乃取古來學者研究此三大問題之學說而料揀之。第一大問題則魂是也。吾人諸種感覺思念。果有其所自出之一本原乎。果有一單純靈慧之本質號稱靈魂者在乎。康德以爲此問題非實驗之所能決也。任如何反觀內照。窮搜極索。欲求見所謂靈魂者。終不可得。何也。吾人所得見者。不過此意識。若夫意識之所從出。終無可以見之之道也。前此學者以爲意識者現象也。意識之所從出本質也。現象爲用。本質爲體。因用推體。覩此現象而斷其必有所自出之本質存。如吾之意識能自見此意識之單純無雜。以是之故。則吾意識所不能及之本質亦必單純無雜。吾能知之。康德以爲此不合論理之言也。夫意識之力自想像以爲單純無雜。是仍意識界之事也。現象中之現象也。藉此一現象而直以武斷意識以外之本質。次序淩亂。無有是處。然則使吾身中實有所謂靈魂者存。其狀云何。終非思念之力所可及。何也。思念者既現之作用。靈魂者未現之本體。二者較然非同物也。第二大問題則世界之全體是也。康德臚舉諸家之說其不相容者有八種。而皆持之有故。言之成理。八種之中。據數學之理以樹義者四。據物力學以樹義者四。其據數學之理者第一問題曰世界之在空間時間果有限乎。將無限乎。甲曰、世界者橫無涯而豎不滅者也。乙說反是。其第二問題曰世界者可得分析之而爲若干之單純原質乎。將分析之至於無窮而終不可析乎。甲說主前者。乙說主後者。康德以爲欲決此兩問題宜取四說而並捐棄之。何以故。空間時間二者。皆吾智慧中所假定。非物本有。故此四說者認爲本質。無有是處。其據物力學之理者。第一問題曰彼世界者別有無形之自由乎。抑僅循形質上不可避之理乎。甲主前者。乙主後者。其第二問題曰世界之庶物自無始以來而自有之乎。抑由於後起造出乎。亦甲主前者。乙主後者。康德以爲欲決此兩問題。宜取四說而調和之。何以故。其所見雖若各異。實皆論別事。而於理皆有所合故。

康德以爲此不相容之諸說所由起。皆由自以一己智慧之所見直指爲事物之本相。此所謂妄念也。而此妄念者其力極盛。吾人雖或自知其妄。猶不免爲其所束縛。如彼帶著色眼鏡者之視各物。雖明知所見非眞色。猶自生分別而曰某色某色。古來學者之謬誤。皆坐是。

康德以爲以上所舉諸說。其據物力學之理者爲最緊要。何也。其說以辯論自由之有無爲旨趣。正道德之所繫也。康氏既言物之本相與其現象之區別。乃據此義以論自由之有無。蓋以爲此區別既明。則所謂自由之理與不可避之理。可以並行而不相悖。於是乎兩反對之說得以調和。

康德曰物之現象其變者也物之本質其不變者也其變焉者固託生於虛空與永劫之間有生而不能無滅至其不變者則與時間空間了無交涉凡物皆然而吾儕儕類亦其一也人之生命蓋有二種其一則五官肉體之生命被畫於一方域一時代而與空間時間相倚者也其有所動作亦不過一現象與凡百庶物之現象同皆有不可避之理而不能自肆（案疲而不得不息飢而不得不食者皆所謂不可避之理也此舉其最粗者凡百皆如是）雖然吾人於此下等生命之外復有其高等生命者存高等生命者卽本質也卽眞我也此眞我者常超然立於時間空間之外爲自由活潑之一物而非他之所能牽縛故曰自由之理與不可避之理常並存而不悖者此也

案此論精矣盡矣幾於佛矣其未達一間者則佛說此眞我者實爲大我一切衆生皆同此體無分別相而康氏所論未及是通觀全書似仍以爲人人各自有一眞我而與他人之眞我不相屬也又佛說同一眞我何以忽然分爲衆體而各自我蓋由衆生業識妄生分別業種相熏果報互異苟明此義則並能知現象之所從出若康氏猶未見及此也雖然其劃然分出本質現象之二者按諸百事百物而皆一以貫之可謂抉經心而握聖權者矣康氏以自由爲一切學術人道之本以此言自由而知其與所謂不自由者並行不悖實華嚴圓教之上乘也嗚呼聖矣

康德又曰吾儕肉體之生命既與他現象同被束縛於彼所謂不可避之理則吾之凡有所爲也必其受一公例所驅遣而不能自肆者也（凡物之現象皆不能自肆見前論）苟有人焉爲精密之調查舉吾人之持論吾人之情念一切比較實驗之尋出其所循之公例則於吾人將來之欲發何言欲爲何事必可以豫知之不爽豪髮如天文家之豫測彗星豫測日月食者然

案吾昔讀佛典。佛言一切衆生有起一念者。我悉知之。吾昔以爲誕言。及讀康氏此論。而知其無奇也。何也。衆生之身。既落於俗諦。爲物理定例所束縛。則其中所一定之軌道。固無不可以測知者。夫常人不能測日食。而天文家能之。然則常人不能測衆生之舉動。而佛能之。有何奇乎。不過佛之治物理學。較深於吾輩耳。

然則吾人之性。果無有所謂自由者存乎。康德曰不然。現象與本質。初非同物也。見現象之性。而以爲本質之性。亦復如是。無有是處。何以故。肉體生命。不過現象。以其爲現象故。故受束縛於不可避之理。然吾人生命。不獨肉體。復有本質生命。爲我所未及見。今以肉體之不能自由。而云本質亦不自由。無有是處。

康德曰。吾人畢生之行。爲皆我道德上之性質所表見也。故欲知吾性之是否自由。非可徒以軀殼之現象論。而當以本性之道德論。夫道德上之性質。則誰能謂其有絲毫不自由者哉。道德之性質。不生不滅。而非被限被縛於空刦之間者也。無過去。無未來。而常現在者也。人各皆憑藉此超越空刦之自由權。以自造其道德之性質。案康氏之意謂道德之本原與軀殼之現象劃然爲二物而超越空劫之眞我即道德之本原所由出一切道心由眞我自造也故我之眞我。雖非我之肉眼所能自見。然以道德之理推之。則見其有儼然迥出於現象之上。而立乎其外者。果爾。則此眞我必常活潑自由。而非若肉體之常範圍於不可避之理明矣。所謂活潑自由者何也。吾欲爲善人。欲爲惡人。皆由我所自擇。按此其所以自由既已擇定。則肉體乃從其命令。以鑄成善人惡人之質格。按此其所以不自由由是觀之。則吾人之身。所謂自由性與不自由性。兩者同時並存。其理固較然易明也。

案佛說有所謂「眞如」。眞如者。卽康德所謂眞我。有自由性者也。有所謂「無明」。無明者。卽康德所謂現象之我。爲不可避之理所束縛。無自由性者也。佛說以爲吾人自無始以來。卽有眞如無明之兩種子。含於性海識藏之中而互相熏。凡夫以無明熏眞如。故迷智爲識。學道者復以眞如熏無明。故轉識成智。宋儒欲用此義例以組織中國哲學。故朱子分出義理之性與氣質之性。其注大學云明德者人之所得乎天。而虛靈不昧以受衆理而應萬事者也。（案即佛所謂眞如也康德所謂眞我也）但爲氣稟所拘人欲所蔽則有時而昏。（案即佛所謂無明也康德所謂現象之我也）然佛說此眞如者。一切衆生所公有之體。非一人各有一眞如也。而康德謂人皆自有一眞我。此其所以爲異也。故佛說有一衆生不成佛。則我不能成佛。爲其體之爲一也。此其於普度之義較博深切明。康德謂我苟欲爲善人斯爲善人。爲其體之自由也。此其於修養之義亦較切實而易入。若朱子之說明德。既未能指其爲一體之相。是所以不逮佛也。又說此明德者爲氣稟所拘人欲所蔽。其於自由之眞我與不自由之現象我界限未能明分。是所以不逮康德也。康德之意。謂眞我者決非他物所能拘能蔽也。能拘蔽則是不自由也。

又案康德之說甚深微妙。學者或苦索解。法儒阿勿雷脫嘗爲一譬以釋之云。譬有一光線於此。本單純無雜者也。一旦以一凸凹無數之透光物置於其前。此光線透過此物而接於吾眼簾也。則發種種彩色爲圓錐形。而無量數之部位。乃生空間時間之有許多部位。即同此理。故苟精算者。則能取其圓錐形之相。及其衆多之部位一一算之不爽銖黍。何也。以其落於現象。既循不可避之理也。至其所以發此彩色者。由光線之本體使然。光線本體。固極自由。謂其必循不可避之理則非也。

論自由與道德法律之關係

康德曰。凡帶命令之性質者。皆可謂法律。命令有兩種。其一曰有所爲者。其他曰無所爲者。譬諸語人曰。爾欲爾康強。則愼爾飲食。節爾嗜欲。此之謂有所爲。蓋其命令中必含有一目的者存。意曰必如此乃足以達而目的。不然則否也。雖然。彼之欲達此目的與否。則固其人所得自肆矣。有人於此。甘自罹疾苦而不悔者。則雖日夕自耽於伐性之斧。自湎於腐腸之藥。固非他人所得而禁也。凡以利益爲目的者。皆屬此類。皆謂之有所爲之命令。有所爲之命令。與道德釐然無涉也。

若夫道德之責任則異是。凡曰責任云者。皆非有所爲而爲者也。不得以之（指道德之責任）爲手段而求達他之目的者也。何以故。手段卽目的故。譬諸語人曰。尊重爾之自由。無或放棄。則所謂尊重自由者。非其手段也。何也。舍其所尊重之自由之外。更無有他目的者存也。（案愼飲食節嗜欲之命令則爲欲康强之一目的而發也故謂之手段）凡道德之責任。皆屬此類。蓋其所負之責實貴重而莫京。與他種利益絕比較。非如彼行手段以求利益者。或趨或舍。聽吾之自擇也。

然則道德之責任何爲而若是其可貴耶。康德曰。道德之責任。生於良心之自由。而良心之自由。實超空間越時間。舉百千萬億大千世界。無一物可與比其價値者也。

案康德所說自由界說甚精嚴。其梗概已略具前節。卽以自由之發源全歸於良心（卽眞我）是也。大抵康氏良心說。與國家論者之主權說。絕相類。主權者。絕對者也。無上者也。命令的而非受命的者也。凡人民之自由。皆以是爲原泉。人民皆自由於國家主權所賦與之自由範圍內。而不可不服從主權。良心亦然。爲絕對的。爲無上的。爲命令的。吾人自由之權理。所以能成立者。恃良心。故恃眞我。故不可不服從良心。服從眞我。服從主權。則個人對於國家之責任所從出也。服從良心。則軀殼之我對於眞我之責任所從出也。故字之曰道德之責任。由是言之。則自由必與服從爲緣。國民不服從主權。必將喪失夫主權所賦與我之自由。（若人人如是則並有主權的國家而消滅之而自由更無著矣）人而不服從良心。則是我所固有之絕對無上的命令。不能行於我。此正我喪我之自由也故眞尊重自由者不可不尊重良心之自由若小人無忌憚之自由良心爲人欲所制眞我爲軀殼之我所制則是天囚也與康德所謂自由正立於反對的地位也

又案王陽明曰『一點良知是汝自家的準則汝意念著處他是便知是非便知非更瞞他些子不得汝只要實實落落依著他做善便存惡便去』是亦以良知爲命令的以服從良知爲道德的責任也陽明之良知卽康德之眞我其學說之基礎全同

康德又曰就令天命不佑使我抱一善意而不能實行或竭力實行而無其效但使常保持此志而勿喪失則自能篤實光輝坦坦蕩蕩何以故有效無效於善意之分量無所增減故其價値全存於自由中故

案凡行一手段以求達一目的者若所目的不得達則手段爲枉用若踐履道德之責任者卽以踐履此責任爲目的旣踐履則目的已全達矣故此後之有效無效於本體之分量價値毫無增減其理甚明

康德又曰人苟自持其自由之善意則天下之利益莫大於是蓋以其與己身不可分離實己身中最崇貴之品之所寓也又曰凡物之價値皆以有所比較而生故得計算之曰甲事之利益幾何乙事之利益幾何因得比例輕重以爲趨舍自由之善意則絕比較絕計算者也故曰善人之聲價惟他善人得與之齊若加乎其上者天下無有也此道德之制裁所由生也

是故自由者自以自爲目的自以自爲法令惟自能實守此法令者乃能實有其自由質而言之則我命我使勿受我以外之牽制而貫徹我良知之所自安者云爾是故威權也自由也立法人也法律也主也賓也皆合爲一體無差別相所謂中立而不倚强哉矯者正在於是是故講學者苟以眞我之自由以外之物爲目的雖有善言

終不免於奴隸之學。此康氏一針見血之教也。

康德據此學理，乃爲簡易直捷之格言三條，以垂示後學。其一曰：汝之自待及待一切人類，當視之爲自由的善意之化身。尊之重之，故以他人爲目的可也，以他人爲手段不可也。何以故？我有自由的善意，人亦有然。故如奴隸制度之社會，無論其體裁如何，要之皆以人爲手段，天下之可嫉，莫此甚也。

故康德推論道學之極則，謂宜合全世界以建設一『自由的善意之民主國』。夫然，故各人皆互以他人之行爲爲目的，而莫或以爲手段，若是者亦名之曰『衆目的之民主國』。衆目的之民主國，各人有互相崇重，無互相利用者也，卽盧梭所謂人人皆立法者，皆守法者，人人皆君主，皆臣從也。

於是乃爲第二之格言曰：『汝之自待及待他人，皆當求在此衆目的民主國中備有可爲君主可爲臣庶之資格。』此資格之標準何如？吾每一動念一舉事，必自審度曰：此念此事果可以爲此種民主國之法律否？此最簡單直捷之試驗法門也。其可爲法律者，則是合於道德之所命令也；不然則否也。譬諸有人於此，受他人金錢之寄託，而私乾沒之，若是者可得爲此衆目的民主國之法律乎？果爾，則誰復肯以其所重齎者託人也？由是觀之，凡不信之類，終不可以爲法律。蓋人之無信者，其意以爲己獨不信，而望天下人之盡信也；不爾，則於己無所利也。而天下之決無此事，豈待論矣。準此例之，則夫所謂道德的法令之標準者，薶然可見矣。於是康德乃更示第三之格言曰：『汝欲有所爲，當務使之可以爲通用於天下之法律。』

康德又言：尊重人身，而無或以之供我之手段，是不特爲道德之基礎而已，亦制度法律之本原也。蓋法律有二種：一曰制之於中者，則道德是也；二曰制之於外者，則尋常所謂法律是也。尋常法律之所目的，凡一切責任非在身外者。案謂人與人之交涉也則不干預之。何也。身內之責任。非以他力所能强制者也。而推原權理之所由立。罔不起於尊重自由之一要義。兩者相互之間。而各皆欲保全其自由勿使放棄。此法律上之權理所由生也。故康德關於權理之學說。復有一格言曰『汝當循法律上所定者。以使汝之自由與他人之自由相調諧』卽所謂人人自由。而以不侵人之自由爲界也。

康德曰。凡號稱權理者。必含有强制力之意義。遇有加障害於他人之自由者。則行威力以壓制之。是不得以侵人自由論也。雖然。欲使此强制力行之而適當。則（第一）當使所行之地位程度與行抑制者之自由相應。（第二）則當使與受抑制者之自由相應。如債權者對於債務者之抑制。則不得云侵害債務者之自由。何也。彼其乞貸之始。訂以償期。及期不償。則任債主之處置。斯乃彼所預認也。然則非債主抑制彼。而彼躬自抑制也。故循康氏之法律學說。則雖在抑制手段之中。仍保有獨立自尊之鴻恉。此論實發前賢所未發焉矣。

康氏之政治論。殆與盧梭民約之旨全同。而更以法學原理證之。其論法理上之私有權也。曰凡私有權必起於社會制度既立以後。當其始也。衆人以土地爲公有。無或有定主以專其利。雖然。其弊也爭。爭則亂。於是乎相共而立此疆彼界。各自名田之約。而此約又非公認則無其效也。於是乎必於其先而更有結羣建國之一約存焉。是卽國之所由立也。故當未立國之先。所謂私有權者。不過一假定之物。其得成爲一神聖不可侵犯之權理者。則民約建國以後之事也。此等理想。殆皆祖述盧梭而加以引伸發明而已。

康德又謂今之所謂國際公法者。其起原全與民法同。蓋國與國之交涉。人與人之交涉。其道一耳。國國皆自由自主。而莫或服屬於他國。甲國毋得以乙國爲自利之一手段。是國家獨立自尊之大義。而國際法所準據之原理也。

康德曰。今者兩國有違言。動輒以干戈相從事。此野蠻時代之惡習也。凡生於今日爲各國國民之一分子者。宜各自振厲務滌改之。以進於文明。此人道之責任也。夫野蠻時代。人與人之交涉而往往有決鬬也。以無完備之法廷以爲之裁斷也。今欲免國與國之決鬬。則不可無完備之國際法廷。今雖未能至。猶當孜孜焉準備以待來者。於是康氏乃有永世太平論之著。

永世太平論之綱要。凡五大端。

（一）凡邦國無論大小。不得以侵略手段或交易割讓買賣等名義。以合併於他國。

（二）諸邦不得置常備軍。如現時之積習。

（三）一國中有內訌。而他國以兵力干預之者。在所必禁。

（四）各國皆採民主立憲制度。以此制最合於最初民約之旨。且可以鞏固全國人自由平等之權理也。

（五）各獨立國相倚以組成一大聯邦。各國國民相輯和於國際法之範圍內。若有齟齬。則聯邦議會審判之。如瑞士聯邦現行之例。

或難康氏曰。茲事美則美矣。然實行之日。終可得望乎。康氏曰。此則非以强力所能致者。惟民德與民智兩者日進於光明。可以得之。夫人之有欲也。斯其爭之所由起也。若智慮益進。然後知眞利益之所存。乃恍然於昔之所爭者。自以爲利。而實乃害之甚者也。於是廢然返焉。故於人生有欲之中。而弭兵之萌芽。乃潛滋暗長於其間。則造化之妙用也。

政治學大家伯倫知理之學說

發端

日日而言政治學。人人而言政治學。則國其遂有救乎。曰、嘻、僅矣。言而不能行。猶無價值之言也。雖然。理想者實事之母。而言論又理想之所表著者也。則取前哲學說之密切於眞理而適應於時勢者。一一介紹之。亦安得已。盧梭學說於百年前政界變動最有力者也。而伯倫知理學說則盧梭學說之反對也。二者孰切眞理。曰、盧氏之言藥也。伯氏之言粟也。痼疾既深固。非恃粟之所得瘳。然藥能已病。亦能生病。且使藥證相反。則舊病未得豁。而新病且滋生。故用藥不可不愼也。五年以來。盧氏學說稍輸入我祖國。彼達識之士。其孳孳盡瘁以期輸入之者。非不知其說在歐洲之已成陳言也。以爲是或足以起今日中國之廢疾。而欲假之以作過渡也。顧其說之大受歡迎於我社會之一部分者。亦既有年。而所謂達識之士。其希望之目的。未覩其因此而得達於萬一。而因緣相生之病。則已漸萌芽漸瀰漫一國中。現在未來。不可思議之險象。已隱現出沒。致識微者慨焉憂之。噫、豈此藥果不適於此病耶。抑徒藥不足以善其後耶。

伯倫知理之駁盧梭也。以爲從盧氏民約之說。則爲國民者。必須具有三種性質。反是則國不可得立。三種者何。一曰、其國民皆可各自離析。隨其所欲。以進退生息於此國中也。不爾。則是强之使入。非合意之契約。不得爲民約也。雖然。人之思想與其惡欲。萬有不同者也。若使人人各如其意。乃入此約。則斷無全國人皆同一意之理。以此之故。亦斷無全國人皆同一約之理。若是乎。則國終不可得立。故從盧氏之說。僅足以立一會社。即中國所謂公司也與社會不同其會社亦不過一時之結集。變更無常。不能持久。以此而欲建一永世嗣續之國家。同心合德之國民。無有是處。二曰其國民必悉立於平等之地位也。不爾。則是有命令者。有受命者。不得爲民約也。然熟察諸國之所以建設必賴有一二人威德巍巍。超越儕類。衆皆服從。而國礎始立。卽至今日文明極進。猶未有改若使舉國無智無愚無賢無不肖皆以同等之地位決議立國。無有是處。三曰其國民必須全數畫諾也。苟有一人不畫諾。則終不能冒全國民意之名。不得謂之民約也。然一國之法制。勢固不能有全數畫諾之理。豈待問也。盧氏亦知之。乃支離其說。謂多數之意見。卽不啻全體之意見。夫服從多數。雖爲政治家神聖不可侵犯之科律。而其理論獨不適於諸民約主義之國家。蓋盟約云者。人各以其意而有願與此約與否之自由權者也。彼不願與此約之少數者。而强干涉之。謂其有服從多數之約之義務。無有是處。此三義者。伯氏於國家起原論。取盧氏之立脚點而摧陷之者也。參觀盧梭學說篇

伯氏又言曰。民約論之徒。不知國民與社會之別。故直認國民爲社會。其弊也。使法國國礎不固。變動無常。禍亂亙百數十年而未有已。德國反是。故國一立而基大定焉。夫國民與社會。非一物也。國民者。一定不動之全體。社會則變動不居之集合體而已。國民爲法律上之一人格。社會則無有也。故號之曰國民。則始終與國相待而不可須臾離。號之曰社會。則不過多數私人之結集。其必要國家與否。在論外也。此伯氏推論民約說之結果而窮極其流弊也。

中國號稱有國。而國之形體不具。則與無國同。愛國之士。睊睊然憂之。其研究學說也。實欲乞靈前哲。而求所以立國之道也。法國革命。開百年來歐洲政界之新幕。而其種子實盧梭播之。盧氏之藥。足以已病。無疑義矣。近則

病既去而藥已為筌蹄。其缺點率見是正於後人。謬想與眞理所判。亦昭昭不足為諱也。獨吾黨今日欲救吾國。其必經謬想而後入眞理。以盧氏學說為過渡時代必不可避之一階級乎。抑無須爾爾。逕向於國家之正鵠而進行乎。此一大問題也。盧氏之說。其有功於天下者固多。其誤天下者抑亦不少。今吾中國採之。將利餘於弊乎。抑弊餘於利乎。能以藥已病。而為立國之過渡乎。抑且以藥生病。而反失立國之目的乎。此又一大問題也。深察祖國之大患。莫痛乎有部民資格。而無國民資格。以視歐洲各國。承希臘羅馬政治之團結。經中古近古政家之干涉者。其受病根原。大有所異。故我中國今日所最缺點而最急需者。在有機之統一與有力之秩序。而自由平等直其次耳。何也。必先鑄部民使成國民。然後國民之幸福乃可得言也。如伯氏言。則民約論者。適於社會而不適於國家。苟弗善用之。則將散國民復為部民。而非能鑄部民使成國民也。故以此論藥歐洲當時干涉過度之積病。固見其效。而移植之於散無友紀之中國。未知其利害之足以相償否也。夫醉生夢死之舊學輩。吾無望矣。他日建國之大業。其責任不可不屬於青年之有新思想者。今新思想方始萌芽耳。顧已往往濫用自由平等之語。思想過度。而能力不足以副之。芸芸志士。曾不能組織一鞏固之團體。或偶成矣。而旋集旋散。誠有如近人所謂『無三人以上之法團。無能支一年之黨派』者。以此資格而欲創造一國家。以立於此物競最劇之世界。能耶否耶。此其惡因雖種之薰之在數千年。不能以為一二人之咎。尤不能以為一學說之罪。顧所最可懼者。既受彼遺傳之惡因。而復有不健全之思想。以盾其後而傅之翼也。故人人各以己意進退。而無復法權之統屬。無復公衆之制裁。乃至並所謂服從多數之義務而亦弁髦之。凡伯氏所指盧氏學說之缺點。今我新思想界之人人皆具備之矣。夫以今日之中國。固未有所謂統屬。未有所謂制裁。未有所謂多數。則吾國民之躑躅焉淩亂焉而靡所於從。夫亦安可深責。顧所貴乎新思想者。欲藉其感化力以造出一新世界。使之自無而之有云爾。若徒恃此不健全之新思想。果能達此目的否耶。是不可以不審也。吾非敢袒伯氏而薄盧氏。顧以爲此有力反對之一大學說。爲有志建國者所宜三復也。作伯氏學說。

(附注)此論與革命論非革命論無涉。蓋無論革命不革命。無論革命前革命後。皆必以統一秩序組成有機團體。爲立國之基礎。伯氏之反對盧氏。非反對其鼓吹破壞。謂其於建設之道有所未愜云爾。建設云者。則兼破壞之建設與平和之建設。而兩言之者也。

(又)伯氏略傳詳別篇。不再述。

一　國家有機體說

伯倫知理曰。十八世紀以來之學者。以國民爲社會。以國家爲積人而成。如集阿屯以成物質。似矣。而未得其眞也。夫徒抹五彩。不得謂之圖畫。徒堆瓦石。不得謂之宮室。徒集脈絡與血輪。不得謂之人類。惟國亦然。國也者。非徒聚人民之謂也。非徒有府庫制度之謂也。亦有其意志焉。亦有其行動焉。無以名之。名之曰有機體。然國家之爲有機體。又非如動植物之出於天造也。蓋藉人力之創作。經累葉之沿革。而始乃得成。而其沿革之所自來。厥有二端。一曰。由國中固有之性習與夫外界事物之刺激而生者。二曰。由君長號令所施行與夫臣民意志所翊贊而生者。此所以異於天產物也。雖然。造者不同。而爲有機體則同。試即國家與尋常有機物相類之點而比較之。

一 精神與形體相聯合。（按）國家自有其精神自有其形體與人無異

二 肢骸各官。（原注）即體中各部分其各自有其固有之性質及其生活職掌。（原注）指政府各部分及議院

三 宜聯結此等肢骸以結構一全體。（原注）謂憲法（按）肢骸不聯屬則不能呈其用國家之各部分亦然

四 先自內部發育然後長成以達於外部。（原注）謂國家之沿革

由此觀之。國家之爲物與彼無機之器械實異。器械雖有許多零件。紐結而成。然非如國家之有四肢五官也。故器械不能發育生長。而國家能之。器械之動循一定軌。不能臨時應變。現一新象。國家則自有行動。自以意識決之。故曰國家非成於技工。成於意匠也。此伯氏國家有機體說之崖略也。

按此說不起於伯氏。希臘之柏拉圖。亦常以人身喻國家。伯氏前之德國學者。亦稍發之。但至伯氏而始完備耳。國家既爲有機體。則不成有機體者不得謂之國家。中國則廢疾瘝病之機體也。其不國亦宜。

又按自國家有機之說出。而知凡人造物與國家相類者。無一不屬於有機。即法律上所謂法人者皆是也。故欲組一團體。而不具其機。未有能成者也。

二 論國民與民族之差別及其關係

伯氏以爲學者往往以國民與民族混爲一談。是瞀見也。彼乃下民族之界說曰。民族者民俗沿革所生之結果也。民族最要之特質有八。（一）其始也同居於一地。非同居不能同族也後此則或同一民族而分居各地或異族而雜處一地此言其朔耳（二）其始也同一血統。久之則吸納他族互相同化則不同血統而同一民族者有之（三）同其支體形狀。（四）同其語言。（五）同其文字。（六）同其宗教。（七）

同其風俗。（八）同其生計。有此八者。則不識不知之間。自與他族日相閡隔。造成一特別之團體。固有之性質。以傳諸其子孫。是之謂民族。

伯氏乃更下國民之界說爲二。一曰。國民者人格也。據有有機之國家以爲其體。而能發表其意想。制定其權利者也。二曰國民者法團也。生存於國家中之一法律體也。國家爲完全統一永生之公同體。而此體也必賴有國民活動之精神以充之。而全體乃成。故有國民即有國家。無國家亦無國民。二者實同物而異名耳。

故夫民族者。有同一之言語風俗。有同一之精神性質。其公同心漸因以發達。是固建國之階梯也。但當其未聯合以捌一國之時。則終不能爲人格爲法團。故只能謂之民族。不能謂之國民。

伯倫知理曰。古代之國。淵源於市府。中世之國。成立於貴族。十八世紀專制時代。認政府爲國家。法蘭西大革命之時。同國家於社會。凡此皆與民族之關係甚淺薄者也。自千八百四十年以後。而民族建國之義乃漸昌。雖或間遇抵抗。或稍被制限。而其勢力之不可侮。則固已爲有識者所同認矣。雖然。或持之過偏。以謂民族爲建國獨一無二之源泉。推其意。一若地球上之邦國。必適從於民族之數而分立。此又闇於實際之論也。伯氏乃據歷史上之事實。述民族與國家之關係如下。

（甲）　凡一民族既有其固有之立國心。且有能實行之之勢力。有欲實行之之志氣。夫然後可以創立國家。雖然。苟持此主義以立國。則當以保存族粹爲第一義。凡祖宗傳來一切制度。苟非有妨害於國家之發育者。不可妄事破壞。

（乙）　民族之立國。非必舉其同族之部民。悉納入於國中而無所遺也。雖然。必須盡吸納其本族中所固有之精神勢力而統一之於國家。

（丙）合多數之民族爲一國家。其弊雖多。其利亦不少。蓋世界文明。每由諸種民族互相敎導互相引進而成。一國之政務。亦往往因他民族之補助而愈良。如鑄幣然。不徒用純質之金銀。而反混加一二賤金類之物。則肉好較完紋彩愈美也。然此等多族混合之國。必須以一强有力之族爲中心點。以統御諸族。然後國礎乃得堅。

伯氏又言曰。民族與國民。固異物也。然其性質頗極密接。故於政治上常有相互之關係。以故民族大而國境小者。則其結果之現象有兩極端如下。

（一）國家化其人民而別造成一新民族。自本族而分離。如古代雅典斯巴達之於希臘。中世威內薩佛羅棱志挪亞之於意大利。近世荷蘭瑞士之於德意志。是其例也。

（二）合併同族諸邦而成一大帝國。如法國當路易第十一以後之政略。意大利德意志千八百四十八年以後之政略。是其例也。

若國境大而民族小。境內含有數民族者。則其國勢之所趨如下。

（一）謀聯合國內多數之民族而陶鑄之。始成一新民族。在昔羅馬帝國。及今之北美合衆國。是其例也。

（二）國內諸族。心志各殊。互思分離。如第九世紀法蘭西人與德意志人分離。十六世紀奈渣蘭人與西班牙人分離。十九世紀比利時人與荷蘭人分離。是其例也。

（三）諸民族之言語風俗等。悉放任之。使仍其舊。惟於政治上謀所以統合之道。此策也。瑞士善用之。而收其效者也。

(四) 政府教唆各民族使彼此相閱。乘間抵隙以謀合一。此極危險之道也。奧大利用之幾覆其國。

按由此觀之。伯氏固極崇拜民族主義之人也。而其立論根於歷史案於實際。不以民族主義爲建國獨一無二之法門。誠以國家所最渴需者爲國民資格。而所以得此國民資格者。各應於時勢而甚多其途也。兩年以來民族主義稍輸入於我祖國。於是排滿之念勃鬱將復活。雖然今吾有三問題於此。曰、漢人果已有新立國之資格乎。此吾不能無疑之第一問題也。伯氏論民族建國之所恃者三。(一)固有之立國心(二)可實行之之能力(三)欲實行之之志氣。其第一事。則吾固具之矣。其第三事。則在今雖極少數。而不能謂之無也。獨其第二事則從何處說起耶。日言排而不能排。猶無價值之言也。即使果排去矣。而問愛國志士之所志果以排滿爲究竟之目的耶。抑以立國爲究竟之目的耶。毋亦曰目的在彼。直借此爲過渡之一手段云耳。苟遂不克達於目的地。則手段何取也。吾非謂我民族終不能有此能力。然吾信其今日猶未有此能力。此論也。雖持最急激主義者。當已無以爲難。而難者則曰。惟其未有此能力。則當以排滿鍊造之。然徒排滿而遂能鍊造此能力與否。則吾別有所欲陳。今且勿於此枝蔓也。曰、排滿者以其爲滿人而排之乎。抑以其爲惡政府而排之乎。此吾所不能無疑之第二問題也。如以其爲滿人也。且使漢人爲政將腐敗而亦神聖之也。如以其爲惡政府也。雖骨肉之親有所不得私。而滿不滿奚擇焉。夫今政府與滿洲有二位一體之關係。憎政府而及滿人亦固其所然。以是爲鼓舞之手段則可。以是爲確實之理論則不可。何也。今日之中國實非貴族政體而爲獨裁政體。其蠹國殃民者。非芸芸坐食之滿人。而其大多數乃在闒茸無恥媚茲一人之漢族也。而其所以爲媚者。非媚滿人。媚獨裁耳。使易獨裁者爲漢人。其媚猶今也。媚獨裁之漢人。其蠹國殃民。亦猶今也。故今日當以集全國之鋒刃向於惡政府爲第一義。而排滿不過其戰術之一枝線。認偏師爲正文。大不可也。大學曰。人之其所賤惡而辟焉。此古今之通蔽矣。今之論者。或乃至盜賊胡曾。而神聖洪楊。問此果爲適於論理否耶。且使今日得如胡曾其人者爲政府。與得如洪楊其人者爲政府。二者孰有益於救國。而論者必將倔強而曰毋寧洪楊。此吾所不敢苟同也。章炳麟氏之言曰。不能變法當革。能變法亦當革。不能救民當革。能救民亦當革。嘻。此何語耶。夫革之目的。豈以快意耶。毋亦曰救民耳。如曰能救民而亦當革。則是敵視此目的也。假曰信今政府之必不能救民而革之也。斯可謂健全之理論矣。而猶當視其所以代之者何如。如章氏言。能毋使國民迷惑耶。默察兩年來世論之趨向。殆由建國主義一變而爲復仇主義。問建國與復仇孰重。其在一人一家之仇。而曰身可殺。家可破。仇不可不復。是所宜言也。其在一國之仇。而曰國可亡。仇不可不復。則非所宜言也。我不敢知曰復仇可以亡國。我不敢知曰復仇可以興國。顧吾特不欲吾民族於建國復仇兩主義。倒置其輕重也。以謂此不健全之理論。爲造成國民資格之道一魔障也。曰、必離滿洲民族。然後可以建國乎。抑融滿洲民族。乃至蒙苗回藏諸民族。而亦可以建國乎。此吾不能無疑之第三問題也。伯倫知理所述異族同國之諸款。與中國今日情事。皆不相應。蓋各國發育之不同。如人面焉。未有可以他國之歷史。爲我國之方針者也。而伯氏下民族之界說曰。同地。同血統。同面貌。同語言。同文字。同宗教。同風俗。同生計。（地與血統二者就初時言之如美國民族不同地不同血統而不得不謂之一族也伯氏原書論之頗詳）而以語言文字風俗爲最要焉。由此言之。則吾中國言民族者。當於小民族主義之外。更提倡大民族主義。小民族主義者何。漢族對於國內他族是也。大民族主義者何。合國內本部屬部之諸族以對於國外之諸族是也。中國同化力之强。爲東西歷史家所同認。今謂滿洲已盡同化於中國。微特排滿家所不欲道。卽吾亦不欲道。然其大端。歷歷之跡。固不可誣矣。大抵北虜之同化於我也稍難。而東胡較易。金元淸之比較。蓋昭然矣。元則九十年率其游牧之俗。金淸則一入中原。而固有之特質頓喪焉。今關內之滿人。其能通滿文操滿語者。已如鳳毛麟角。他無論矣。故如伯氏之說。雖謂滿人已化成於漢民俗可也。卽未能然。苟漢人有可以自成國民之資格。則滿人勢不得不融而入於一爐。此則吾所敢斷言也。姑勿具論。今所欲研究者。則中國之能建國與否。係於逐滿不逐滿乎。抑不係於逐滿不逐滿乎。實問題之主點也。自今以往。中國而亡則已。中國而不亡。則此後所以對於世界者。勢不得不取帝國政略。合漢合滿合蒙合回合苗合藏。組成一大民族。提全球三分有一之人類。以高掌遠蹠於五大陸之上。此有志之士所同心醉也。果有此事。則此大民族必以漢人爲中心點。且其組織之者必成於漢人之手。又事勢之不可爭者也。獨今日者。欲向於此大目的而進行。其必將彼五百萬之滿族。先擯棄之而再吸集之耶。抑無須爾爾。但能變置漢滿同病之政府。而遂有可望耶。欲研究此問題之眞相。不可不取狹隘的民族復仇主義。暫擱一邊。平心靜氣以觀察焉。當預備時代將排滿而能養漢人之實力乎。抑用滿而能養漢人之實力乎。當實行時代將排滿而能禦列强之侵入乎。抑合滿而能禦列强之侵入乎。當善後時代將排滿而得國礎之奠安乎。抑利滿而得國礎之奠安乎。此三者不可不察也。夫自今以往。有漢滿同奴耳。否則漢族必爲國中之主人。今不務養成可以爲主人之資格。而徒曰吾不願奴。不願而奴遂可免耶。一言蔽之。吾若有建國之能力。則以小民族成一國民可也。以大民族成一國民亦可也。若其不能。亦安所往而有合哉。吾因讀伯氏書。有所感觸。不覺其言之長。而與著述體例不相應也。吾又知吾之此論。必非新學界青年諸君所樂聞也。雖然。吾道吾今日之所信。所信之爲進步爲退步。不敢計也。以其所信與一世之輿論挑戰。不敢辭也。若夫預備乎實行乎。則各應於其地位之可得爲者而孳孳焉。非筆舌之範圍所宜及也。

三　論民主政治之本相及其價值

伯氏博論政體。而歸宿於以君主立憲爲最良。謂其能集合政治上種種之勢力種種之主義而調和之。其說繁。今不備引。謹介紹其論共和政體者。而以鄙見發明之。

伯氏以爲主治權與奉行權分離。是共和政體之特色也。主治之權。掌之於多數之選舉者。（即國民）奉行之權。委之於少數之被選舉者。（即大統領及官吏）以故奉行者雖爲臣僕。而反常治人。主治者雖爲主人。而反常治於人。以牽制之得宜。故無濫用國權之弊。而多數國民得所庇焉。此其所長也。雖然。坐是之故。而國權或漸即微弱。儕國家於一公司。加以衆民之意嚮變動靡常。而國之基礎。因以不固。此其所短也。故行此政體而能食其利者。必其人民於共和諸德具足圓滿。不惜犧牲其力其財。以應國家之用。且已藉普及之學制。常受完備之教育。苟如是。其庶幾矣。若其人民浸染衰廢之俗。務私慾而不顧公益。氣力微弱。教育缺乏。而欲實有此政體。則未覩其利。而先已不勝其弊矣。其甚也必至變爲亞里士多德所謂暴民政治者。而國或以亡。

伯氏乃詳考共和政體之沿革。述美國法國瑞士三者之成敗。而指其得失之林。其言曰。美國之能變英國政體而爲今政體者何也。彼其未離母國羈軛之時。而共和之原質已早具也。當其初年。其民之去本國而移殖於他鄉者於祖國之議院制度自治制度固已久習熟練懷抱政治心以去及其至新大陸又不能復倚賴貴族及本國官吏之力不得不以自助及相濟兩主義爲安居樂業之本原共和政治之精神實根於此及其自助相濟之旣久習而成風一旦而欲再加以束縛其勢自不樂受且所居新闢之地廣漠無垠任其所之稍有不適褰裳去之耳故當千六百六十九年英國法理學大儒洛克氏者曾爲殖民地草一新憲法欲以英國所固有之君主貴族政體傳其種於美洲百計經營竟成畫餅職此之由故美國之共和政體非出現於獨立之後而出現於殖民之時其植根如此其深而發源如此其遠也

此政體之播植於歐洲也自法蘭西始法人以千七百九十三年立革命後之新政府其規模略仿美國惟一切政權不以畀諸一人之大統領而以司諸數名之行政委員慮其權之在一人而將濫用之以復於君主也乃曾幾何時而拿破侖第一之帝國出現及千八百四十八年再爲共和置大統領一如美國然此第二次之試驗亦不見效拿破侖第三旋起而盜之再建帝國今者第三回之試驗旋行於千八百七十年而此新共和國之能否永年識者猶疑之（按）伯氏國家論成於千八百七十四年其時値法國新造之後也今民政完備雖不及美然久經陶冶國民之資格漸備矣

考法人之政治思想當人權論出世之時始大發達其國民愛平等尊自由徹始徹終心醉共和主義雖然其國民之性情迺與共和主義最不相容昔西士羅（按）羅馬之偉人也嘗評高盧人（按）法國民族所自出也云『其性好新易遷無論爲壓抑爲自由久之皆不能忍受』夫孰知當千數百年以後之今日而法人此性竟不克改也不寧惟是自治者共和政治最切要之條件也而法人曾無所練習百事皆仰賴政府故讀法國建國以來之歷史其治國之道常以中央集權制度相貫徹全國之運命悉繫於巴黎一城此自古及今未或有改者也夫欲行中央集權使

圓滿而適當則必有强大之主權精悍之官吏有力之軍隊若此者惟君主政治爲最宜故法國雖當兩拿破侖及麥馬韓爲大統領之時其表面則裝示共和政治之美名其實質則與君主政治無毫釐之異也若夫瑞士則異是其人民自數百年以來既於村落而有自治體裁其市府之舊憲法皆略帶貴族政治之性質無論何市府皆於行政小會議之外別有立法之大會議其在村落人民皆有直接參政之權每年集會以多數之決議制定法律任命高等官吏以故千八百九十五年創建共和以後雖蒙外界之影響未能實行而歷時未久遂克改良傳今不替蓋其先天所受者與法國殊異也

伯氏又曰共和國體之優於他國體者有五端(一)養成國民之自覺心使人自知其權利義務且重名譽也(二)使人民知人道之可貴互相尊重其人格也(三)以選舉良法使秀俊之士能各因其材以得高等之地位而因以獎厲公民之競爭心也(四)凡有材能者不論貧富貴賤皆得自致通顯參掌政權以致力於國家也(五)利導人生之善性使國民知識可以自由發達而幸福日增也以故苟爲國民者能於共和所不可缺之諸德具足圓滿則行此政體實足以培養愛國心獎厲民智馴至下等社會之衆民其政治思想亦日發達以進於高尚美哉共和

雖然天下事之結果每不能如其所期雖以最適於共和之美國而其政治社會之趨勢猶有與此諸德適相背馳者二事一曰賤視下級之國民也同爲公民同有自由平等之權利但使其敎育程度在社會水平線以下者一律蔑視之不獨待煙剪人黑人爲然也凡與彼輩在同等之位置者莫不有然(按)觀其待華人可知矣此亦平等主義萬難實行之徵證也二曰猜忌非常之俊傑也凡國民之門第學識聰明才力資產挺出於社會水平線以上者

率爲公衆所嫉忌。而不得自效於政界。懼其含有君主貴族之餘質。而將以傾覆國憲也。（按）此論最確凡美國第一等人物皆不久於政界此其原因甚多伯氏所言不過其一端耳吾所著新大陸游記研究此問題頗詳今不先贅但現在帝國主義之風潮漸急雖美國亦漸革此惡習矣故共和政體者。最適於養中等之人物。齊國民之程度而爲一者也。

伯氏又曰。共和政體爲國民謀普通之利益則有餘。謀高尚之幸福則不足。如設學校治道路獎慈善等事。共和政所最優也。至如文學哲學美術等高尚事業。雖百計獎厲而發達總不能如其所期。夫此等無形之文明。尋常政治家或不措意焉。而不知此乃導進人格獨一無二之法門。如美國者。崇拜實利之主義過甚。國民品格之墮落。亦滔滔可懼也。

伯氏又曰。共和政體之最缺點者。使其政府如一機器然。循軌自動。幾無復有活潑之意識行乎其間。彼以防弊故。不能不用牽制之法。故選舉更迭。爲此政體所不可缺之一要具。以屢更迭故。執政者之地位。常不鞏固。以不鞏固故。無餘裕以練習政務。以通覽大勢。以養成完全大政治家之資格。何也。凡入政界者。必經一二年後。乃能增進其政治能力。漸有所擘畫。爲國家百年大計。而實行此計畫。又往往非數年之力不能。而瓜代之期已至矣。後任者之能否繼吾志。而竟吾業。非所期也。故人人各存五日京兆之心。而於國家有機體之永續發達。所窒實多矣。

伯氏又曰。置多數之常備軍。此共和政體之所大禁也。夫常備軍者。外之以發揚國權。內之以保維秩序。實國家之要素也。而在共和政之國。以嫌忌專制故。懼此兵權所屬。將爲多數人民自主之蟊賊也。故其勢不得不代以民兵。民兵者。其於警衞守禦之力。雖不可侮。然以視素練之常備軍。固有間矣。故他日者。世界進於大同。戰爭之跡絕於天壤。則共和政誠爲立國之極軌。今則猶非其最適而最優勝者也。

按伯氏所論大半就美國現狀而評隲之。其語固動中肯綮。但末兩條。則今日情狀大變矣。美國自麥堅尼以後。實行帝國主義。至重新解釋憲法。增加中央政府之威力。於是社會中最高流人物。漸投身於政界。而西班牙戰爭以來。擴張軍備之志日以銳。今年總統羅斯福巡行全國。所至演說。皆注重軍實。於是此兩缺點皆漸去矣。此亦共和政體之一進化也。

又按伯氏所論共和政體之價值。可謂博深切明。然猶有未盡者。頃讀德國柏林大學教授波倫哈克所著國家論。有足以相表裏者。附譯如下。波氏者。比較法制派之鉅子。原書以千八百九十六年出版。日本早稻田大學校於三月前譯出。實最新之學說也。

波氏曰。國也者何也。以平衡正義調和社會上各種利害衝突之一團體也。（按）其意謂社會各種小團體其利害勢不免衝突必賴有一大團體超然立於其外以調和之即國家是也 而在彼共和國。則其統治之主體。（按）即國家 與其統治之客體。（按）即國民 同爲一物。舍人民以外。則國家之要素。他無復存。（按）君主之國亦非不以人民爲要素也而人民之外尚有他要素若英國則合君主貴族平民三要素而成國者也原文詞簡意賅翻譯殊窘讀者諒之

夫無論何國。其社會上宗教上民族上及其他種種關係。莫不錯綜分歧。此之所利。或彼之所害。利害抵觸而必有衝突。此等衝突。卽由人民本體而發生者也。以本體所發生之衝突。而還欲以本體調和之。是無異使兩造之鬥訟者。而自理曲直也。天下困難之事。孰過於此。君主者。則超然於此等種種利害關係之外。而代表大團體之國家。以調和之者也。所貴乎有國家者。其目的莫大於是。而君主國之達此目的與民主國之達此目的。其難易判然矣。（按）古今政治學者論國家之目的言人人殊波氏謂國家之正義平衡之源泉以調和國內種種利害而融合之爲目的是其創見亦篤論也學者不可不深察 以是之

故凡共和之國家大率革命相尋使法制失其永續之性而幾於不國殆非無故（按）此指南美洲各共和國言也詳見下文共和政體惟有一種結構特別之國家可以行之而無弊其結構云何則奉同一之宗教集同一之民族其社會上各種利害之關係不甚衝突而其最要者曰國境甚狹苟具此資格而結成一小共和團體者夫然後可以持久瑞士之各村落各市府美國獨立以前之各州是其模範也（按）今之美國國境甚遼闊而仍能行者其根柢全在各州也吾所著新大陸游記言其性質頗詳　在此等結構之國其國家自減縮其行動之範圍而一以放任之於私人其人民之監督公共事業也亦無鞭長不及之患而自治制馴致鞏固則共和可以行之數百年而大紛擾不起焉而不然者種種階級互相懸隔貴族與平民閥資本家與勞働家閥而甲族與乙族閥甲省與乙省閥於此之國而欲行共和政以圖寧息是無異蒸沙以求飯也

夫共和國者於人民之上別無獨立之國權者也故調和各種利害之責任不得不還求之於人民自己之中必無使甲之利害能强壓乙之利害而諸種之關係常克相互平等而自保其權衡若此者惟彼盎格魯撒遜人種富於自治性質常肯裁抑黨見以伸公益以故能行之而綽綽有餘若夫數百年卵翼於專制政體之人民既乏自治之習慣復不識團體之公益惟知持個人主義以各營其私其在此等之國破此權衡也最易既破之後而欲人民以自力調和平復之此必不可得之數也其究極也社會險象層見疊出民無寧歲終不得不舉其政治上之自由更委諸一人之手而自帖耳復為其奴隸以圖性命財產之安全此則民主專制政體所由生也（按）民主專制政體之原因結果下文詳之又別有一種之國家其於享受共和政之資格雖一不具以多數士著人種為基礎而少數之歐羅巴人立於其上而此少數者亦未嘗有政治思想及其能力純然為一無秩序之社會

若此者。自當以君主專制政體爲最宜者也。雖然。以其爲殖民地之故。欲置立君主。而無歷史上之基礎。乃不自量而妄效美國侈共和之美名。（按）此指南美中美洲諸國也雖然彼高尙完美之共和制與此等之國程度不相應。以故累衝突以衝突。重革命以革命。而彼之所謂革命者。又非起於人民之萬不得已也。徒爲二三覇者之私鬥而已。一勝之將。假共和之形式以笞其畜民。不旋踵而他將代之。起仆興亡。迄無寧日。國民進步之障礙。莫大於是。

波氏又曰。因於習慣而得共和政體者常安。因於革命而得共和政體者常危。請言其理。夫既以革命之力一掃古來相傳之國憲。取國家最高之目的而置之於人民仔肩之上矣。而承此大暴動之後。以激烈之黨爭四分五裂之人民。而欲使之保持社會勢力之平衡。此又必不可得之數也。於斯時也。其勢力最猖獗者。即彼鼓吹革命率先破壞之一團也。而此黨派大率屬於無資產之下等社會。其所舉措。往往不利於上流。作始猶簡將畢乃鉅。其力既無所限制。自必日走於極端。而遂取滅亡。彼曷爲而致滅亡。夫既已自紊歷史上之權利。自傷政權之神聖。一旦得志。而欲以我新獲之權利。造成歷史的之根柢。雖百般擁護。未有能濟者也。於是乎社會階級之爭奪。遂相互迭起。而靡有窮。（按）自此以下數節大率皆借法國立論其性質與南美諸國略異爭奪之極。其得最後之勝利者。則彼從夢中驚起之富豪階級也。然彼等雖勝利而已厭政權。何也。當彼之時其握政權者常危殆也。彼等欲得政治上之權利。不過以保其生命財產之安全云爾。其既得之也。則必孳孳然復自營其生計。不惜出無量之代價。以購求和平。而社會棼亂疲敝之既極。非更有獨立强大之主權。則終不能以奠定。故君權思想之復活。實剝復之道所必至也。然歷史上之國家既已覆滅。今欲使一姓再興。重復其舊。則其結果更釀百弊。欲別擁新主。而無一人可認其固有之權利。即勉戴之以行君主議院制度。終覺其主權微弱。不足以救濟沈痼瘡痍之社會也。於是乎民主專制政體應運生焉。若此者於古代之羅馬見之。於近世之法蘭西見之。

民主專制政體之所由起。必其始焉有一非常之豪傑。先假軍隊之力。以攬收一國實權。然此際之新主治者。必非以此單純之實力而能爲功也。而自顧己所有之權利。以比諸他國神聖不可侵犯之君主。而覺其淺薄無根柢也。於是不得不求法律上之名義。即國民普通投票之選擧是也。彼篡奪者。（按）即所謂一非常之豪傑既已於實際掌握國權。必盡全力以求得選。而當此全社會渴望救濟之頃。萬衆之視線。咸集於彼一身。故常以可驚之大多數。歡迎此篡奪者。而芸芸億衆。不惜擧其血淚所易之自由。一旦而委諸其手。又事所必至理所固然也。何也。彼時之國民固已厭自由如腐鼠。畏自由如蛇蠍也。

此篡奪者之名。無論爲大統領爲帝王。而其實必出於專制。彼時之民。亦或强自虛飾。謂我並非以本身之權利盡讓於此一人。而所定憲法。亦嘗置所謂國民代議院。謂以此相限制也。而實則此等議院。其權能遠在立憲君主國議院之下。何也。君主國之議院。代表民意者也。君主而拂議院。是拂民也。此等之議院。則與彼新主權者。即篡奪者同受權於民。而一則受之於各小部分。一則受之於最大多數。故彼新主權者。常得行長官之强權。不寧惟是。議院之所恃以對抗於彼者。賴憲法明文之保障耳。而彼自以國民驕子之資格。可以隨時提出憲法改正案。不經議會。而直求協贊於國民。權利之伸縮。悉聽其自由。故民主專制政體之議院。實伴食之議院也。其議院之自由。則貓口之鼠之自由也。

君主專制國。其諸臣對於國民無責任。惟對於君主有責任。（按）君主對於國民本非無責任也然其責任不分明故馴至於無君主立憲國。君主無責任。惟議院政府諸員。（按）如英國之制政府即議院之多數者也故兩者並舉對於國民而代負責任。獨民主專制國不然。惟民主（按）波氏所謂民主者兼大統領及帝王言之拿破侖兩帝亦此類之民主也讀者勿誤對於國民而負責任。他皆無之。雖然。所謂責任者。亦不過憲法上一空文耳。夫既已以永續世襲之最高權委託之於彼。此後而欲糺問其責任。則亦惟視其力所能及。更破壞此憲法。而移置其主權耳。質而言之。則舍再革命外。無他途也。要之此專制民主猶在。而欲與彼立憲君主政體之國民。與純粹共和政體之國民。享同等自由之幸福。勢固不能。

譯者曰。吾心醉共和政體也有年。國中愛國踸踔之士之一部分。其與吾相印契而心醉共和政體者。亦既有年。吾今讀伯波兩博士之所論。不禁冷水澆背。一旦盡失其所據。皇皇然不知何途之從而可也。如兩博士所述。共和國民應有之資格。我同胞雖一不具。且歷史上遺傳性習。適與彼成反比例。此吾黨所不能爲諱者也。今吾強欲行之。無論其行而不至也。即至矣。吾將學法蘭西乎。吾將學南美諸國乎。彼歷史之告我者。抑何其森嚴而可畏也。豈惟歷史。即理論吾其能逃難耶。吾黨之醉共和夢共和歌舞共和尸祝共和。豈有他哉。爲幸福耳。爲自由耳。而孰意稽之歷史。乃將不得幸福而得亂亡。徵諸理論。乃將不得自由而得專制。然則吾於共和何求哉。何樂哉。吾乃自解曰。犧牲現在以利方來。社會進化之大經也。吾盡吾對於吾子孫之義務。吾今之苦痛。能無忍焉。而彼歷史與理論之兩巨靈。又從而難余曰、南美諸邦人之子孫。藏其自由鐵劵於數十層僵石之下。誰敢定其出世之當在何日也。曰、法蘭西自一七九三年獻納犧牲以後。直至一八七〇年始獲饗焉。而所饗者猶非其所期也。今以無量苦痛之代價。而市七十年以後未可必得之自由。即幸得矣。而汝祖國更何在也。嗚呼痛哉。吾十年來所醉所夢所歌舞所尸祝之共和。竟絕我耶。吾與君別。吾涕滂沱。吾見吾之親友昔爲君之親友者。而或將亦與君別。吾涕滂沱。吾見吾之親友昔爲君之親友而遂顛倒失戀不肯與君別者。吾涕滂沱。嗚呼共和共和。吾愛汝也。然不如其愛祖國。吾愛汝也。然不如其愛自由。吾祖國吾自由其終不能由他途以回復也。則天也。吾祖國吾自由而斷送於汝之手也。則人也。嗚呼共和。共和吾不忍再汚點汝之美名。使後之論政體者。復添一左證焉以詛咒汝。吾與汝長別矣。問者曰。然則子主張君主立憲者矣。答曰。不然。吾之思想退步。不可思議。吾亦不自知其何以銳退如此其疾也。吾自美國來。而夢俄羅斯者也。吾知昔之與吾同友共和者。其將唾余。雖然。若語於實際上預備。則不在多言。顧力行何如耳。若夫理論。則吾生平最慣與輿論挑戰。且不憚以今日之我與昔日之我挑戰者也。吾布熱誠。以俟君子。

四　論主權

主權者。一國精神所由寄也。故論國家者必明主權。伯倫知理之論主權。其要有五。

一　主權者。獨立不羈而無或服從於他種權力者也。（原注）獨立不羈與無限殊科勿混視

二　主權者。國家之威力也。宜歸於人格之國家及國家之首長。其餘地方團體及法院議院等。皆隸於國家之一機關耳。於主權無關也。

三　主權者至尊者也。主權者據之。以立於國內所有一切權力之上。

四　主權者統一者也。一國中不能有二個主權。（原注）主權之統一在君主國最爲易見。即在他種政體亦莫不然。如共和政體則國民全體爲其主權者。貴族政治

則貴族會議爲其主權者英國之立憲政治則國王與議院連合而爲其主權者是其例也

五　主權者有限者也主權有受成於國法之權利卽有受限於國法之義務

伯氏之論主權所以駁正平丹盧梭二氏之謬而求其眞相者也其有功於國家學也最鉅平丹（法國人生十六世紀）之言曰『主權者無窮無限之國權也』又曰『法律依於「主權者」（卽運用主權之人）而得其效力「主權者」非依於法律而得其權能』此說也以國家之首長與國家之全體混爲一談路易第十四「朕卽國家」之謬論所從出也其說久已吐棄茲不待辨盧梭之言曰『主權不在於主治者而在於公民公民全體之意嚮卽主權也主權不得讓與他人亦不得託諸他人而爲其代表雖以之交付於國會亦非其正也社會之公民常得使用其主權持以變更現行之憲法改正古來成法上之權利皆惟所欲』伯氏以爲盧氏之說欲易專制的君主主權而代以專制的國民主權也然而專制君主主權流弊雖多而猶可以成國專制國民主權直取已成之國而渙之耳外此更有所得乎無有也夫謂主權不在主治者而在公民全體公民全體之意見既終不可齊終不可覩是主權終無著也主權無著而公民中之一部分妄曰吾之意卽全體之意也而因以盜竊主權此大革命之禍所由起也公民之意嚮屢遷而無定寖假而他之一部分又妄曰吾之意卽全體之意也而因以攻攫主權此大革命之禍所由繼續也伯氏所以斷斷焉與盧氏爲難者其意在是乃更爲申言主權之原則如下

一　主權既不獨屬君主亦不獨屬社會不在國家之上亦不出國家之外國家現存及其所制定之憲法卽主權所從出也

二　或謂社會爲私人之集合體主權卽爲私人之集合權其言謬甚主權者公權非私權也雖合無量數之

私權不能變其性質使成公權。

三　或謂一民族相結合雖未具國家之體裁亦可謂之有主權此說亦非也彼民族者未能成爲一「法人」（謂法律上之人格）未有形不具而腦先存者也故有主權則有國家無國家亦無主權。

五　論國家之目的

伯倫知理曰自昔論國家目的者凡有兩大派其在古代希臘羅馬之人以爲國家者以國家自身爲目的者也。國家爲人民之主人凡人民不可不自犧牲其利益以供國家其在近世日耳曼民族則以爲國家者不過一器具以供各私人之用而已私人之力有所不及者始以國家補助之故國家之目的在其所屬之國民由前之說則謂民也者爲國而生者也由後之說則謂國也者爲民而設者也伯氏則曰兩者之說皆是也而亦皆非也夫天下之事物固有自一面觀之確爲純粹之器具自他面視之又確有其天然固有之目的者存卽如男女婚媾其顯證也就其夫婦相愛之情欲言之則婚媾實一器具也就其居室大倫傳種義務言之則婚媾實有其至大之一目的在惟國亦然。

以常理言則各私人之幸福與國家之幸福常相麗而無須與離故民富則國富民智則國文民勇則國强是此兩目的不啻一目的也雖然若遇變故而二者不可得兼各私人之幸福與國家之幸福不能相容伯氏之意則以爲國家者雖盡舉各私人之生命以救濟其本身可也而其安寧財產更何有焉故伯氏謂以國家自身爲目的者實國家目的之第一位而各私人實爲達此目的之器具也。

雖然，伯氏之論，常無偏黨者也，故亦以爲苟非遇大變故，則國家不能濫用此權，苟濫用之，則各私人亦有對於國家而自保護其自由之權理云。

案天道循環，豈不然哉，無論爲生計，爲政治，其胚胎時代，必極放任，其前進時代，必極干涉，其育成時代，又極放任，由放任而復爲干涉，再由干涉而復爲放任，若螺旋焉，若波紋然，若此者，不知幾何次矣，及前世紀之末，物質文明發達之既極，地球上數十民族，短兵相接。於是帝國主義大起，而十六七世紀之干涉論復活，盧梭約翰彌勒斯賓塞諸賢之言，無復過問矣，乃至以最愛自由之美國，亦不得不驟改其方針，集權中央，擴張政府權力之範圍，以競於外，而他國更何論焉，夫大勢之所趨迫，其動力固非在一二人，然理想之於事實，其感化不亦偉耶，若謂盧梭爲十九世紀之母，則伯倫知理其亦二十世紀之母焉矣。

飲冰室文集之十四

論中國國民之品格

品格者人之所以為人藉以自立於一羣之內者也。人必保持其高尚之品格。以受他人之尊敬。然後足以自存。否則人格不具將為世所不齒。個人之人格然。國家之人格亦何莫不然。

國有三等。一曰受人尊敬之國。其教化政治卓然冠絕於環球。其聲明文物爛然震眩於耳目。一切舉動。悉循公理。不必誇耀威力。而隣國莫不愛之重之。次曰受人畏懾之國。教化政治非必其卓絕也。聲明文物非必其震眩也。然挾莫強之兵力。雖行以無道。猶足以鞭笞羣雄。而橫絕地球。若是者隣國雖疾視不平。亦且側目重足。動色而羣相震懾。至其下者。則薾然不足以自立。坐聽他人之蹴踏操縱。有他動而無自動。其在世界若存若亡。矣若是者曰受人輕侮之國。

第一種國。以文明表著如美者也。第二種國。以武力雄視如俄者也。第三種國。文明武力皆無足道。如埃及印度越南朝鮮者也。國於天地者殆以百數。然第其國勢。不出三者。我中國固國於大地之一國也。三者其何以自處。

中國者文明之鼻祖也。其開化遠在希臘羅馬之先。二千年來。制度文物。燦然照耀於大地。微特東洋諸國之浴我文化而已。歐洲近世物質進化。所謂羅盤針火藥印刷之三大發明。亦莫非傳自支那。丏東來之餘瀝。中國文明之早。固世界所公認矣。至於武功之震鑠。則隋唐之征高麗。元之伐日本。明之討越南。兵力皆遠伸於國外。甚者二千年前漢武帝鑿通西域。略新疆青海諸地。絕大漠。踰天山。越帕米爾高原。度小亞細亞。而威力直達於地中海之東岸。讀支那人種之侵略史。東西人所不能不色然以驚者也。數百年來。文明日見退化。五口通商而後。武力且不足以攘外。老大帝國之醜聲。囂然不絕於吾耳。昔之浴我文化者。今乃詆爲野蠻半化矣。昔之懾我强盛者。今乃詆爲東方病夫矣。乃者翦藩屬。副要港。議瓜分。奪主權。曩之侮以空言者。今且侮以實事。肆意凌辱。咄咄逼人。彼白人之視我。曾埃及印度諸國之不若。祖國昔日之名譽光榮。一旦掃地以盡。遂自第一第二之位置。隤然墮落於三等。誰實爲之。而至於此。

且夫四百餘州之地。未嘗狹於曩時也。人口之蕃殖。其數幾倍於百年以前。然東西諸國。乃以三等之國遇我者何也。曰。人之見禮於人也。不視其人之衣服文采。而視其人之品格。國之見重於人也。亦不視其國土之大小人口之衆寡。而視其國民之品格。我國民之品格。一埃及印度人之品格也。其缺點多矣。不敢枚舉。舉其大者

一愛國心之薄弱。支那人無愛國心。此東西人詆我之恆言也。吾聞而憤之恥之。然反觀自省。誠不能不謂然也。我國國民。習爲奴隸於專制政體之下。視國家爲帝王之私產。非吾儕所與有。故於國家之盛衰興敗。如秦人視越人之肥瘠。漠然不少動於心。無智愚賢不肖。皆皇然爲一家一身之計。吾非敢謂身家之不當愛也。然國者身家之託屬。苟非得國家之藩楯。以爲之防其害患。謀其治安。則徒挈此無所託屬之身家。纍纍若喪家之狗。皮之不存。毛將焉附。勢必如猶太人之流離瑣尾。不能一日立於天壤之間。然非先犧牲其身家之私計。竭力以張其國勢。則必不能爲身家之藩楯。爲我防害患。而謀治安。故夫愛國云者。質言之。直自愛而已。人而不知自愛。固禽獸之不若矣。人而禽獸不若。尚何品格之足言耶。尚何品格之足言耶。

一獨立性之柔脆。獨立有二義。一曰有自力而不倚賴他力。一曰有主權而不服從他權。然倚賴爲因。服從爲果。孩稚仰保姆之哺抱。故受其指揮。奴隸待主人之豢養。故服其命令。孩稚奴隸。二者皆未具人格者也。若夫完具人格之人。則不倚賴他人而可以自立。自不肯服從他人而可以自由。苟或侵奪其主權。則必奮起抗爭。雖至糜首粉身。必不肯損辱絲毫之權利。以屈服於他人主權之下。此人道之所以尊貴。而國權之所由張盛也。荷蘭蕞爾之國耳。見圍於路易十四。窘蹙無以自存。其國民強立不撓。乃盡撤隄防。決北海之洪流。以灌沒其國。寧舉全國之土地財產家室墳墓。盡擲之巨浸之中。寧漂流無歸。保獨立於艦隊之上。必不肯屈志辱身。隸人藩屬。受他族之轄治。以汚玷人民之名譽。損辱國家之主權。嗚呼、讀荷法之戰史。其國民雄偉之品格。猶令人肅然起敬悚然動容。我國民不自樹立。柔媚無骨。惟奉一庇人宇下之主義。暴君汚吏之壓制也服從之。他族異種之羈軛也亦服從之。但得一人之母我。則不惜爲之子。但得一人之主我。則不憚爲之奴。昨日抗爲仇敵。而今日君父矣。今日鄙爲夷狄。而明日神聖矣。讀二十四朝易姓之史。覩庚子以來京津之事。不自知其赧愧汗下也。品格之汚下賤辱。至此極矣。

一公共心之缺乏。人者動物之能羣者也。置身物競之場。獨力必不足以自立。則必互相提攜。互相防衛。互相救恤。互相聯合。分勞協力。聯爲團體。以保治安。然團體之公益。與個人之私利。時相枘鑿而不可得兼也。則不可不犧牲個人之私利。以保持團體之公益。然無法律以制裁之。無刑罰以驅迫之。惟恃此公德之心。以維此羣治。故公德盛者其羣必盛。公德衰者其羣必衰。公德者誠人類生存之基本哉。我國人同此人類。非能逃於羣外也。然素缺於公德之教育。風俗日習於澆漓。故上者守一自了主義。斷斷然束身寡過。任衆事之廢墮蕪穢。羣治之弛縱敗壞．惟是塞耳瞑目．不與聞公事以爲高下者．則標爲我爲宗旨．先私利而後公益．嗜利無恥．乘便營私．又其甚者．妨公益以牟私利．傾軋同類．獨謀壟斷．乃至假外人之威力．以朘剝同胞．爲他族之倀鬼．以搏噬同種．謀絲毫之小利．圖一日之功名．不惜殲其羣以爲之殉．嗚呼．道德之頹盪至此．是亦不仁之甚．可謂爲人道之蟊賊者矣．

一自治力之欠闕．英人恆自誇於世曰．五洲之內．無論何地．苟有一二英人之足跡．則其地卽形成第二之英國．斯固非誇誕之大言也．盎格魯撒遜人種．最富於自治之力．故其移殖他地．卽布其自治之制度．而規律井然．雖寥落數人．其勢已隱若敵國．是以英國殖民之地．遍於日所出入之區．中國人之出洋者亦衆矣．然毫無自治之能力．漫然絕無紀律．故雖有數百萬人．但供他人之牛馬．備他人之奴隸．甚者以賭博械鬬吸食鴉片汚穢不潔爲他人所唾罵不齒．藉口而肆言驅逐．且非獨在外而已．在內亦莫不然．故中國者一凌亂無法之國也．中人者一放盪無紀之國民也．夫合人人以成羣．卽有以善此羣者之團治．以一羣之人．分治此一羣之事．而復有法律以劃其度量分界．故事易舉而人不相侵．中國人缺於自治之力．事事待治於人．治之者而善也．則大綱粗舉．終不能百廢具興也．治之者而不善．則任其弛隳毀敗．束手而無可如何．然中國治人者．能力之程度．去待治者不能以寸也．故一羣之內．錯亂而絕無規則．凡橋梁河道墟市道路．以至一切羣內之事．皆極其紛雜蕪亂．如散沙如亂絲．如失律敗軍．如泥中鬬獸．從無一人奮起而整理之．一府如是．一縣如是．一鄉一族亦罔不如是．至於私人一身．則最近而至易爲力者矣．然紛雜蕪亂．亦復如是．其器物不置定位．其作事不勤定課．其約束不循定期．其起居飲食不立定時．故其精神則桎梏束縛．曾無活潑之生氣．獨其行爲舉動則盪然一任自由．嗚呼．文明野蠻之程度。視其有法律無法律以爲差耳。不能自事其事。而徒縱其無法律之自由。彼其去生番野蠻也曾幾何矣。

此數者。皆人道必不可缺之德。國家之元氣。而國民品格之所以成具者也。四者不備。時曰非人。國而無人。時曰非國。非人非國。外人之輕侮又烏足怪也。然我中國人種固世界最膨脹有力之人種也。英法諸人非驚爲不能壓抑之民族。卽詫爲馳突世界之人種。甚者且謂他日東力西漸。侵略歐洲。俄不能拒。法不能守。惟聯合盎格魯撒孫同盟。庶可抵其雄力。邇來黃禍之聲。不絕於白人之口。故使我爲紅番黑人。斯亦已耳。我而爲膨脹人種。不蓄擴其勢力。發揮其精神。養成一偉大國民。出與列强相角逐。顧乃萎靡腐敗。自汚自黜。以受他人之辱侮宰割。無亦我國民之不知自重也。伽特曰。人各立於己所欲立之地。孔子曰。我欲仁斯仁至。吾人其有偉大國民之欲望乎。則亦培養公德。磨厲政才。翦劣下之根性。涵遠大之思想。自克自修。以蘄合於人格。國民者。個人之集合體也。人人有高尙之德操。合之卽國民完粹之品格。有四萬萬之偉大民族。又烏見今日之輕侮我者。不反而尊敬我畏慴我耶。西哲有言。外侮之時。最易陶成健强之品格。我國民倘亦利用此外侮。以不負其玉成耶。不然。讀羅馬末路之史。念其衰亡之原因。不能不爲我國民慄然懼也。

論獨立

獨立者。與隸屬對待之名詞也。英人謂隸屬爲 Dependent 而 Independent 卽爲獨立。故不能獨立。斯爲隸屬。不爲隸屬。當求獨立。

獨立者。自有主權而不服從於他人者也。荷蘭之被阨於路易十四也。大兵壓境。窘蹙而不能自存。然荷蘭人不肯損棄其主權以服從於法人。乃撤其禦水之堤防。決北海以灌沒其國都。寧盡舉其土地都邑田園廬墓擲之洪流。而必保其自主之國權於艦隊之上。强毅不撓。而荷蘭遂以獨立。美之隸於英也。蜷伏爲其屬土。日受重稅之軛制。美人不肯捐棄主權以服從於英人。乃舉兵抗爭。八年血戰。寧盡殲十三州之人民。而必欲脫離母國。務使星條之國旗。飛揚於北美之大陸。堅忍不屈。而美國遂以獨立。意大利之中衰也。東縣於法。西軛於奧。中央隸於西班牙。山河破碎。數百年呻吟憔悴於教政帝政之下。意人不肯捐棄其主權以服從他人。乃樹其青白赤三色之國旗。奮起革命。以謀國家之統一。一敗於那巴倫。再敗於桑安啓羅。三敗於肥拉夫蘭卡。而卒能合幷南北之意大利。排斥異族。建一新羅馬之名邦。一往無前。而意大利卒以獨立。比利時脫荷蘭之統治而分離。希臘絕土耳其之羈絆而自立。匈牙利斥奧大利之干涉而特別自治。其餘諸國。若羅馬尼亞。若塞耳維亞。若門的內哥雖以蕞爾彈丸。亦必求於異族之掌中。奪回主權。而自建新國。彼諸國者。其土地有廣狹。其人民有衆寡。其國勢有强弱。然國於歐美列强之間。類皆享平等之權利。握自主之國權。而國家之內政。國民之自由。皆絲毫不受外人之干涉者也。壯矣哉獨立之國。偉矣哉獨立之國民。

國者積民而成體者也。國能保其獨立之威嚴。必其國民先富於獨立之性質。我中人以服從聞於天下也久矣。二千餘年俯首蜷伏於專制政體之下。以服從爲獨一無二之天職。撫我而后也。固不忍不服從。虐我而仇也。亦不敢不服從。但得他人父我。則不惜怡色柔聲而爲之子。但得他人主我。則不憚奴顏婢膝而爲之奴。一若無父主之怙恃。則孤兒逐僕。將伶仃孤苦。不能自立於天地。養成服從之習慣。深種奴隸之根性。故草澤之劇賊大盜。

幸而躡足九五，則四海歸以謳歌，他國之異族胡人，一旦攘奪神器，則億兆爲之臣妾，今日仇敵，明日父母，今日蠻夷，明日神聖，外人稔知我中人爲服從强者之人種，必無强悍抵抗之足畏者也，則割略我土地，干涉我内政，握奪我主權，奴視我民族，我中人止知盡其天職而已，嚮可服從於甲者，今何不可服從於乙，於是四百餘州遂爲歐美列强之公藩屬，四億萬人遂爲歐美列强之公奴隸，以泱泱大國，而曾不得與荷蘭比利時希臘羅馬尼亞齒，哀哀同胞，胡獨立性質缺乏若斯之極也。

然而藩屬奴隸，固天下至慘極酷之境遇，而亦醜賤最不名譽之名詞也，我中人寧必好人所惡，而樂爲此服從哉，粲其服從之病，其根源悉生於倚賴，英人之言曰，吾英人不以金錢財產留貽子孫，所留貽於子孫者，金錢所不能購買，財產所不能蓄積之敢爲活潑之精神，獨立自活之能力而已，是以盎格魯撒遜人種，類皆有强矯自助之風，彼其幼年童稚，在家庭學校之中，其父母敎師，皆不視爲附屬之物，務使活潑自由，練習世事，不依賴他人而可以自立，其自助之精神最强，雖艱阻而强立不返，其權利之思想最富，雖絲毫亦不肯讓人，故其在家庭也，無倚賴父母之心，其自治也，不倚賴政府之力，其殖民於外也，亦不倚賴母國，一躡足於新地，雖百數十人，即已自成團體，自定規律，隱然創立第二之故鄉，是以區區三島，而國旗遍於日所出入之地，孳殖其種於五洲之内，駸駸爲全世界之主人翁，法國社會學者直麼蘭，較法德與英之優劣，謂法人敎育，止能養成官吏，而不能造活潑有爲之人物，德人則偏於國家主義，其人皆視政府爲萬能，故個人之獨立心爲之衰頽，而國家之基礎亦以薄弱，惟英人能發揮自立之志氣，故能養成獨立自營之偉大國民，我中人之性質，其競私利，則知有我而不知有人，其任公事，則知有人而不知有我，舉一國自上至下之思想，舉一人自幼至老之生涯，無不奉一倚賴主義。其在家庭也則子弟倚賴父老。其在地方也。則百姓倚賴政府。其在朝廷也。則官吏倚賴君上。夫子弟百姓官吏固國人中之占最大多數者也。以多數而倚賴少數。事已不治而國已不支。然使其父老政府君上之果能事事。則猶有少數者足以維持其獨立。乃子弟倚賴父老。父老亦倚賴子弟。百姓倚賴政府。政府亦倚賴百姓。官吏倚賴君上。君上亦倚賴官吏。我既倚人。人亦倚我。名雖四萬萬人。實無一人能挺然自負其責任。奮然自完其義務。人人互相倚賴。終至無一可倚可賴之人。羣盲相扶於道途。衆跛牽仆於山谷。國內既無一可恃。勢不得不變計而倚賴外人。嗚呼。法德人責望政府稍重耳。直摩蘭猶恫其國家基礎之薄弱。我中人專倚政府。已至呼籲而莫肯我顧。羸而無以立足矣。乃復遵其覆轍。且更舉其生命財產。託之不同利害之外人。彼外人者。固日以兼幷野蠻半化人之土地。代開其富源。導進之文化。囂然自負爲天職者也。我既有仰庇之心。三揖三讓而致此重託。彼外人寧復謙讓引嫌。不爲我負此重任。特恐以倚賴始者。必以服從終。中國將爲印度越南之續。而我民族無復有仰首伸眉之一日也。

然則吾人當知變計矣。變計奈何。首當奮其獨立之精神。孟子曰。待文王而後興者。凡民也。若夫豪傑之士。雖無文王猶興。夫豪傑之所以能成就偉業。創造世界者。類皆挺身崛起。自拔於舊日風氣之中。任天下所不能任。爲天下所不敢爲。排除衆議。凌冒艱阻。强矯不倚。獨往獨來於世界之上。以一人而造舉世之風潮者也。故哥白尼之倡地動也。世人皆以爲狂譸。笑之斥之駭之。乃至下之於獄。然哥白尼奮其獨立之精神。堅持其說而不屈。卒能發表新理。爲天下後世所宗信。哥倫布之尋新地也。說豪貴而豪貴笑之。干葡國政府而政府斥之。及其航海西行。累月不見寸土。同舟之人皆挾異議。百端阻尼。至欲羣起殺之。然哥倫布奮其獨立之精神。孑身孤行而不反。卒能發見北美大陸。爲歐人開一新世界。馬丁路得之改革宗教也。世人欲殺。仇爲大敵。諸國之君主。羅馬之教皇。壓以雷霆萬鈞之力。逮捕讞訊。罪以非聖。然路得奮其獨立之精神。昌排舊教而不諱。卒能創成新教。靡然風偃於諸洲。寧惟諸賢而已。古來志士之建邦。忠臣之殉國。大政治家大發明家之成就事業。何一非內斷之己。冥心孤往。固未聞有扶牆摸壁。依草附木。碌碌因人而成事者也。嗚呼。天下之可恃者。「我」耳。我有腦筋。而自能思想。我有手足。而自能運動操縱進退。皆一己自有主權。放棄其主權。而不用。而乃望援求助於他人。我而不能自助。而謂他人乃能我助邪。且他人即能助我。則固他爲主動。而我爲被動矣。成則他人之功。敗亦他人之責。我乃爲被牽之傀儡。目蝦之水母。傀然爲他人一附屬物。是世界中不啻無我之一人。無我一人。何足輕重。然使他人而亦復如我。則國事亦復何望耶。孤軍深陷於重圍之中。非人自爲戰。必不能突出敵圍。扁舟漂泊於重洋之外。非鼓棹抓行。必不能到達彼岸。爲生爲死。是誠在我。而非他人之所能援手者也。

既奮獨立之精神。尤當蓄獨立之能力。英人之言曰。吾英人百人。與他國百人。雜然錯處於新闢之一地。不數年間。吾英人團合經畫。蔚成一獨立之國。而他國之百人。將受治於英人主權之下。夫他國之愛獨立。寧必不如英國。而英人能保其獨立。而他人反是者何也。曰、獨立之資格。惟視其自治之才能。彼童稚之受治於長老。奴隸之受治於家主。野蠻之受治於開化人。皆以缺於自治之力。故不能不屈爲隸屬。我國人誠欲獨立。則不可不先謀自治。國者個人之積也。故自治不必責之團體。而當先課之一身。職業足以自活。智識足以自教。道德足以自善。才能足以自修。個人能自治矣。推而及之團體。地方能自治矣。推而措之國家。一國之治。畢舉。內力完固。他力自不足以相侵。如是則獨立之資格既完。而獨立之威嚴可保。否則雖有獨立之精神。恐無以持久而善其後也。

抑吾聞之，羣者天下之公理也。處競爭之世，惟羣之大且固者，則優勝而獨適於生存。吾人久以散沙見誚於外人，今乃紛言獨立，其羣不彌渙矣乎。曰獨立者，謂合衆獨以强其羣，非謂破一羣而分爲獨也。謂人人不相倚賴，非謂人人不相協力也。譬之機然，千百之輪軸，各自司其運動，然必互相聯貫，總合一體而成爲全機。獨立云者，亦各分輪軸一體之勞，以效全機轉運之用焉耳。若夫挾持私見，而互相齟齬，排擠同類，而互相嫉忌，是直孤生之人而已，敗羣之蠹而已，獨立云乎哉，獨立云乎哉。

服從釋義

服從者，天下最惡之名詞，而爲國民必不可有之性質者也。服從者，亦天下最美之名詞，而爲國民必不可缺之性質者也。

西儒之言曰：『能得良法者上也。苟無良法，則惡法猶瘉於無法。』羅蘭夫人之言曰：『嗚呼自由，天下幾多之罪惡，假汝之名而行。』嗚呼，何其言之危苦也。彼歐人者，日用飲食於自由之中，以自由爲第二性命，自由之所在，雖破壞和平以購之，捐糜頂踵以赴之，毅然曾不少悔。寧不深痛惡法之縛束馳驟，而猶必眀眀有所顧惜哉。彼深知人與人相處，必有法焉檢束而整齊之，以維持其秩序，然後其羣乃能成立。否則人縱其私，蕩然無紀，自由將爲天下毒，而羣且立渙，而見隸於他羣，與其蕩焉以渙其羣，無寧縛焉猶有所維繫，以徐謀他日之改良。蓋彼非愛惡法而惡自由，惡夫假自由以濟其私者，其弊更甚於惡法，恣睢暴亂，毒自由以毒天下，其敗壞將不可收拾也。

故夫眞愛自由者未有不眞能服從者也人者固非可孤立生存於世界也必有羣然後人格始能立亦必有法然後羣治能完而法者非得羣內人人之服從則其法終虛懸而無實效惟必人人尊奉其法人人尊重其羣各割其私人一部分之自由貢獻於團體之中以爲全體自由之保障然後團體之自由始張然後個人之自由始固然則服從者實自由之母眞愛自由者固未有不眞能服從者也

然我中國民族固非以服從聞於世界者耶上之君主所奬厲下之聖哲所敎育內之父師所訓勉外之羣俗所摩盪無不以服從爲唯一主義積二千餘年之摧盪刓劘舉國皆習而化之咸以服從爲人生之天職但有挾威權而臨於其上則雖嚮之詆爲叛逆惡爲盜賊敵爲仇讎鄙爲夷狄者亦罔不戢戢於其指揮之下戴爲父母崇爲神聖慄慄焉惟命是從雖極凶虐無理之舉動蹴踏而鞭笞之他人所不能一息忍受者彼乃怡色順受而無怍容俯首瞑目而無抗阻舉國而甘爲奴隸於是外人遂麕至蝟集而爭爲其主人而我國人行將移其事舊主者以從新君無怍容亦無憤氣服從性質至斯而極嗚呼他人以服從而保自由者我國乃以服從而得奴隸然則服從者固毀腐我民族之毒藥而刈獮我國家之利刃也

然而歐美自由之風潮捲地滔天絕太平洋而蕩撼亞陸憂時愛國之士知此固醫國之聖藥而防腐之神劑也於是攘臂奮起日揭櫫獨立自由之主義奔走呼號於國中務輸入歐美立國之精神以翦拔我國人奴隸之根性於是二千年陰曀之長夜始復有一線之光明然而烈藥之可以起死者有時亦足以殺人必調劑使適其宜而後能全其藥之用故天下最良之主義苟取其半而遺其半則流弊必不可勝言今日人士其能自拔於腐敗舊習之外者固莫不競倡獨立自由矣熱誠君子憫人心之萎靡積滯激憤既不免有矯枉過正之言數年以來

風潮簸盪。廣袖高髻。變而加厲。人人有獨立不羈之精神。人人有唯我獨尊之氣概。夫誠能獨立自尊。豈不甚善。然徒摭前賢學說之一偏。漸至爲虛憍恣睢者藏身之地。盡撤藩籬。甚囂塵上。是以同任一事。則必求總攬大權。否則以爲服從他人而爲其奴隸也。同組一黨。則必求自爲黨魁。否則以爲服從他人而爲其奴隸也。大權黨魁止有此數。豈能人人各如所欲。我既不能從人。人亦豈能從我。於是始則競爭。中則衝突。終且傾軋。寧犧牲公共之利益。而必求伸張個人之權利。乃至無三人以上之團體。無能支一年之黨派。今日同志。明日仇敵。今日結會。明日解散。遂使反對者聞而快心。仇我者藉爲口實。而旁觀之人。亦且引爲前車之鑒。視此最良之主義。乃如蛇蝎疫種。動色相戒。而不敢復言。嗚呼。個人者不能離羣以獨立者也。必自固其羣。然後個人乃有所附麗。故己與羣異其利害。則必當絀己以伸羣。蓋己固羣中之一分子。伸羣固所以自伸也。若必各競私利。而不相統一。各持私見。而不相屈服。吾恐他羣之眈視其旁者。且乘我之散渙而屈服我。統一我。夫至爲他羣所屈服統一。則豈獨力所能支。吾恐以自由其羣始者。行將以奴隸其羣終也。

曰服從者固奴隸矣。不服從者亦將奴隸。吾人其何擇焉。曰服從者最劣之根性。國民必不可有者也。服從者亦最良之根性。國民必不可缺者也。今請略陳其義。

一曰不可服從强權。而不可不服從公理。人羣之進化也。始爲酋長政治。繼爲專制政治。洎乎文化漸進。然後代議共和政體。乃與夫專制不可行於今日。而共和亦不能行於蠻世者何哉。蓋野蠻之人。紛然殽亂。知有私而不知有公。知有欲而不知有理。人人對抗。不相統屬。人人孤立。不相結合。爭奪相殺。無有已時。惟有雄武强有力者起。挾莫大之權力以鞭撻之。然後屏息斂手。慄慄受命於其指揮之下。而其羣始漸能團合。若夫文明之世。則人人皆有制裁。人人皆能自治。不待他人之强制。莫不紬私見而從公義。以維持一羣之秩序。故其時盡人可爲治者。亦盡人可爲被治者。今吾國之改革者。莫不曰代議共和矣。然吾聞共和政體。以道德爲元氣者也。苟脱威力之制裁。而別無道德之制裁以統一之。則人各立於平等之地。人各濫用其無限之權。挾懷私見。相持不下。脱軸之機輪。不羈之野馬。勢必横決紛亂。其羣不能一日安。亂亦烏可久也。則必有雄武强力者。乘其弊而羈縛之。遂如法國之革命。經恐怖之慘劇。而卒以武人政治。終除專制。而復得一專制。則亦何取而多此一擾亂。多此一破壞也。西人之詆我中人。謂爲服從强者之人種。是誠吾國民之恥辱。而我歷史之汚點矣。今日人士奮起而求雪斯恥。强立不撓。意氣豈不甚盛。然以此之故。至以服從爲一大戒。於是以意氣而梗敗其團體。而曰我能不服從。以子弟而不遜悌於父兄。而亦曰我能不服從。嗚呼。服從云者。寧必卑屈奴隸乎哉。既有人際之交涉。自不能無公義之制裁。而此制裁者。固非壓以勢力。脅以威權。但出於人人良心所同然。爲人道所必不能外。若必拚此制裁而抉去之。然後能滿其自由獨立之量。則是率其羣而退爲孤立狂譎之野蠻。吾恐其歷千㽞而永無獨立自由之一日也。故曰不可服從强權。而不可不服從公理。

一曰不可服從私人之命令。而不可不服從公定之法律。欲維持國家之秩序。必以服從法律爲第一義。欲保護個人之自由。亦必以服從法律爲第一義。蓋法律者所以畫自由之界限。裁抑强者之專横。卽伸張弱者之權利。務使人人皆立於平等。不令一人屈服於他人者也。然法律者紙上之空文。必得衆人之服從。然後始生效力。文明之人。知我有服從法律之義務也。則莫不强自制裁。置其身於規律之内。乃至一舉一動。一言一事。皆若有監督而命令之者。懔懔然不敢少越其範圍。自其表面觀之。則其尺步繩趨。以視野蠻人之汗漫恣睢。豈不反增束縛哉。然而文明之人。終不以彼易此者。蓋深知法律者人羣之保障。故寧絀其一部之自由。以護其全體之權利也。是故人羣愈進於文明。則其法律愈以繁密。其人民之遵守法律愈以謹嚴。而其自由亦愈以張盛。徵之世界之民族。服從性質。以盎格魯撒遜人為最富。而自由幸福。亦以盎格魯撒遜人為最優。是固其明效大驗矣。然而法律有二。成於大衆之同意者曰公。出於一人之獨斷者曰私。夫以私人之意見。強大衆以服從。以喜怒為從違。以愛憎為賞罰。舉公衆天賦之人權。聽其操縱。而任其蹂躪。是固箝束而奴隸我矣。我而不甘為奴隸。要其更定可也。起而抵抗可也。乃至大蹂大搏。摧陷而廓清之。滌其舊法。而代以新法。無不可也。若夫公定之法律。則固自制而自守之。非一人專斷。以羈軛我也。人人欲保其秩序。知法律為羣治所必需。乃制是以樹公衆同守之防閑。以謀公衆莫大之幸福。故無論其為國家。其為團體。苟有公定之法。則必神聖而擁護之。尊敬而遵守之。然後國家乃興。團體乃固。若猶必厭其限制。苦其束縛。不肯俯首聽命。而必軼蕩其範圍。則是我固未有自治之力。尚無以異於野蠻之汗漫恣睢也。夫我之大蹂大搏。必欲摧陷廓清此舊法者。寧非惡其法之惡。而不良不足以護此秩序自由哉。乃我方抗其惡法。而先自陷於無法律之域。相率而汗漫恣睢。是其羣之秩序自由。縛於惡法。而尚有生機者。蕩於無法而反無萌孽也。況夫一羣之內。既無法以相團。人皆無所遵守。則各逞其私意。以為羣內之競爭。一團散沙。內亂不暇。更安有大力以競爭於羣外。抗此私人之命令。而改革之耶。力既不足以建設。乃并破壞而亦有所不能。則雖意氣激昂。仍不能不蜷伏於私人命令之下。是則誰之咎也。故曰不可服從私人之命令。而不可不服從公定之法律。

一曰不可服從少數之專制。而不可不服從多數之議決。一團體之成立也。必有所以摶合而統一之者。然後內之可以整理內治。外之可以抗禦他羣。故貴族專制之國。統一於少數之人。立憲民主之國。則統一於多數之人。其統一之者雖不同。然散渙紛亂之不足爲治。則固事理所必然者也。夫以少數之人盤踞團體之上。一人發令。萬衆受命。挈其羣而左右之。生殺賞罰。惟余馬首是瞻。甚者威扠勢赫。使多數者莫之敢抗。俯首以就其範圍。伸一人而詘萬夫。理勢均有所不順。識者憤懣不平。務欲抗而屈之。均而齊之。固其所矣。然欲抗屈此專制者。固惡其統一之非其道。非謂團體當分攜角立。人人各行其志。各逞其欲。不必復相統一也。吾觀文明諸國之爲羣也。上自一國之國會。下至一事之法團。乃至一政黨之組織。一地方之議會。莫不採用少數服從多數之制。立一法。議一事。必合大衆以討論之。人人各抒其意見。意見固不能盡同矣。則必取決於多數。既以多數議決。則雖反對之黨有力之人。亦皆屈己以從衆。遵行其議而莫之違。彼蓋知羣之不能無所統一。故不惜紬小己以申大羣也。夫語人類全體之幸福。則以多數而制少數。與以少數而制多數。要不過彼善於此。未足以云大同。且或以多數之愚者。制少數之智者。則多數議決。固非必無弊。然大同之義既不能實行於今日。弊取其輕。則多數議決之制。固亦可謂治之最善法之最公者矣。今日吾國之爲羣者。固非不謂結合團體。易吾國散漫之弊風也。然獨立自尊之癖見久已橫梗於胸中。故立一法也。議一事也。人人各挾一主義。人人各懷一意見。吾且勿問其主義意見之爲公爲私也。一人一義。十人十義。各非其非而是其是。必不肯舍己以從人。甚或不問事理。但逞意氣以加人。不察情勢。務標高論以求勝。百議沸騰。相持不下。卒至以一二人而梗撓公議。以一二人而武斷羣事。雖以寥寥百十之人。已水火冰炭而不能相合。以此謀國。更安能戮力同心。合大衆以成大業哉。方將犧牲身命以貢獻於其羣。顧先不能犧牲此區區之意見。其有規以大義者。彼且謂吾固不能爲奴隸。嗚呼。服從多數而亦曰奴隸。是

文明諸國之國會政黨固皆奴隸之制而亦不足法也則無亦陳義之太高邪故曰可不服從於少數之專制而不可不服從於多數之議決

由是觀之服從者固非必奴隸服從强者之惡性必不可有而服從良心之美性必不可無也故欲合大羣不可不養其服從之美性欲養服從之美性則宜培其美性之根原美性之根原何也

一曰公益心人能自拔於腐敗風氣之外毅然思所以易之則其人必傑出於常人者也其人既傑出於常人則必有馳驟縱橫不可羈勒之雄心必有天上地下惟我獨尊之盛氣必不肯依傍門戶拘守規律屈己見而就人範圍然所貴乎豪傑者非謂其有桀驁驍鷙之才足以推倒他人巋然獨雄於羣上也固謂其能謀團體之幸福以一羣之公益爲目的也夫誠以公益爲目的則必合力以禦羣外之公敵而不肯妄生意見別增羣內之私敵一志以擴一羣之公利而不肯騁其野心別謀一身之私利兢兢然謹守其羣之法律以維持其羣之秩序務團結以厚其內力以求勝於羣外之競爭雖有不可羈勒之雄心唯我獨尊之盛氣然一制以公益之主義自能屈服其不馴之性不能下人之氣聯鎖衆傑而使之同出一途蓋彼深知我固團體中之一分子我既以公益爲目的則不能不減其一部分之獨立以保其團體之獨立割其一部分之自由以增其團體之自由也夫航舟於驚濤駭浪之中則雖妄人暴夫不敢不聽船長之指揮蓋非是則全舟沈沒矣血戰於深陷重圍之際則雖驕將悍卒不能不受軍律之節制蓋非是則全軍覆敗矣若寧沒其全舟而必不可聽指揮寧覆其全軍而必不可受節制則其人必不諳時勢不服公理徒藉獨立自由以肆其恣睢而未嘗有拯溺禦敵之公心者也彼富於共同之觀念者必不忍爲對內之競爭也

一曰裁制力。一國民權之盛衰。自由之完缺。憲法之固否。恆視其民族裁制力之大小以爲比例差。英人之建設立憲也。數百年而無所變動。循用至今。而日以鞏固。美人之建立共和政體也。措置一定。遂立不拔之基。法人自大革命以來。變置國體者三。更易憲法者十二。君政民政。置如弈棋。王黨民黨。屢起屢仆。而今日之共和政體。識者猶慮其不能持久。而民權之偏缺不完。更遠不逮於英美。蓋拉丁民族裁制力之薄弱。遠非條頓民族之比也。今夫喜自由而惡檢束。人之天性然矣。然自由者固自有其量。而不能逾溢者也。夫人情既樂於恣睢。而嗜欲之驅役。外物之誘引。血氣之激盪。又常能漲其恣睢之熱度。使之奮踊而不自持。苟順是而不受之以節。則橫決暴溢。必將爲過度之自由。兩過度之自由相遇。則必利害衝突。將觝觸齟齬而無以爲安。彼野蠻未開之族。與夫年未及歲之人之不能享有自由者。固謂其裁制力薄。動相觝觸齟齬。不能不加以强制。而使之受治於他人。蓋不能服從良心。則必至服從外力。此固事理所必然者也。是故眞能自由者。必先嚴於自治。務節其恣睢之性。置其身於規律之中。一舉一動。一話一言。無不若有金科玉律之範於其前。循循然罔敢逾越。彼豈好爲自苦哉。彼蓋知服從者人道所不能免。我不以道德法律自制裁。人將以權力命令制裁我。與其服從於他人之權力命令。無寧服從於吾心道德法律之制裁。故自由愈盛之國。則其人制裁之力愈厚。而其服從之性亦愈豐。若蕩蕩然縱其野蠻之自由。不能自節其情欲。則是制裁之力未能愈於蠻人童子。曷怪其蹙然苦於縛束。自決溢於道德法律之範圍也。

彌爾之言曰。『惟有制裁規則者。然後可言自由。無制裁規則而言自由者。非愛自由也。愛恣睢耳。』今之言自由者。吾寧敢謂其盡愛恣睢。然公益心之缺乏。制裁力之薄弱。但囂然縱其意氣以自快。則吾不知其去恣睢者復幾何矣。且世之倡立憲倡共和倡革命者。其宗旨所在。顧非欲出其羣於奴隸而自由之哉。然吾聞欲進衆人於自由者。則其人必不得享衆人之自由。欲脫衆人於奴隸者。則其人必先爲衆人之奴隸。彼美國大統領之下敎令於國中。及致書牘於國人。其署名也。必自稱爲沙芬 Servant 沙芬譯言僕夫也。夫旣自任爲公僕矣。則公衆所命令。輿論所監督。憲法所縛束。其服從之態。豈有異於私人之奴隸。且以一人而服衆人之勞役。以一人而受衆人之指揮。且舉國人奴隸之勞辱困苦。而以一身代任之代嘗之。則服從之況味。不自由之痛苦。當更千百於私人之奴隸。而其人必不以爲難堪。以爲恥辱者。則固以吾欲脫其羣於奴隸。而許身以爲其公奴隸。則服從公律。服從公議。是固義務所當然。我不入地獄。誰入地獄者。故不惜委一身爲奴隸。以冀代衆人之奴隸。蓋眞愛自由者。以一羣一國之自由爲目的。而不以一身一事之自由爲目的也。若懲爲私人之奴隸。遂并恥爲公衆之奴隸。將謀一羣之自由。乃先爭一己之自由。殉私忘公。血氣用事。乃至觝觸以破壞公團。放蕩以蹂躪羣紀。是無論其憲法民政之不能成立。卽與以憲法。而吾恐其不能一日安。授以民政。而吾恐其不能朞月守也。嗚呼。是則誠宜爲彌爾所訶矣。

說希望

機埃的之言曰。『希望者失意人之第二靈魂也。』豈惟失意人而已。凡中外古今之聖賢豪傑。忠臣烈士。與夫宗敎家。政治家。發明家。冒險家之所以震撼宇宙。創造世界。建不朽之偉業以輝耀歷史者。殆莫不藉此第二靈魂之希望。驅之使上於進取之途。故希望者。製造英雄之原料。而世界進化之導師也。

人類者生而有欲者也。原人之朔。榛狉無知。飢則食焉。疲則息焉。飲食男女之外。無他思想。而其所謂飲食男女者。亦止求一時之飽煖嬉樂。而不復知有明日。無所謂蓄積。無所謂豫備。止有肉慾而絕無欲望。蠕蠕然無以異於動物也。及其漸進漸有思想。而將來之觀念始萌。於是知爲其飲食男女之肉慾。謀前進久長之計。斯時也。則有所謂生全之希望。思想日益發達。希望日益繁多。於其肉慾之外。知有所謂權力者。知有所謂名譽者。知有所謂宗教道德者。知有所謂政治法律者。由生存之希望。進而爲文化之希望。其希望愈大。而其羣治之進化亦愈彬彬矣。

故夫希望者。人類之所以異於禽獸。文明之所以異於野蠻。而亦豪傑之所以異於凡民者也。亞歷山大之遠征波斯也。盡斥其所有之珍寶以遍賜羣臣。羣臣曰然則王更何有乎。亞歷山大曰吾有一焉。曰『希望』。夫亞歷山大之豐功盛烈。赫然照爍於今古。然其功烈之成立。實希望爲之湧泉。寧獨亞歷山大而已。摩西之出埃及也。數十年徘徊於沙漠之中。然卒能脫猶太人之羈軛。導之於葡萄繁熟蜜乳馥郁之境。摩西之能有成功。迦南樂土之希望爲之也。哥倫布之航海也。謀之貴族而貴族譁之。謀之葡國政府而政府拒之。乃至同行之人。困沮悔恨而思殺之。然卒能發見美洲。爲歐人闢一新世界。哥倫布之能有成功。發見新地之希望爲之也。瑪志尼諸人之建國也。突起於帝政教政壓抑之下。張空拳以求獨立。然卒能脫墺人之壓制。建新羅馬之名邦。瑪志尼諸人之能有成功。意大利統一之希望爲之也。華盛頓之奮起也。抗英血戰者八年。聯合諸州者十載。然卒能脫離母國。建一完備之共和新國。以爲天下倡。華盛頓之能有成功。美國獨立之希望爲之也。寧獨西國前哲而已。勾踐一降王耳。然能以五千之甲士。困夫差於甬東也。則以有報吳之希望故。申包胥一逋臣耳。然能卻敗吳寇。復已燿之郢都也，則以有存楚之希望故；班超一書生耳，然能開通西域，斷匈奴之右臂也，則以有立功絕域之希望故。范孟博登車攬轡，有澄清天下之大志；范文正方爲秀才，有天下己任之雄心。自古之偉人傑士，類皆不肯苟安於現在之地位，其心中目中，別有第二之世界，足以饜人類向上求進之心，既懸此第二之世界以爲程，則萃精神以謀之，竭全力以赴之，日夜奔赴於莽莽無極之前途，務達其鵠以爲歸宿，而功業成就之多寡，羣治進化之深淺，悉視其希望之大小以爲比列差。蓋希望之力，其影響於世間者，固若是其偉且大也。

天下最慘最痛之境，未有甚於『絕望』者也。信陵之退隱封邑，項羽之悲歌垓下，亞剌飛之竄身錫蘭，拿破侖之見幽厄蔑，莫不撫髀悲悒，神氣頹唐，一若天地雖大，蹙蹙無託身之所，日月雖長，奄奄皆待盡之年，醇酒婦人而外無事業，束手待死以外無志願，我躬不閱，遑恤我後，朝不謀夕，誰能慮遠。彼數子者，豈非喑嗚叱咤，橫絕一世之英雄哉，方其希望遠大之時，雖蓋世功名，曾不足以當其一盼，雖統一寰區，曾不足以滿其志願，及其希望既絕，則心死志餒，氣索才盡，頹然沮喪，前後迥若兩人，然後知英雄之所以爲英雄者，固恃希望爲之先導，而智慮才略，皆隨希望以爲消長者也。有希望，則常人可以爲英雄；無希望，則英雄無以異於常人。蓋希望之力，其影響於人者，固若是其偉且大也。

天下之境有二：一曰現在，一曰未來。現在之境狹而有限，而未來之境廣而無窮。英儒頡德之言曰：『進化之義，專在造出未來，其過去及現在，不過一過渡之方便法門耳。故現在者，非爲現在而存，實爲未來而存。是以高等生物，皆能爲未來而多所貢獻，代未來而多負責任，其勤勞於爲未來者，優勝者也；怠逸於爲未來者，劣敗者也。』希望者，固以未來的目的，而盡勤勞以謀其利益者也。然未來之利益，往往與現在之利益枘鑿而不能相容，二者不可得兼。有所取必有所棄。彼既有所希望矣。則心中目中。必有荼錦爛漫之生涯。宇宙昭蘇之事業。亙其前途。其利益百什倍於現在。遂不惜取其現在者而犧牲之。以爲未來之媒介。故釋迦棄淨飯太子之貴。而苦行窮山。路得辟敎皇不貲之賞。而甘受廷訊。加富爾舍貴族富豪之安。而隱耕黎里。哥倫布擲鄉里優游之樂。而奮身遠航。以常人之眼觀之。則彼好爲自苦。非人情所能堪。豈不嗤爲大愚。百思而不得其解哉。然苦樂本無定位。彼未來之所得。固足償現在之失而有餘。則常人所見爲失而苦之者。彼固見爲得而有以自樂。且攫金於市者。止見有金。不見有人。彼日有無窮之願欲。懸於其前。則其視線心光。咸萃集於其希望之前途。而目前之所謂利益者。直如蚊虻之過耳。曾不足以芥蒂於其胸。貪夫殉財。烈士殉名。夸者殉權。哲人殉道。其所殉之物雖不同。而其所以爲殉者。皆捐棄萬事。以專注其希望之大欲而已。

且非獨箇人之希望爲然也。國民之希望亦靡不然。英人固不喜急激之民族也。然一爲大憲章之抗爭。再爲長期國會之更革。累數世之紛擾。則曰希望自由之故。法人三次革命。屢仆屢起。演大恐怖之慘劇。擾亂亙數十年。則曰希望民政之故。美人崛起抗英。麋爛其民於硝煙彈雨之中。苦戰八年。伏屍百萬。則曰希望獨立之故。彼所犧牲之利益。固視箇人爲尤慘酷矣。然彼既有自由民政獨立之偉大目的。在於未來。而爲國民共同之希望。凡物必有代價。則其所犧牲者。固亦以現在爲代價。而購此未來而已。

然而希望者。常有失望以與之爲緣者也。其希望愈大者。則其成就也愈難。而其失望也亦愈衆。譬之操舟泛港汊者。微波漾盪。可以揚帆徑渡也。及泛江河。則風浪之惡。將十倍蓰於港汊矣。及航溟渤。則風浪之惡。又倍蓰於江河矣。失望與希望之相爲比例。殆猶是也。惟豪傑之徒。爲能保其希望而使之勿失。彼蓋知遠大之希望。固在數十百年之後。而非可取償於旦夕之間。既非旦夕所能取償。則所謂拂戾失意之境遇。要不過現在與未來利益之衝突。實爲事勢所必然。吾心中自有所謂第二世界者存。必不以目前之區區沮吾心而餒吾志英雄之希望如是。偉大國民之希望亦復如是。

老子曰。『知足不辱。知止不殆。』此毀滅世界之毒藥。萎殺思想之謬言也。我中人日奉一足止以爲主義。戀戀於過去而絕無未來之觀念。眷眷於保守而絕無進取之雄心。其下者日營利祿。日鶩衣食。萃全神於肉慾。蛸蛸無異於原人。其上者亦惟灰心短氣。太息於國事之不可爲。志餒神沮。慨嘆於前途之無可望。不爲李後主之眼淚洗面。卽爲信陵君之醇酒婦人。人人皆爲絕望之人。而國亦遂爲絕望之國。嗚呼吾國其果絕望乎。則待死以外誠無他策。吾國其非絕望乎。則吾人之日月方長。吾人之心願正大。旭日方東。曙光熊熊。吾其叱咤羲輪。放大光明以赫耀寰中乎。河出伏流。牽濤怒吼。吾其乘風揚帆。破萬里浪以橫絕五洲乎。穆王八駿。今方發軔。吾其揚鞭絕塵。駸駸與驊騮競進乎。四百餘州。河山重重。四億萬人。泱泱大風。任我飛躍。海闊天空。美哉前途。鬱鬱葱葱。誰爲人豪。誰爲國雄。我國民其有希望乎。其各立於所欲立之地。又安能鬱鬱以終也。

敬告我國國民

某不敏。謹因正月初吉。寓書於新民叢報讀者諸君。冀以間接力得普達於我所敬所愛所戀所崇拜所服從之四萬萬國民。

今日國民舉熙熙賀新年。顧同是新年也。而當此者之感情。率有兩種。大抵兒童常歡抃。老人常慨歎。歡抃者。祝來日之方長也。慨歎者。覺已往之不可追也。我國民今日之位置。蓋未易斷定。或曰是幼稚時代也。或曰是老大帝國也。果其幼稚也。更歷一年。則多一年之進步。吾將賀年。果其老大也。更歷一年。則少一年之希望。吾將弔年。弔年非吉祥善事也。吾亦惡其非吉祥善事也。故有所欲陳於我國民。

今年癸卯也。由孔子而來至於今。爲癸卯者僅四十一而已。其遠焉者且勿論。自今日而逆遡之二百四十年前。所謂第三十七癸卯者。爲康熙二年。其前一年。則明桂王被害於緬甸。鄭成功卒於臺灣之歲也。自彼癸卯以後。中國民族始無復有尺寸土。所謂第三十八癸卯者。爲雍正元年。始平西藏青海。自彼癸卯以後。帕米爾高原以東諸部落。始盡合併於中國。數千年來亞洲之形勢。爲之一變。所謂第三十九癸卯者。爲乾隆四十八年。至是準部回部緬甸安南皆服。其前一年壬寅。復定暹羅。冊鄭華爲暹王。自彼癸卯以後。滿洲勢力。幾掩覆東亞南亞之全部。然極盛之後。難爲繼矣。所謂第四十癸卯者。爲道光二十三年。其前一年。則英人攻陷定海乍浦鎮江。逼金陵。乃割香港開五口通商之歲也。自彼癸卯以後。滿洲民族與中國民族俱歛。歐勢日益東漸。遂至今日。爲第四十一癸卯。實光緒之二十九年。去年義和團餘波始悉定。要隘戍兵撤退。表面上之自主權。還與中國。（汎義之中國）自今以往。中國益不得不爲全世界之大劇場矣。嘻、歲月不居。時節如流。此後第四十二癸卯。其變遷更不知若何。然律以春秋之例。所謂二百四十年間。我祖所逮聞者。其雲翻雨覆陵遷谷移之狀態。既已若彼。嗚呼、宇宙能得幾癸卯。吾不忍弔今癸卯。吾亦未敢遽賀今癸卯。

東西各國。每年中必有一二日之大祝典。爲國民榮譽之紀念。若美國之七月四日。法國之七月十四日。皆舉國臚歡。鼙鼓軒舞。使人際其日。參其會。忽起歷史上無限之感情。嚮往先民。而益以增長其强固勇猛進步自立之氣。若我中國則何有焉。所號稱一年中普天同慶者。惟此一元旦。夫元旦則何奇。不過地球繞日一周而復云爾。國民聚族以居此土者。旣四千年。乃曾無人事上歷史上可紀念可慶祝之一日。而惟取無意識之天象蹈常習故。聊以自娛。卽此一端。而其爲國民羞者固已多矣。然使國運隆隆。民生熙熙。爲此春酒以相慰勞。雖非盛軌。猶有取焉。今世何世。今時何時。決死生於河上。釜共舟沈。保喘息於會稽。薪隨膽苦。魚游沸鼎。寧蓮葉之能戲。燕處燎堂。豈稻粱之可樂。嗚呼、我國民稍有腦筋稍有血性者。茫茫對此。其感何如。

回鑾以來。忽忽兩新年矣。去年今日。我國民猶喁喁然企踵拭目。若不勝其望治之心者。而今果何如矣。嗚呼、我國民依賴政府之惡夢。其醒也未。我國民放棄責任之孽報。其知也未。袁了凡曰。從前種種。譬如昨日死。從後種種。譬如今日生。（此二語曾文正屢稱道引用）自今以往。我國民眞不可不認定一目的。求所以自立於劇烈天演界之道。我國民今已如孤兒。無父母之可怙。已如寡婦。無所天之可仰。如孤軍被陷於重圍。非人自爲戰。不足以保性命。如扁舟遇颶於滄海。非死中求生。不足以達彼岸。乃我國民今徒知想望政府。崇拜政府。責備政府。怨詈政府。是何異救兵不至。而惟待援以自斃。狂颶不息。而惟咒風以求活也。嗚呼、愚而可憐。孰有過此。

今執一人而聒之曰。汝其速救國。國人將曰。吾固願救。然吾日日願救。今遂可救乎。此實一最難駁解之問題也。顧吾以爲今日卽未能爲救國之實事。然不可不爲救國之預備。天下固未有無預備而能成實事者也。今日我輩所以欲救國而無其道者。正坐前此預備工夫之太缺乏。今日所應爲之事宜。以前十年二十年而整備之者也。惟前此不爲。故不得不穽我於今日。今日而猶不爲焉。則他日欲有所爲。其穽我者猶今也。日復一日。而國遂以淪亡。今憂國者動輒曰。政府壓制。故民間不能展其力也。斯固然也。然使政府壓力頓去。我國民遂能組織一完備之國家乎。吾有以知其不能也。勿徵他事。請觀兩年以來民間之言教育者。夫今之政府。百端皆壓制矣。若夫教育事業。勿論其精神。而論其形式。彼固日日下諸諭旨上諸奏牘汲汲以此事獎厲民間者也。使吾民之能力果能及此。則雖省省府府州州縣縣市市村村坊坊街街各置一私立學校。吾信政府必不之禁。使吾民之能力果能及此。則無論其所立學校中設何等之學科。闡何等之哲理。吾信政府必不之干涉。然則吾民雖無他種之自由。而立學之自由未嘗不如人也。雖無他種之民權。而教育之民權。未嘗不如人也。顧何以兩年來私立學校屈指可數。其有一二。亦凌亂萎靡。而幾於不能成立也。茲事雖小。亦可見我國民自治力之甚弱。而非可徒以政府壓制爲解免明矣。不寧惟是。以今政府行政機關之不整備。其壓制力所能及之範圍固自有限。民間除租稅訟獄兩事外。往往經十年二十年。與政府無一交涉。使我民之能力能及條頓民族之一二。則地方自治之規模固可以大備。而何以至今泯泯棼棼也。此猶曰在內地爲然也。若夫海外商民。殆四五百萬。若此者其爲政府壓力所不能及明矣。苟其政治思想稍發達者。安在不可以成一鞏固秩序之團體。爲祖國模範。乃其文明程度。往往視祖國猶有遜色焉。是安可以不自愧也。以是例之。且使今日政府幡然改焉。頒憲法。行民政。舉立法行政司法諸大權。而一旦還諸我國民。我國民遂能受之。而運用自如耶。其有以愈於今日所享有之教育權者幾何也。其有以愈於前此山谷之民海外之民所享有之自治權者幾何也。故吾輩今勿徒豔羨民權。而必當預備其可以享受民權之資格。此格既備。雖百千路易十四爲之君。百千梅特涅爲之相。未有能壓制焉者也。此格不備。雖無壓制。又將奈何。吾以爲自由權者。必非他人所能奪也。惟有棄之者。斯有奪之者。我既棄矣。人亦何憚而不奪。雖不奪矣。我獨能自有乎。故我國民勿徒怨政府詈政府而已。今之政府。實皆公等所自造。公等不好造良政府。而好造惡政府。其又誰尤也。又今憂國者率分兩派。一曰持溫和主義者。二曰持破壞主義者。持溫和主義者。爲以破壞之可懼也。雖然有一問題焉。我不破壞。果能禁腐敗官吏無知小民之不破壞乎。破壞之爲利爲害於中國。今暫勿論。且使自今以往。而吾國中所謂無意識之破壞者。層見疊出。山崩地坼。試問我國民將復何以待之。或曰今政府之力。禦外患不足。戡內亂有餘。此區區者不足爲病也。然廣西之亂。今已垂兩年。四川之亂亦九十閱月矣。豈嘗見政府之能定之。卽歲年以後。幸而定矣。而定於此者復起於彼。定於今者復起於後。以數百年來所含擾亂之種子。磅礴以發洩於今日。其終非現時漂搖脆弱之政府所能善其後。有識者所同信也。夫今日萬國比鄰之時代。必非許吾國長此沈沈於擾亂之歲月。有斷然矣。政府既不能定難。則此後所以定之者。惟有二途。一曰國民。二曰外國。今我國民果能應此時勢而有定之之能力否乎。是吾所不能無疑也。吾固懼破壞。不忍爲天下發難。然寧能謂舉國之大。舍吾以外。遂無一人能破壞者。彼不能爲大破壞。未必不能爲小破壞。不能爲有意識之破壞。未必不能爲無意識之破壞。苟此等之破壞起矣。寧得曰我非戎首。而僅以歎息詬詈之數言卸我責也。嗚呼。我國民其念諸。此後之中國。其所謂小破壞無意識之破壞者。不出五年。而必將徧於國內。其時若能以政府之力平定之。善也。政府不能。則定之者不可不賴國民。國民猶不能。則定之者不得不賴外國。彼外國豈其有所規避。有所揖讓。而以喧賓奪主自引嫌也。至於賴外國以定內亂。吾族尙可問耶。吾族尙可問耶。吾今不要求公等以鼓吹破壞。不要求公等以贊成破壞。卽惟要求公等以撲滅破壞。公等所依賴之政府。若能應此要求。吾猶將馨香而祝之。而今既若此。而公等又若彼。是公等所謂懼破壞者。不過作壁上觀。而任斯民魚肉於天數也。否則諱疾忌醫。姑爲無聊之言以自慰藉。而曰是殆未必如是。未必如是也。嘻、鄙人竊以爲誤矣。他日破壞之慘。豈有他人焉能代我國民受之。他日外國平破壞之慘。又豈我國民哀鳴號訴所能免之。而我國民及今猶不自爲謀。而以委諸其睡鼾鼾之政府。以遺之其欲逐逐之外國。吾不知其何心也。若夫持破壞主義者。則亦有人矣。吾又勿論其主義之爲福爲毒於中國。惟請其自審焉。果有實行此主義之能力與否而已。今之中國。其能爲無主義之破壞者所至皆是矣。其能爲有主義之破壞者。吾未見其人也。政府固腐敗。而民黨之腐敗亦與相埒焉。政府固脆弱。而民黨之脆弱。或猶倍蓰焉。卽彼不我局。而我何以能自騰。彼不我尼。而我何以能自進也。夫以前途之幸福言之。而民權之不克享受也如彼。以前途之患害言之。而破壞之不能挽救也如此。則我國民之生。今日舍預備何以哉。舍預備何以哉。

孟子曰。今之欲治者。猶七年之病。求三年之艾。苟爲不蓄。終身不得。戰國策曰。見兎而顧犬。未爲晚也。亡羊而補牢。未爲遲也。我國民其有知愧知憂知懼之心乎。往不可諫。來猶可追。及今而預備焉。此後或猶有可以達其目的之一日。而不然者。堂堂歲月。一去如梭。彼地球之兀兀自轉其軸也。若過翼然。立夫今日以視往昔。自庚子國難以來。彼自轉者八百餘度矣。猶昨日也。自戊戌政變以來。彼自轉者千五百餘度矣。猶昨日也。自甲午敗衄以來。彼自轉者三千餘度矣。猶昨日也。更等而上之。自第四十癸卯割香港開五口通商以來。彼自轉者二萬一千餘度矣。猶昨日也。此一年三百六十餘度者。不過一彈指頃。我國民稍一蹉跎焉。轉瞬一新年。轉瞬復一新年。近人詞云。『韶華在眼輕消遣。過後思量總可憐。』他日必有追想今癸卯而不勝其欷歔今昔之感者。嗟夫。吾其如今癸卯何哉。吾其如今癸卯之國民何哉。率因新歲。布其區區。主臣主臣。某頓首。

答某君問辦理南洋公學善後事宜

鄙人於教育學研究殊淺且未經實驗尊問實難具對雖然既辱下問且言不避嫌疑屬以所答登諸報端夫亦何敢有所隱我國現存諸學校中其程度之稍高者猶推南洋公學而去年猶有此變誠不得不爲公學惜且爲中國教育前途惜也要之中國今日民智漸開頑舊之壓力終無術以抵文明之思潮抵之者如以卵投石多見其不知量耳南北洋兩公學同爲一人所督辦而北洋成績較優者其董理之西人有優劣也南洋公學之初辦尸此位者已非人此後又每下愈況焉此實爲腐敗之一根原然恐非足下之力所能及也其次爲中國總辦之人中國今日舉國中未有能知教育者此無足爲諱也必不得已惟有虛心訪問勿自尊大而常以愛學生爲目的則雖不能完備而可望有漸趨完備之一日若欲仇民權自由之論運手段以壓制之吾敢信其雖總辦易十人而學生之不能安如故也學生不知此義則已耳苟其知之則無復有能壓制者今日辦學校者果有何術能使此等公理不入於學生之腦既不能彼而欲禁此此百舉百敗之道也吾中國今日所大患者二一曰無活潑進取之力二曰無自治紀律之理辦學校者所以養成國民也當針對此兩大缺點而藥治之於精神上鼓舞其自由於規則上養慣其秩序今中國少年言自由者紛紛其實非能知眞自由也不知眞自由而競好僞自由則自由之毒不可勝言今學校之程度稍高等如南洋公學者正宜廣聘泰西名師實闡高尚圓滿之哲理使學生研究其眞相日有趣味進而益上而不然者未有不激而横決者也於精神上既不得不伸乃至並規則而破之故呻吟於專制之下者必起破壞思想此物理之無可逃避者也俄國學生所以競入於虛無黨皆爲此也破壞

思想既起其極也必取不可破壞者而亦破壞之燎原之勢誰能扑耶故精神上不有所變革而欲求規則之能實行必不可得也苟精神既健全矣則於其形式上之規則又不可以不極嚴不然不足以養成有團結力之國民也苟能爾爾則吾敢信學生必無有騷動之事學生之識力隨教育之軌道而進者也惟教者不循軌道斯受教者亦軼出軌道之外吾所見英美諸國之學校其形式上之專制殆與軍隊同科豈惟總辦教習之待學生爲然耳卽高級之學生亦常帶監督初級學生之權利而初級學生常有服從高級學生之義務乃至年幼者爲年長者擦衣服擦鞋靴不以爲怪無他以養成其忍耐習勞紀律之性而已若此者何害至如國學一科言教育者萬不可缺而漢文教習之難其人又無待言也要之勿用總辦之私人博採輿論求其有文明思想其行誼可以爲學生矜式者雖學科不完備猶能相安若如前此教者之學力學識尚不逮受教者其何一日之能安也教育之事必使受教者敬服教者然後其所教乃得入若不愼選教習而使有見輕於學生之道未有能善其後者矣以上所言專就學科上言也然向來學校紛擾事件往往有因飲食居處之間而起者此問題亦不可不研究也各國學校學生之飲饌率皆極菲薄而其能相安者則其總辦提調教習常與學生共食息焉苟爾者則使服役之人有不法事皆能知之下情不上壅一便也彼此平等甘苦與共雖粗惡亦無怨者二便也苟欲免此患非實行此方略不可鄙人所見如是草率奉答未嘗一經胸臆聊塞盛意而已以後若再有見及當更以貢

答某君問日本禁止教科書事

內地影響隔膜情形乃至如此實我輩所不及料也此事之起已數月本報因其與我國無甚關係故不論次之

今烏得不略述一二。此事日本報紙。無日不登。所謂教科書收賄問題是也。日本各學校所用教科書。本須由文部省鑒定。去年因有某處女學教科書內中一二條迹涉誨淫者。爲某報所訐。於是議論蠭起。咸咎文部省之失檢。漸查出有收賄證據。各報攻之愈力。試各省書肆以販賣教科書爲業者。率有所請託於文部省之檢定官。此盡人所久知者也。又不徒請託於文部省而已。彼出一書。欲其銷行也。則賄囑各處之視學官各校之校長教師使用其本。而因以獲大利。蓋教科書汗牛充棟。率皆大同小異。用此用彼。一惟視學官校長教師之所欲。故書賈以此爭捷足焉。此亦日本社會腐敗之一端也。初時政府猶欲隱忍。後因各報攻擊。不遺餘力。迫於輿論。不得已而澈底究辦。至今此案未結。逮問者已千數百人。皆書賈與視學官校長教師之類也。而高等地方官亦有多人此事大快人心。各報何不平之有。近且專以此爲攻擊政府之口實。謂文部大臣不能辭其咎。將來或因此案而現政府爲之動搖。引罪退職。以謝輿論。亦未可定。此等事正可爲日本民權發達之明證。而申報及內地人所揣擬。何其相反也。

答某君問法國禁止民權自由之說

天下有差毫釐。謬千里。以瞀亂耳目之言。此類是也。民權自由之義。放諸四海而準。俟諸百世而不惑。今日歐美各國。除將爆將裂之俄羅斯奄奄就死之土耳其。未有敢以此義爲非者也。然今之言此者。與十八世紀之言頗異。蓋十八世紀時代。人民運動之範圍。各在本國。今則運動之範圍。普及於天下。今世之識者。以爲欲保護一國中人人之自由。不可不先保護一國之自由。苟國家之自由失。則國民之自由亦無所附。當此帝國主義盛行之日。非厚集其力於中央。則國家終不可得安固。故近世如伯倫知理之徒。大唱國家主義。以爲人民當各自犧牲其利益以爲國家。皆此之由也。今世之國家。使全國如一軍隊。然軍隊中之不自由亦甚矣。而究其實則亦爲全隊之利益而已。近日言平等言自由者。誠不如十八世紀末十九世紀初之盛。盧梭民約論等學說。誠爲西人所芻狗。然其精神則固一貫也。一貫者何。曰皆以謀最大多數之最大幸福而已。此就今日之泰西言之也。至於中國則未可語於此。蓋必先經民族主義時代。乃能入民族帝國主義時代。今泰西諸國。競集權於中央者。集之以與外競也。然必集多數有權之人。然後國權乃始强。若一國人民皆無權。則雖集之庸有力乎。數學最淺之理。言０加０則仍爲０。雖加至四萬萬０。猶不能變而爲一。集之何補。故醫今日之中國。必先使人人知有權。人人知有自由。然後可。民約論。正今日中國獨一無二之良藥也。寒暑異宜。則裘葛殊用。寧得曰澳洲文明之人。今方衣葛。我亦脫重裘以步趨之耶。若夫帝國主義之一階級。吾中國終必有達之之一日。西人經百年而始達。我國今承風潮之極點。或十年或廿年而遽達焉。蓋未可定。要之欲躐此一級而升焉。吾有以知必不能也。何也。無其本也。至謂曾設禁令阻此邪說。禁人閱看等言。是囈語耳。學者之所論駁。當道之所采擇。不於此而於彼。則誠然也。禁令之說。吾不知何所聞也。吾惟見法國之巴黎。瑞士之日內瓦。有巍巍然盧梭之銅像耳。吾惟見政治學諸書。每首卷十葉以內。必徵引盧氏之說耳。未聞其禁也。苟有此野蠻之禁令。則朝下敎而夕革命矣。聽者何憒憒乎。

日本之朝鮮

本報前刊朝鮮亡國史略。蓋哀之也。自爾以來。日人之所以加於朝鮮者。日出而未有窮。東報多諱之。我輩無實地調查。不能悉舉也。最近有朝鮮全國警察權入於日本之事。

陽曆十二月三十日。距草此文時半月前朝鮮之一新會會員。齊集於某處。要求政府以改革韓廷命警察彈壓之不可得。已而警吏拔劍發鎗。傷其會員數十人。日本駐韓之憲兵亦集以備非常。俄而韓兵中有抛石者傷日本步兵一。日本乃急傳令捕縛韓兵中之大隊長以下將校六名士卒七名。蓋屬於鎮衞隊第二大隊者也。此第一日事。翌三十一日。日本公使林氏及駐韓戍軍司令官長谷川氏。與韓廷爲嚴重之談判。卒將參政官申箕善宮內大臣兼內務大臣李容泰革職。而軍部大臣李允用法部大臣金嘉鎭。亦以嫌疑辭職。日軍所捕縛之十餘人亦交與韓廷使嚴行懲治云。此第二日事。

新歲正月三日。長谷川氏遂要求韓廷。謂貴國警察力。非惟不足以維持治安。反足以擾亂治安。自今以往。宜將全國警衞之權。一受成於日本軍吏之手。翌日公使林氏遂以正式之文牒。布告韓廷及駐韓各國公使。謂今後韓國境內。無論韓人及外國人。皆當服從日本軍事警察之命令云。此第四第五日事。

正月六日。長谷川氏遂頒軍事警察條例十九條。於全韓境內。凡犯此條例者。皆經日本司令官之手。直接爲刑事上之處分云。今摘記其數條。

（第四條）結黨欲反抗日本。或對於日軍而有抗敵之行爲者。

（第十五條）以集會結社。或以新聞雜誌廣告。或以其他之手段。紊亂公安秩序者。

（第十七條）違軍司令官之命令者。

此其一二也。其他亦大率類是。嗚呼。朝鮮尚得爲朝鮮人之朝鮮耶。尚得爲朝鮮人之朝鮮耶。

此役也。朝鮮人對於日本所犯者。擲石耳。所傷者一步兵耳。抑傷也而未死也。輕傷也而未重傷也。而所獲之報酬。則軍隊六將校之捕縛處刑也。政府四大臣之褫職也。全國私法權之轉移也。傳曰。蹊牛於田而奪之牛。嗚呼吾觀此而有以識强權之眞相矣。抑以此轟天震地之舉動。而一來復了之。安然若行所無事焉。嗚呼吾觀此而益有以識强權之眞相矣。

雖然。韓廷則無罪乎。夫孰使汝有警察。不用以衞民。而惟用以監民。不用以糾詰奸慝。而惟用以淩壓新黨也。據東報載此事發現之第三日。長谷川謁韓皇。皇詢以對付民黨之策。長谷川云。人民在法律之下。以平和手段要求改革者。則政府不宜以威暴手段待之。嗚呼日人猶能爲此言。而韓廷乃至今猶夢夢也。今者一新會員固放逐矣。而韓廷警吏之威風。則亦何在也。是謂兄弟爭室。開門揖寇。

數年來中國百事蔑進步。而惟辦警察。辦警察之聲。徧於國中焉。吾見其將來之結果。一朝鮮警察類也。誠如是也。則辦警察一事。其已足以亡國也已矣。

二十世紀之巨靈托辣斯

（一）發端

新民子曰。豈不異哉。豈不異哉。不及百年。全世界之政治界。將僅餘數大國。不及五十年。全世界之生計界。將僅餘數十大公司。

斯賓塞言。野蠻之羣。以產業機關爲武備機關之供給物。文明之羣。以武備機關爲產業機關之保護物。吾以爲文明之極則豈惟武備機關爲然耳乃至政治上一切機關悉爲保障生產之一附庸故觀二十世紀以後世界之大勢者則亦於其生產機關焉可耳吾自美國來吾請語彼中生計界新飛躍之一魔王曰「托辣斯」

（二）托辣斯發生之原因

世界事物蕃變之狀態萬而貫之之大理一一者何曰物競天擇適者生存是也曷爲適曷爲不適曰因於時而殊因於地而殊故或內競而適或內競而不適夫競者對外之意義也然則曷云內競而亦適曰凡厶匿（謂箇體）弱者其拓都（謂羣體）必不能强欲厶匿强不可不充其發達之力量內競者凡以達此目的也是之謂適及競之既極而無所以統合之則不惟對外無力而內部亦將自敝是之謂不適由前之說故個人主義自由主義尙焉由後之說故集權主義干涉主義尙焉此兩者遞相引迭相勝如波折如循環歷史之奇觀莫大於是在政治界有然在生計界亦有然

自十八世紀中葉以後個人自由主義日盛一日吾昔以爲由干涉而自由進化之原則也既自由矣則斷無退而復返於干涉之理及觀近二十年來世界大勢之傾向而不禁爽然以驚也夫帝國主義也社會主義也一則爲政府當道之所憑藉一則爲勞働貧民之所執持其性質本絕相反也故其實行之方法一皆以干涉爲究竟故現代所謂最新之學說駸駸乎幾悉還十六七世紀之舊而純爲十九世紀之反動嘻社會進行之線路誰能畫之誰能測之豈有他哉亦緣夫時之適不適而已喻斯理也乃可以觀察托辣斯矣

托辣斯烏乎起起於自由競爭之極敝當十六七世紀時生計學上重金主義盛行法之哥巴英之克林威爾等

皆屬行干涉國以驟强全歐豔之轉相仿效旣而不勝其敝逮十八世紀之半重農派之學說起頗倡自由斯密亞丹原富出益暢斯旨自是政治上社會上皆起大革命而生計問題實爲之原百年以來「自由競爭」Free Competition 一語幾爲計學家之金科玉律故於國際之通商自由也於國內之交易自由也於生產製造販賣種種營業自由也勞力者以自由而勤動資本家以自由而放資上自政府下及民間凡一切生計政策罔不出於自由斯密氏所謂供求相劑任物自已而二者常趨於平此實自由競爭根本之理論也故此競爭行則生產家不得不改良其物品低廉其物價以爭販路以是之故不得不求節減其生產費擴充其生產力復以是故新式機器之發明技術意匠之進步相緣而生焉以物價之低廉也增加需用者之購買力以物品之改良也增加其物之利用價値以汲汲謀擴張販路也故交通機關（即輪船鐵路等）隨而擴張而供給日以普及復以是故生產家之規模愈大其所需勞力愈多勞力需多則庸率愈騰庸率騰而勞動社會之精神形質俱以進步復以是故製造家之需原料品也愈渴競於購買故原料價騰價騰故農虞諸業皆食其利如此則於全國全社會種種方面互添活力而幸福遂以驟進論者謂十九世紀之文明無一不受自由競爭之賜非過言也雖然天下事利之與弊每相倚伏自由競爭之過度其病國病羣也忽又出前賢意計之外自機器大興生產力驟增而消費力（即買物者）歲進之速率不足以應之於是生產過羨物價下落不知所屆小資本家紛紛倒閉而大資本家亦棊僨矣然其敝固不徒在資本家而已卽勞力者亦隨而殃及何以故以競爭之故勢不能不廉其價以網顧客然欲以廉價而購原料品勢固有所不可也則不得不減勞力者之庸率而延長其操作之時刻或用婦女兒童使爲過度之勤動彼非必好爲若是而爲達競爭之目的迫之不得不爾爾也加以小資本家力不克任相次倒閉弱肉强食

兼并盛行。於是生計界之秩序破壞。勞力者往往忽失餬口之路。勢亦不得不乞憐於彼之能堪劇爭之大資本家。故大資本家從而壟斷焉。庸率任意尅減。而勞力者病。物品復趨粗惡。而消費者病。原料任其獨占。而生產者亦病。此近世貧富兩級之人所以日日衝突。而社會問題所由起也。於斯時也。乃舉天下厭倦自由。而復謳歌干涉。故於學理上而產出所謂社會主義者。於事實上而產出所謂托辣斯者。社會主義者自由競爭反動之結果。托辣斯者自由競爭反動之過渡也。

曷云托辣斯爲反動之過渡也。托辣斯者。實『自由合意的干涉』也。自機器之製造日益精。運輸之交通日益便。而競爭日劇一日。如上節所云物品務改良。物價務低減。於斯時也。營業家不能不一改其目的。不求利益之高也。而惟求利益之多。卽昔者以每月千金之產物能博百金之贏利者。今已不可復望。毋寧以每月萬金之產物。而求博五六百金之贏利。故生產物不能不增加。實此趨勢迫之使然也。於此時也。而欲占優勝之位置。則其必需之能力有數端。（一）必置備最大最新最良最敏之機器。（二）必使用多數精練之職工。乃能利用此機器。而節減生產費。（三）必需用原料品愈多。然後購買之時。其價能較廉。（四）必資本大。信用堅。然後欲借外債。其息較微。（五）必資本大。然後機器及工場乃可以隨時進步改良。（六）必設法利用廢物。製造所謂補助物品副產物品者。詳下節 然後勞費少而結果多。（七）必設法使分業以愈趨精密。職工盡其所長。（八）必設法節減販賣費用。而因以侵略外國市場。以此八端。故非有大資本者。不能優勝於競爭。至易明也。十九世紀百年間。個人獨立之小商。漸次絕跡。相率而走集於有限公司。日本所謂株式會社之旗下。皆此之由。於是而第三等之工業全敗。雖然。有限公司者。其大小亦無定形也。以十萬者與百萬者遇。而十萬者必不支。以百萬者與千萬者遇。而百萬者亦終必不支其現象誠有如哲學家費息特所謂大食小大復食大者於是而第二等之工業亦將全敗於斯時也生計界之恐慌不可思議而全社會必受其病故非有所以聯合之而調和之則流弊遂不知所屆此托辣斯之所由起也

（三）托辣斯之意義及其沿革

托辣斯者原語爲 Trust 譯言信也此語何以變爲生計上一特別新名詞蓋多數之有限公司互相聯合而以其全權委諸少數之人爲衆所信用者故得是名（西律凡承受遺產之人未成年或有疾不能自理事者則任託一人爲之代理其人亦名托辣斯梯）今略述其組織方法可分四種

（一）以數公司股票之過半數委托於衆所信用之『托辣斯梯』Trustee 數人此『托辣斯梯』則以托辣斯證券』付諸股東而代理其股東權利或由直接或由間接以督辦各公司事業而統一之各公司之贏利俱集於『托辣斯梯』之手按證券均分之

（二）以數公司股票之全部悉納於『托辣斯梯』之手各公司之舊業由『托辣斯梯』估價舊股東除領受『托辣斯證券』外仍有權使『托辣斯梯』負擔保之責任

（三）以數公司之財產悉納於『托辣斯梯』之手前股東惟受證券無他契約

（四）新設立一公司將舊有數公司之土地工廠機器棧房一切流通資本一切客路乃至種種權利悉行買收別以新公司之股票給之雖然此新公司不過一名號其實則以新股票與舊股票交換而已

觀此則托辣斯之性質可見一斑矣。故生計界組織進化之現象。與政治界殆絕相類。試以美國民族發達之跡比例之。其初小工小商各以自力營生。如殖民時代個個獨立也。及進而爲有限公司。則如分治時代合多數之個人。多數之家族。而成一州一省也。更進而爲托辣斯。則如聯邦時代合併各州各省而成一中央大帝國也。吾故曰托辣斯者生計界之帝國主義也。夫政治界之必趨於帝國主義。與生計界之必趨於托辣斯。皆物競天擇自然之運。不得不爾。而淺見者從而駭之。從而尼之。抑亦陋矣。

問者曰。子言托辣斯所以救自由競爭之極敝。今若此。是亦以更大之資本。與彼次大之資本相競爭耳。而何救之可云。曰。是其性質不同。彼以更大之資本而立新公司者。非使他公司斃於其馬前而不能自立也。托辣斯者。是使舊有之諸公司。悉逃其害而共蒙其利也。（其不肯加入托辣斯者不在此例）故托辣斯者。平和之戰爭。而自由合意之干涉也。

托辣斯之成立。聳動一世耳目者。自一八八二年美國之煤油托辣斯始。其翌年亞美利加綿油托辣斯繼之。一八八七年蒸釀托辣斯砂糖托辣斯繼之。故謂托辣斯爲美國之特產物可也。雖然其起源已甚古。英國當拿破侖戰爭前後。煤礦公司各股東既有相聯合公定價格之事。其他各種產業亦次第聯行。前王佐治第三之世。曾以法律禁止之。而奧大利一七五二年修正之刑法。且有禁生計上結集托辣斯之事。然則此物之出現於世界。已在百五十年以前。而當時既有不勝其弊者矣。顧前此組織不完。勢力不固。無足道者。自煤油砂糖兩托辣斯成立後。其勢乃披靡於全美。踵起者歲不絕。於是國中小資本家及勞力者。蒙一時直接之損害。乃囂囂然共鳴其非。一部分之學者及政治家和之。故自一八九三年以來。托辣斯之左右袒實爲美國第一大問題。而禁遏托

辣斯之法律，遂陸續發布，今述其沿革概略如下，

一八八二年　煤油托辣斯成

一八八三年　國會議員設立一托辣斯調查會

一八八五年　紐約省開一托辣斯反對會，以滿場一致決議上書於政府

一八八七年　政府頒法律，令鐵路公司不許以特別廉價運送托辣斯貨物

一八八九年　康沙士省、米因省始發布禁止托辣斯之法律

一八九〇年　愛和華、庚達奇、路易查拿諸省發布禁止托辣斯之法律

一八九一年　阿拉巴馬、伊魯女士諸省發布禁止托辣斯之法律

一八九二年　紐約省發布禁止托辣斯之法律

一八九三年　倭克拉哈馬省發布禁止法律……中央政府亦下令凡營業家以聯合手段限制自由競爭使物價騰踊者，科五千元至一萬元之罰金，處五年至十年之禁錮刑

一八九六年　佐治亞省發布禁止法律……阿拉巴馬省修正禁止法律

一八九七年　汶天拿省、尼布拉士加省、南哥羅利拿省、南德哥克省、狄尼士省同發布禁止法律

一八九八年　姚達省、阿哈喇省、阿康沙省同發布禁止法律

一八九九年　米志康省、米拿梭達省、北哥羅利拿省、北德哥克省、特沙士省同發布禁止法律……紐約省修正禁止法律

一九〇〇年　密士瑟必省威士康臣省發布禁止法律……………合衆國中央政府發布托辣斯救濟法案

凡五條改從前禁遏手段爲改良監督手段且改正憲法以托辣斯處分權畀諸議會

自一八八三年至前世紀之末歲爲美國反對托辣斯最劇烈時代雖然非惟不能遏絕也而發達滔滔日益加甚亦可知天演自然之力終非以人事所能逆抗也以政府之禁也故不爲正式之發達而爲變形之發達變形之發達奈何卽前所述第四種之組織方法是也其名則有限公司其實則托辣斯自一八八五年以後之托辣斯大率皆採此方法而成立者也

今將一八八九年以前美國所設立之托辣斯及其所合併之公司舉其重要者爲表如下

（托辣斯名稱）	（合併公司數）
庚達奇省釀造公司	五十七
美國農產公司	二十三
國民壁紙製造公司	三十
昇降機器製造公司	十三
美國煉瓦石製造公司	紐約全市同業合併
美國錫箔製造公司	三百三十製造局合併
美國綿油製造公司	百二十三
國民餅乾製造公司	全國大製造所十分之九

國民製粉公司　二十
美國麻油製造公司　八十二
製紙公司　三十五
國民革囊製造公司　全國同業之全數世界同業之過半皆合併
製冰公司　十二
製造麥芽公司　三十
格爾哥士製糖公司　全國同業皆合併
萬國製銀公司　二十四
國民製鋼公司　二十

（附注）以上所舉皆資本在二千萬圓以上者（又）以上所舉皆一八九九年以前成立者。其近四年所續立則有表在拙箸新大陸游記。茲不另詳。

又將營業之種類。舉其所有托辣斯之數。爲表如下。

食品類　十四
釀造品類　十二
煙類　五
紙類　五

織物類	五
皮及樹膠類	五
木品類	二
玻璃及煉瓦類	四
化合品及油類	十一
鋼鐵類	十八
機器及其餘金品類	八
電氣品類	十一
鑛品類	六

(附注)右表亦舉一八九九年以前者。其以後者別詳新大陸遊記中。

以上所舉十三類一百有六所之公司。(實托辣斯)全美國產業之勢力集於是。殆過半矣。以視二十年前。則全國公司之數。幾僅餘百分之二三。而此後合併之率日烈一日。日急一日。近四年來一年之所合併。視前此之十年猶將過之。自今以往。更閱十年。則美國全國每一業僅有一托辣斯。亦意計中事耳。吾故曰不及五十年。全世界之生計界僅餘數十大公司。

二十世紀開幕之三年間。美國新成立之大托辣斯。其足使歐洲人乃至全世界人震讋變色者。凡三大端。(其一)則鐵路大托辣斯。以千九百年成立。凡合併十一大公司。全美國最大之幹線。皆被網羅。其線路合計四萬三千三百餘英里。（約當中國十五萬里餘）足以繞地球四周而有餘。其資本爲美金十萬萬零五千四百餘萬。（約當中國通用銀圓二十萬萬有奇）當中國政府二十年之歲入。（其二）則鋼鐵大托辣斯以千九百一年成立。凡合併八公司。（內有三公司名爲公司實則托辣斯者乃前此已合併多數之公司爲小托辣斯今復合併爲一大托辣斯也此大托辣斯以卡匿奇之公司爲中心點全美國之鋼鐵業皆歸一統矣）其資本爲美金十一萬萬零四千五百萬。此托辣斯之主權者。（卽托辣斯梯）其部下職員凡二十五萬有奇。（其三）則輪船大托辣斯以千九百二年成立。凡合併八大公司。有船百十八艘。八十八萬一千五百六十二噸。英美德三國大西洋航路之船一網而盡。黎倫輪船公司者。英國最久最大之公司。其船之往來大西洋者。二十九萬三千餘噸。英國百餘年所以左右海權者實惟此公司是賴。今乃一旦而歸諸美國人以爲之『托辣斯梯』。當摩爾根（世所稱托辣斯大王者也其略傳見新大陸遊記）之謀創此托辣斯也。先至英國與彼公司交涉。全英輿論目笑存之。乃不數月而事竟成。歐洲人之相驚以『美國禍！美國禍!!!』也。蓋有由矣。外此如銀行托辣斯。電報托辣斯。今雖未成。而機已大動。不及五年。吾輩可拭目俟矣。昔賢詩云『朝辭白帝彩雲間千里江陵一日還』世界壯觀。至斯而極。

（四）托辣斯獨盛於美國之原因

托辣斯發生之原因。第二節既略述之。其爲天演之大勢驅迫使然。不待問矣。顧何以不發生於他國。而獨發生於美國。蓋亦有故焉。今據日本農商務省四年前之報告書。譯錄如下。

（一）美國國土廣漠。天然之富源無限。其資本夙闐溢國中。國民營業心最甚。而其民無論作何事業。皆喜新奇。喜雄大。故美國人不以孤獨分立之小事業自滿。天性然也。此實托辣斯之大經營所由起也。

（二）自洛奇佛拉（按）世所稱煤油大王者也之煤油托辣斯（按）即托辣斯之鼻祖創於一八八二年者奏非常絕大之成功舉國豔羨勢益流行洛氏之初創斯業也以一人而專握全國煤油之利權競爭路絕而托辣斯享莫大之利近三年間（按）此報告在千九百年距今四年前也其股東有百金資本者歲獲九十四金之贏其所派利息總額每年美金九千一百四十萬有奇以此之故而洛氏以三十年間亦自殖富至四萬萬（美金）諺曰成功生仿效洛氏以此空前之勝利其使美人舉國若狂也亦宜

（三）美國之保護政策（按）如英國之入口貨物一概免稅是自由政策美國反是是爲保護政策此財政上通用名詞也亦助長托辣斯之一大原因也增加海關稅率使外國製造品難以侵入而藉此以保護本國產業此實美國年來之國是而今者共和黨政府所最堅持也夫托辣斯者所以調和競爭維持物價者也使在自由貿易之國無關稅以相保障則外國物品忽乘隙而入而托辣斯之目的終不得達且馴以自斃故英美同爲資本國而此現象不先見於英而先現於美有由來也

（四）美國以天產原料之豐裕機器技術之進步兩者相倚故其國產業之興奔軼絕塵外國貿易歲進不特淩駕先進國之英吉利而已自今以往且將決勝負於世界之市場而爲其主人以此之故故托辣斯者起節制國內毋使以自競耗其力乃一心拚命以馳逐於世界之舞臺夫是以此風一開譁禁者雖多而遠識之士固贊成而獎厲之其氣象且滔滔日進也

（五）美國之鐵路如蛛網然貫通全國而往往有祕密減價之事是亦導起托辣斯之一原因也蓋托辣斯者合數公司乃至數十公司之力其所需用之原料及所製出之物品以較諸其餘獨立之小公司自更多

量。而彼鐵路者。亦有多數之公司而互相競者也。托辣斯以減價之議。與鐵路公司相交涉甲公司不應。乙公司將應之。而其利乃歸於乙鐵路家之不能不生心。亦勢使然矣。故美國政府雖有嚴禁鐵路公司私減運率之令。而祕密違法之舉動。竟不可得絕。如濱士溫尼亞鐵路與煤油托辣斯所定密約其一例也。以彼運費之格外低廉。故孤立之事業。終不能與彼聯合者爭。舉國皆折而入於托辣斯。又事勢所必至矣。

（五）托辣斯之利

生計學有最普偏最寶重之公例一焉。曰以最小率之勞費易最大率之利益是也。而托辣斯則達此目的之最善法門也。故論托辣斯之功德。皆當於此焉求之。今條列得十二事。

（第一）托辣斯可以得廉價之原料品也。　凡購買各物品。其同時多購。且定期常購者。則比諸常價必較廉。此盡人所能解也。而惟營業之規模愈大者。乃能享此獨優之資格。托辣斯之權利至易見矣。或曰。此其利益專在求者（即托辣斯）而供者（即原料品生產家）不蒙其利。翻受其害。此又偏闇之論也。夫吾有物而售諸人。與其售十數次而價稍昂。毋寧售一次而價稍殺。何則。其所費之勞力所費之時日。不足以相償也。故供者無絲毫之損。而求者有莫大之益。

（第二）托辣斯可以善用機器而盡其所長也。　考美國諸托辣斯之成立也。往往收縮舊有之工廠。減其機器之數。而所製產物品。比諸疇昔有增加而無減殺。由此言之。是前此舊工廠之用機器。有未盡其力者存也。而此力者。前此則棄於地。而今乃收其用也。故棉油托辣斯之成忽廢去十二座大機器。砂糖托辣斯之成忽減用機器四之一。威士忌酒托辣斯之成。前此諸公司共有工廠八十者。忽省其六十八而僅留十二。而歲出之油糖酒。仍與前同額。此其效之彰明較著者也。夫前此以八十分之資本庀置器械。而僅得此利益者。今乃以十二分之資本可以獲之。而所餘之六十八分。則流通之於他處。以爲別種生產之用。其有裨於社會之總額。不亦大耶。且機器日新月異。新者出則舊者殆廢。苟非結構之大。母財之雄。則欲易新者而不能。逐時而遷。欲仍舊者而不能與外相競。是兩困之道也。欲免此困。非托辣斯末由。

（第三）托辣斯可以實行分業之學理日赴精密也。　生計學上分業之理。自初民時代而已行。然其粗疏與精密之等級。即文野所由分也。自機器日出之後。分業之細。已遠優於前代。托辣斯行。以其鉅大之資本。夥多之工場。故得分之愈精。而其利愈著。據美國鋼鐵雜用物製造公司（實托辣斯）所報告。謂彼所製婦女用之袴圈。凡八九十種。亦分數十工場。使各從事。以此之故。每噸之生產費。能節省一元至一元半（美金）云云。是其例也。自餘各業。大率類是。

（第四）托辣斯可以製造附屬副產物使無棄材也。　其例證之最著者。爲煤油托辣斯。曩之業斯業者。惟取其精以供燈火用。其餘所棄之渣滓。殆將過半。僅投諸汽爐以代薪炭。自托辣斯成立後。乃更謀所以利用之。幾經研究。乃製出擦機器油及巴拉芬洋蠟之兩種副產物。於是全工場無棄材。而公司歲入之值。此兩種副產物。殆與正產之煤油同額。其餘次等之副產物。尚三百種。近年煤油之價日廉。其原因蓋在於是。又芝加高大屠場托辣斯總理某嘗語人曰。豕之全體。其不可利用者。惟屠殺之際所失之呼吸氣耳。（余嘗親游其地。親聞其言。據其營業目錄。一豕之體。所制產物。凡三百二十餘種。）其利用之盛。可以概見。若此者。非托辣斯不能。蓋孤立之公司。其資力實不足以兼及也。

（第五）托辣斯能節制生產毋使有羨不足且免物價之漲落無定也。 此實托辣斯之最大利益而亦左右祖者劇爭之焦點也。斯密亞丹所謂供求相劑任物自已而二者常趨於平。此固生計學上不易之公例乎。雖然社會者流動而不靜止者也。當其方平也不轉瞬而旋復畸於一。畸固未有不返於平者矣。然或畸一年數月而返。或畸十數年而猶未返。或畸至小差而返。或畸至極敝而後返。則恆視其社會之狀態國民之性質與夫外界之刺激以爲差。夫使畸至極敝而後返焉。及其既返。則平固也。而將平未平之際。其慘狀有不可勝言者。如供過於求而欲返其平。則舍同業者之休歇倒閉。豈有他術哉。供過求者倍。則現時同業者必倒歇其半。然後平乃可得復。供過求者二倍。則現時同業者必倒歇其四之三。然後平可得復。及其平也。而一國之資本耗蝕者幾何。一國之勞傭失業者幾何矣。（資本家倒歇則勞傭必失業此相因而至者）故生計家名之曰恐慌時代。此現象者各國皆往往不免。而在新興之國爲尤甚。何也。舊國常微帶靜止之形。新國益富於流動之性。愈流動則其民營業愈活潑。而供求之劑愈飄忽而數遷也。美國人消費力最强之國民也。然且以生產過度爲一大患。蓋美國現今生產力對於其人口之比例實二倍有餘也。於此而不求節制之法以救治之。則生計界之騷亂。遂無已時。（救治之法不徒在節制即帝國主義求市場於國外其一妙法也近時東亞問題皆從此起末節更詳言之）托辣斯者。以其供給本業消費額之過半。故於人民之嗜好需用之多寡及市場之情狀皆能瞭然。本公司之歲產幾何。與本公司競爭者其歲產幾何。皆可測知。故能使社會之所求與我之所供。隨時相劑。而不至有過度之患。托辣斯之對於生計界。對於一般社會。其功德莫鉅於是。

或曰。托辣斯既居本業供者之過半。其勢力足以左右物價。保無有登壟斷而罔市利之弊乎。曰是亦有然。故監督之法律不可以已也其評論詳次節。

(第六)托辣斯能光大其事業擴張其販路也。　彼以資本之鉅故長袖善舞之樂凡與本公司有密接關係之事業一切皆自營之因此而所生之利益不可思議最大之托辣斯常自儲殖其原料品自製造之自運送之自販賣之如煤礦托辣斯自製炸藥煙捲托辣斯自種煙葉煤油托辣斯自製罐箱是其例也據洛氏煤油托辣斯之報告當一八七四年其所用之鐵罐每箇購價三角(美金下同)一八八二年以後自製之僅費一角半每歲所用凡三千八百萬箇實節省五百四十萬元其所用木箱前此每箇二角今自製僅一角三分每歲節省百二十五萬元此外他種容器復節省三百五十萬元近復自製船而自運輸之其所節幾何雖未深知然以容器一端論較前已坐羸千萬元矣故現時煤油市價比前低減數倍而其托辣斯之羸仍有增無損百元股票值至千餘蓋有由也夫價廉則消費者食其利消多用節則生產者仍食其利計學公理必出於兩利誠至言哉至其生產既鉅必汲汲擴張販路其勢乃侵略外國市場此又必至之數也千九百年美國出口貨總額五十萬萬元屬於托辣斯之製品者四十萬萬其勢力之偉大可推知矣此事於末節更詳論之

(第七)托辣斯能淘汰冗員節減薪費也　生產費中其最大之部分爲原料品次則監督費也監督之人固萬不可以已而實則爲不生產之人歸於分利之種屬者也自托辣斯起而此費大節約其裨於社會之公利者實多試舉一例紐約市中電車昔爲十八公司自聯合以後其總辦十七名悉廢去以威里蘭一人爲事務全體之監督鋼鐵托辣斯之總辦奇氏云托辣斯成立以後前此之事務員汰其大半皆其證也加以托辣斯之製品多直接販賣故居間經紀之人皆可不用星克士博士之調查記事云各托辣斯以廢經紀人之故最少

者歲增五千元。最多者歲增二十萬元（皆美金）之利益云。

（第八）托辣斯舉凡一切競爭之冗費可以節省也　競爭既劇。所恃以爭勝者。不一其途。冗費自相緣而起。即如廣告者。亦其一端也。西人商費最重廣告。其甚者或一年總支數中廣告費居十之一焉。此皆競爭所生之果也。此外尚有派員四處運動以求廣銷者。有添附無用之長物於售品內以引人入勝者。如售紙煙者內附一洋畫之類是也自餘類此者。更僕難數。豈有他哉。皆爲競耳。而此等耗費。勢亦必於物價內向購者而取償。托辣斯立。則無謂之競爭悉已芟除。此等冗費。半歸節省。是直接而爲製造家之利。亦間接而爲消費者之利也。

（第九）托辣斯可以節省運送費也　前者各家分立爭競。或公司在紐約而購客在舊金山。或公司在芝加高。而購客在波士頓。其轉運之費莫大焉。甚或增原價三之一者有焉矣。托辣斯既合併全國之公司。故恆擇各要區分置工場。如煤油托辣斯以紐察治省之製造所供東部諸省。以伊魯女士省之製造所供西部諸省。是其例也。鋼鐵托辣斯總理奇氏云。該公司以此之故。每歲運費節二百餘萬。他可推矣。不寧惟是。貨少則運費必昂。貨多則運費必省。亦交通機關之通例也。譬之一車容量二十噸。每噸每里之鐵路運費一角。兩噸則二角。苟滿二十噸而自專一車。則其費必不至每里二圓。至易明也。此亦省費之一端也。

（第十）托辣斯之供給確實能堅購客之信用也　彼其擁巨額之資本。且各工場有無相通。故有求購者。可以隨時應付。夫尋常公司之與販賣小商交涉也。往往接定購清單之後。訂以一月或數月爲期付貨。臨時或不能應。致人罹破產之慘者。往往有焉。故老於商者。謂與其取物價之廉。寧取供給之確。彼砂糖托辣斯。其價值常昂於對手競爭者之製品。蓋爲此耳。

（第十一）托辣斯不畏外界市場之恐慌也。尋常小公司往往恃借債以代資本。一遇市場凝滯。或金貨漲落。常生意外之虞。托辣斯資本既充。無俟外求。雖有風潮可以當之而無恐。或遇物價驟落。小資本者不能不忍折閱而急求售。以爲通轉之資。托辣斯則安坐以待時機之復來。此卽優勝之甲冑也。至其以信用之深。寄存之款項自多。卽欲借債。亦貸之甚易。而取息甚微。此又其餘事矣。

（第十二）托辣斯可以交換智識。奬厲技術。爲全社會之利益也。凡營一業者。必各有其所閱歷所心得。但當競爭之衝。常自祕而不以示人。此常情所不能免也。既相合併爲托辣斯。則利害關係彼我同之。自相與比較研究。棄短取長。故一切新機器之發明。新方法之利用。直普及於全托辣斯。其增進社會智識之功。豈淺尠也。不特此也。規模愈大。則所憑藉以爲研究資料者愈多。昔人云。新發明每出自大公司中。非無故矣。近世電學强半自愛的森（卽始造留聲機器者現今電學第一人也）之公司而來。豈徒恃愛氏之腦力而已。亦以其公司之大。能備各種之資料。能吸集多數之高才。故驚天動地之新製。往往而見也。托辣斯盛行。吾知學界之突進。更未有已矣。

總括以上諸端而類分之。則有爲本公司之利益者。有爲消費者（卽購買者）之利益者。有爲全國民之利益者。今更爲一表以明之。

- 本公司之利
  - 積極的
    - 購買原料以多量而價廉
    - 利用大機器故製物多而良
    - 分業精密故製物良而費省
    - 利用廢材以製副品
    - 兼營附屬事業
  - 節減生產費使物價低廉

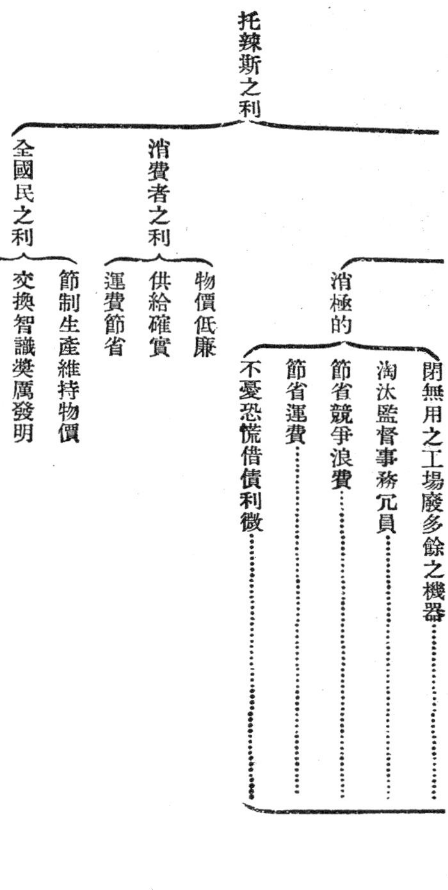

（六）托辣斯之弊

托辣斯之利既若是矣。而何以國之論者。猶囂囂然非難之。國之政府。復汲汲然禁制之。曰。天下事利之與弊。常相倚者也。吾今請更言其弊。

（第一）托辣斯者。以全權委諸當局之人。所謂托辣斯梯是也。其監督之方法。未能如尋常公司之完備。苟不得其人。則全局將歸於失敗。

（第二）以規模太大。故統一之監督。大非易易。苟以才具稍駑下之人當其局。雖品行端正。猶懼不任。

（第三）以其爲本業之獨占也。無競爭之刺激。故生產技術之改良進步日益怠。以此與自由競爭之國民相遇。不久而必至退步劣敗。誠如是也。則前此種種之利益。皆不足以相償矣。論者乃謂宜減縮中央督制權之範圍。使所屬之各支部各工場爲適當之自治。而駁之者則謂廣大之支配權。與適當之自治實不能相容。強並行焉。終不免於衝突。即不衝突則其所謂統一者已無力。失托辣斯之所長。存此空名何爲也。故此問題實反對論之中堅也。雖然據過去現在之托辣斯實情以審判之。此流弊似尚未見。

（第四）難托辣斯者。謂其淘汰多數之工場。且採用最省勞力之機器。使多數勞傭餬口路絕也。雖然此不足以爲難也。當汽力電力之初發明。各國勞傭半失其職。當時雖羣議嗷嗷。至今日更未聞有謂汽電之不宜用者。而彼等之失職。亦不過暫時。及局面一定。其業反增。而庸率轉昂。此盡人所同知也。今托辣斯之果病庸與否。尚未能確言。藉曰有之。然使斯舉苟誠爲生計界進化之正軌。爲國民社會之公益。則雖使勞力者忍一時之苦痛。亦豈得已。

（第五）托辣斯以種種不正之手段。摧滅競爭之敵。使小資本之公司。不能自存。此反對者所常揚言也。蓋托辣斯之既立。恃其資本之富。務減其物價。使他公司之未入托辣斯者。不能與我競爭。瞯其將不支也。乃以廉價買收之。如煤油托辣斯與路易埃米利公司競爭。率以四萬五千元買其原價八萬五千元之工場。是其例也。而其所謂不正之手段。則如與鐵路公司定密約。其運費特別減價之類是矣。此則宜有以防之者也。

（第六）托辣斯以獨占之故。強以廉價買原料品。而使生產家不利。強以高價售其製造品。而使消費家不利。此亦反對論者所最攻擊也。雖然。以生計學公理論之。此等現象。斷非可永續。蓋苟乘獨占之威而壟斷焉。勢

必將有新競爭者或起於國中或起於國外終不能達其獨占之目的而或反以自招倒閉昔製粉托辣斯其前車矣故此弊似可慮而亦不必深慮也

(第七)　或曰托辣斯以獨占之故其所產物品雖日雜粗窳以欺市衆而莫可誰何此又一弊也雖然此亦可以前例解釋之凡劣者未有不敗苟有是終不能久也況托辣斯盛大之後其製品强半輸出外國雜粗窳者寧能戰勝於闔外耶此亦不待禁而自遏者也

(第八)　或曰托辣斯之製品其輸出於外國者其售價或反較內地爲較廉是病本國之消費者而利外人也（千九百年美國工業調查會委員嘗以四款質問於四十八家之托辣斯屬其回答其第四款即問出口貨之價何如回答者凡二十九家內十九家云出口貨依本國原價加運費及稅金內八家答云以擴張販路於海外故出口貨價稍低廉內兩家答云出口貨價恆取昂於本國）雖然此不過對外競爭極劇烈時偶或爲之耳苟非萬不得已則托辣斯固不敢爾爾亦不欲爾爾

(第九)　或曰當托辣斯之初設立也必省閉多數工場向之受傭者隨而失業及乞憐而再求傭則或減其庸率而延其勞期勢所不免其病多數之勞力家實甚夫因托辣斯而勞庸之一部分或致失業固也然社會之進步必須忍其苦痛不能以小數之不便不幸而爲全體障也況所謂不便不幸者又不過一時之現象過其時而食其利者或更進於前也且自托辣斯盛行以來美國之庸率日增而操作時刻亦更縮短此又統計家言歷歷可稽者若是固不足以相詬病也

(第十)　其攻掊托辣斯最劇者謂彼如魔術然認空華爲實現如古代用兵者實十萬號稱二十萬卽如鋼鐵托辣斯之成立也前此亞美利加鋼鐵公司之股東以百元之股票而易托辣斯證劵三百元瞬息之間而前

此之財產。估價溢二千萬以上。此等資本非實有也。不過逆揣其將來之利益。可以得此云爾。故諸托辣斯。大率號稱之母財。數倍其實額。當事者謀所以擴充維持之道。勢不得不借社債於銀行。而以本托辣斯之證券爲之質劑。其托辣斯而繁旺也。而鞏固也。不亦善乎。脫有不測。則全國之母財。皆爲所牽。遂舉其社會而爲幻癟泡裂之象。英國生計學大家理嘉圖丹治謂此等魔病。潛伏於美國生計界中。而必將有敗露之一日。苟無所以節制之監督之。其極敝也。可以舉七千餘萬之自由民。悉奴隸於托辣斯專制團體之下。此則最痛切刻深之言。而亦現今美國政治家生計家所最兢兢也。

（七）托辣斯與庸率之關係

以上所舉諸利諸弊之中。其最爲當世所注視者。則托辣斯與庸率之關係是也。斯密亞丹曰。觀一國民生之舒蹙。亦於其庸率之高下而已。此生計學不滅之公例也。夫近世社會主義之盛行也。凡以爲多數勞力者之權利也。而托辣斯者。則資本家權利之保障也。資本家與勞力者。方爲兩軍對壘之形。作短兵相接之勢。宜若彼兩物者。不能並容。而觀夫近今社會黨之生計學者。其論托辣斯也。不惟無貶詞。且以其有合於麥喀士（社會主義之鼻祖德國人）著書之學理。實爲變私財以作公財之近階梯。而頌揚之。故知天下事有相反而相成並行而不悖者。此類是已。今得舉兩者之關係而剌論之。

自由競爭之過劇。而資本家病。資本家病而勞力者隨之而病。前既屢言之矣。而反對論者終汲汲焉憂托辣斯以强制手段而尅減勞庸。此實杞人之類。且不切於實情者也。嘗觀美國勞傭局一八九九年之調查報告。其表如下.

（一）每年每人平均庸率表（十四家托辣斯之統計）（附注）以美金一元爲單位

	下級職工		高級職工		事務員	
	聯合前	聯合後	聯合前	聯合後	聯合前	聯合後
一	428	433	609	653	679	672
二	405	413	661	627	827	759
三	—	—	—	—	—	—
四	—	—	—	—	—	—
五	350	402	623	713	640	817
六	471	496	881	876	1020	1020
七	497	534	703	766	744	746
八	381	405	586	601	894	1107
九	214	217	540	547	673	672
十	180	233	439	524	389	392
十一	170	186	355	409	384	350
十二	140	275	656	821	732	732
十三	202	203	159	162	369	333
十四	404	517	647	837	763	695

（二）百分率比較表（+者增率之符號也 一者減率之符號也）

下級職工	高級職工	事務員
+ 1.17	+ 7.22	−1.03
− 5.06	− 5.14	−8.22
−	−	−
−	−	−
+ 14.86	+ 14.45	+ 27.66
+ 5.31	− .57	00
+ 7.44	+ 8.96	+ .27
+ 6.30	+ 2.56	+ 23.83
+ 1.40	+ 1 30	− .15
+ 29.44	+ 19.36	+ .77
+ 7.95	+ 15.21	− 8.85
+ 84.56	+ 25.15	.00
+ 1.00	+ 1.89	− 9.76
+ 27.97	+ 29.37	− 8.91

由此觀之。則托辣斯成立以後。其高等職工之庸率。十四家之中。增者十家。下級職工之庸率亦然。其餘數家獨減少者。則以其所用運送物品之人太多。此等之庸固宜特廉耳。此托辣斯有益於勞傭而無害其證一也。

或又以爲托辣斯既立。其所雇勞傭之數。或將漸少。此尤不然。更觀博士佐治康頓所著之「托辣斯及社會」書中。有一統計表如下。

產業	職工 一八八〇年
靴	111.152
樹膠靴	4.662
捲煙	2.365
紙製箱類	9.678
木製箱	7.722
家具裝飾品	52.087
鐵器	2.910
製皮類	1.036
油類	3.319
印刷類	58.478
絹布	31.337

員數 一八九〇年	一年平均庸銀 一八八〇年	一年平均庸銀 一八九〇年	增率	增率比較
139.333	386 弗	476	90. 弗	22/3
9.264	315	428	113.	35/8
5.537	316	385	69.	21/8
19.954	245	344	99.	40/4
13.922	358	465	107.	29/8
78.667	417	547	130.	31/1
17.116	431	456	25.	5/8
3.074	443	476	33.	7/4
6.301	265	302	37.	13/9
165.227	522	635	113.	21/6
50.913	291	386	95.	32/6

由此觀之，則托辣斯成立以後，雇傭之人數，與受庸之金率，相緣而增，且其增加率甚大，至易見也。托辣斯有益於勞傭而無害，其證二也。美國工黨之副總理金巴氏嘗云，生計界資本之聯合經營之統一，其所生之利益，決非資本家所獨享，而其大部分實歸於勞力者之手云云。據彼黨報告之言，可以見其眞矣。故托辣斯者，亦調和資本家與勞力者之爭鬩一法門也。

（八）國家對於托辣斯之政策

平心論之則托辣斯之功績固不可沒其流弊亦不可不防故美國當今政治家以此爲獨一無二之大問題其爭論之劇烈殆與前此禁奴非禁奴之問題相等十年以來屢布禁令而其成效乃若彼於是乃不得不思變計求以適宜之方法直接間接以監督之以防壟斷之弊於未然此近日輿論所最齗齗也今紀其國家對於托辣斯政策之沿革凡得五主義如下

(一)禁托辣斯

(二)公認托辣斯聽其自由

(三)取托辣斯悉爲政府官業或爲公共事業

(四)國家實行監督權直接間接以干涉托辣斯事業

(五)關稅政策

第一第二兩主義之不可用蓋無待言至第三主義歐美諸國於諸種事業如鐵路電報等往往用之雖然以施之一切工商業勢固不能也此惟醉心社會主義者喜持斯論而現今社會之情勢固不許爾爾矣故今日所商榷采用者悉第四第五兩主義

第四主義當今所最通行也綜舉論者之意見凡有七端

一　使托辣斯公布其營業之帳目

二　國家有嚴行監督之全權若認爲有妨公益得以政府之命解散之

三　當托辣斯初設立時其各舊公司之財產估價由政府嚴行監督

四　凡有妨於通商交易之自由者、一切嚴禁、

五　國家檢查托辣斯製出之品物、察其良窳而證明之、以保護公衆消費者、

六　使托辣斯隨時設法增給傭率、

七　對於托辣斯設特別之課稅、

千九百年、美國下議院之托辣斯調查委員會、提出救治法案於議會、乃改正憲法、授議會以監督托辣斯之全權、將前此禁例廢棄之、其條款如下、

一　托辣斯製出之物品、由該省政府檢查、加以烙印或他種標識、

二　其無烙印及標識者、不得私相授受、犯者政府沒收之、

三　凡公司之有資本金一百萬元以上者、及所消貨物每年在一百萬元以上者、皆須將其年結徵信錄呈於政府、

四　凡交通事業之公司、（按即輪船鐵路之類）代托辣斯運送貨物者、無論運諸國內運諸國外、政府得以便宜行事節制之、

五　凡托辣斯及名爲公司實托辣斯者、其職員不得用郵船、

第五之關稅政策者何、美國托辣斯發生之原因雖多端、而保護關稅實其重要者也、據調查委員會之報告、凡該業受保護稅之賜愈厚者、則其托辣斯之發達愈速且大、故欲防其流弊、惟於此可以節制之、卽查托辣斯勢力最强之業、略減其外國輸入稅、使本國之業此者、不能因壟斷而高索價、毋致病國內之消費者、是亦一良策

也。至關稅之率。當如何乃爲得宜。使農末兩無所病。則其理甚賾。亦非吾國民今日切要研究之問題。故不著於篇。

（九）托辣斯與帝國主義之關係

凡謀國者。過貧固患。而過富亦憂。母財歲進。而業場不增。此今日泰西諸國所同病也。托辣斯之起。原以救生產過度之敝。使資本家得安然享相當之利益。十年以來。其組織日巧密。其督理日適宜。遂使美國產業界增數倍活力。今也以高掌遠蹠之概。如長江大河一瀉千里。使美國全國之總殖進步復進步。斯固然矣。雖然昔之患生產過度者。今轉而患資本之過度。若卡匿奇若洛奇佛拉若摩爾根之徒。歲積其所殖之利。如岡如陵。已無復用之之餘地。此亦英雄髀肉之所由歎也。故全美市場。贏率日落一日。曩者英人有事於南非。募軍事公債五千萬。美人爭饋若騖。不旬日而全集之。此皆滿而思溢之表徵也。故美國人之欲推廣業場於海外。如大旱之望雲霓。其急切視歐洲諸國倍蓰焉。由此以談。則美國近來帝國主義之盛行。其故可知矣。天下事惟起於不得已者。其勢力爲最雄偉而莫之能禦。美國之托辣斯。由生產過度之結果也。其帝國主義。又托辣斯成立以來資本過度之結果也。皆所謂不得已者也。雖欲禦之。烏從而禦之。嗚呼。君子觀於此。而知美國進取之方略。必不徒以區區之古巴夏威夷菲律賓自畫焉矣。

（十）結論

新民子曰。讀者勿以此爲市儈之事業。大雅所不道也。更勿以爲對岸火災。非我遠東國民所宜厝意也。二十紀以後之天地。鐵血競爭之時代將去。而產業競爭之時代方來。於生計上能占一地位與否。非直一國强弱所由分。卽興亡亦繫此焉。今者美國所產之巨靈。已高掌遠蹠侵入於他界。卽前者惟有國內托辣斯。今乃進而爲國際托辣斯。彼摩爾根攫大西洋航路之全權。其最著者也。至如煤油托辣斯。近亦西吞俄羅斯東襲日本矣。以此趨勢。不及十年。將披靡於我中國。苟如是也。則吾民將欲自爭其權利於萬一。惟有結勞働社會作同盟罷工。丐餘瀝於彼等之馬前耳。苟如是也。吾不知吾民之復何以聊生也。抑我國中天產之重要品。若絲若茶若皮貨。其製造之重要品。若磁器若織物。苟以托辣斯之法行之。安見不可以使歐美產業界瞠然變色也。而惜乎我國民之竟不足以語於是也。吾介紹托辣斯於我國。吾有餘痛焉耳。

飲冰室文集之十五

世界將來大勢論

矢野文雄者。日本之雄於文者也。丁酉戊戌間。曾任公使。駐北京。頃新著一書。題曰「世界二於n日本之將來」。殺青浹旬。重版再三。其價值可想矣。今擷其要點。譯之爲上篇。復以彼論爲前提。更述鄙見。推論日俄戰役後中國所受於世界大勢之影響。與夫中國之影響於世界大勢者。爲下篇。改題今名。

著者識

矢野文雄曰。『一國變遷之大勢。曲折蜿蜒。其所以養成之者。近或在四五年十年。遠乃在數十年百年。及其勢已成。欲以一手一足一朝一夕之力抵抗之。未有能致者也。一國有然。世界中國與國之交涉亦然。以上擷譯原著第一章

『日俄戰爭一役。使日本而終爲戰勝國。其結果必將使滿洲全境。置諸俄國勢力範圍以外。而俄國亦永不復能得不凍港於東方。吾今以此形勢爲本論假定之前提。使此前提而謬誤也。則我全論無復銖黍之價值。苟不謬誤者。則吾將以次研究下列之各問題。

『天下本無事也。有擾之者。禍亂斯起焉。自今以往。全世界包藏禍萌之地。果安在。則嘗橫覽大地上下而求索之。彼南北美洲者。卵翼於美國門羅主義之下。列强又既默認之。卽有不認者。美國之力。優足以實行其主義而有餘。若云禍萌在美洲者。無有是處。復次澳洲。英國勢力範圍。既已久定。云在彼者。無有是處。復次非洲。其中雖有多少甌脫。但優腴之域。位其南端。英既攫之。其北之摩洛哥。索馬利。阿比西尼。法意諸國。鴻溝略定。惟其中部林莽之藪。或有一二主權未明。其細已甚。若云禍萌當在彼者。無有是處。復次小亞細亞及印度之北陲。其可以

惹起紛爭者未始絕無但其價值略同非洲而謂列强將以獅子搏兔之力賭國運以爭此雞蟲者無有是處

『然則今後爭點更無他所惟在泰東日俄戰前遼滿尸焉戰後則遼滿之地位又既略定自今以往則滿洲以外之中國全境實爲萬國競爭之燒點此稍明時局者所能道無俟余喋喋者

『滿洲以外之中國全境其發難最亟而最劇者果安在此又一問題也俄既失之遼滿將一轉而自伊犂新疆窺關中固也雖然其地勢形便固有所限欲達其志非旦夕之效也英人以揚子江流域爲勢力範圍固也雖然其所注在商業非必爲武力的行動也法國於廣之西東眈眈焉固也雖然山川界之其擾亂未足以遽動全局也故自今以往最適於侵略中國之資格者惟德國最易生事之地惟山東以最近之事實證之彼德人根據膠灣以向西南汲汲扶植勢力日不暇給膠濟鐵路開通以後日接日厲西南數百里間無崇山廣川可以爲圉彼地者實侵略中原最優之根據也（譯者案山東爲用兵根據最宜之地證之秦末漢末隋末唐藩鎮元末諸歷史上之事實信不誣也）豈惟德人任取一國易地處此未有不野心勃勃得寸思尺而不知止也（以上摘譯原著第二章）

『今之論者莫不睊睊睨德國唾諷而腹誹之謂其好生事而樂爲戎首也雖然我輩固不能不爲德人諒彼自挫法以來一躍而躋於一等國之列其陸軍力既舉全球無與比倫者其海軍力亦已匹法而亞英自餘一切進步罔不一日千里其人口則五千八百餘萬遠非英法奧意歐俄（譯者按歐俄云者歐洲內俄羅斯之地別於亞洲屬境而云之也）之所能及也若乃還顧其地域則何如美則於本國有三百萬方里俄則於本國有八百萬方里英則於他洲有一千一百萬方里法則於他洲有三百萬方里惟彼德人於區區彈丸之本部以外僅在非洲一隅得八十萬方里而天候地味不適殖民蓋猶石田也夫其民衆既位西歐諸强之上而其屬地與其人口比較乃不及十之一今後欲發展

經濟力於域外。遂不得不蜷伏人下。仰鼻息焉。是使德國國勢。永無突飛之期也。彼爲自衛計。不能不出於侵略。未可以悖戾人道爲德人咎也。豈惟德人。任取他國易地以處。其亦尤而效之也。（以上撮譯原著第九章第十四章）

『德國自處之地位旣若此。其所憑藉之地位又若彼。其必爲戎首旣無竢著蔡矣。而中國之不能以自力過德。又盡人所能知也。則其勢不得不訴之於列國。於彼時也。則列國中天然之二派分焉。一曰左袒德國者。卽侵略派是也。二曰反抗德國者。卽保全派是也。視此二派勢力之强弱如何。其所生之結果如下。

第一　保全派强。則中國得維持今日之現狀。無待言。

第二　保全侵略兩派勢均。相持不下。則中國猶得保持現狀。以延時日。

第三　侵略派强。保全派自審其力不足以障之。毋寧變其宗旨。以取均勢。則瓜分之實行。遂不能免。

此兩派者。無論爲公然開戰。爲隱然相鬩。要之必爲全世界外交上操縱離合之一大因緣。至其離合之大動機若何。則正本論所亟亟欲研究也。（以上撮譯原著第二章之下半）

『德國欲逞於山東。不得不求同盟。第一同盟必爲俄。其次則法。俄之必表同情。無待言也。法本非釋然於德者。然今事勢所迫。或不得不加入此同盟。故今設爲假定之前提。曰侵略派以德國爲主動。俄法助之。此普通言時局者所同認也。保全派之主動。必首英日。而美國亦以屢昌言此主義。其所左袒者。必在英日。又無待言。雖然。若此問題非以樽俎之所能解決。而必至乞靈於干戈。彼美國果能賭一戰以助英日乎。此一疑問也。

『又一旦戰事破裂。吾日本在東方之勢力。固足以自衛。若乃西歐之方面。以一英而敵俄法德三强。其勢固極孤。爲英國者。果尚肯冒祖國之大險。謀東方之治安乎。此又一疑問也。

『若英國自審以一敵三之不利。持重不敢發。則日本之獨力終不能制彼三强。又無待言。

『使大勢所趨而誠如是也。則兩派之爭遂罷。各自充其慾望以蘄勢力之平均而已。卽德國發軔山東。西略河南。南下江淮。英國保有大江南北之各省。俄國濫觴新疆伊犂入關撫山陝。法國有廣西之全部廣東之一部。事已至此。吾日本爲均勢自衞計。亦不得不南取甌閩江右北保全遼。於是中國之瓜分終。列國之爭競戢。（以上撮譯原著）

第三章

『雖然。英國於德國之舉動。果能袖手乎。夫謂英人不肯冒險以爭其保全主義者。將以避戰事也。以前所言。德國之地位。如飢獅然。盈其慾壑。且使瓜分主義實行。以德人所欲之奢。恐終不免與英牴觸。而戰遂卒不可避。此亦英人所能知也。爲虺不摧。爲蛇奈何。故毋寧前事而遏之。英之政策。固應爾爾。是又可懸斷者。

『於是吾輩所亟當研究者。卽前此第二之疑問。所謂英在歐西以一敵三。其安危之程度果何若也。今請先語海軍。俄之海軍力。以今次之戰。喪失泰半。可屛弗論。其所餘者。則德法之海軍也。以英海軍與德法海軍相比較。其力適略相均。英人以獨力保本境及其屬地。尙可無虞。以云操劵制勝。則猶未也。日本之海軍力壯矣。然方以全力爲東方保障。未遑他顧也。故英人而欲於全世界各方面皆保其制海權。使無萬一之失。則不得不於日本以外。更求一同盟國。此同盟國安求之。若意大利。若葡萄牙。近數年來。暱英殊甚。雖然。葡人加盟。不足爲輕重於英也。意大利則庶幾矣。然意大利於三國同盟。（卽法奧意三國同盟）之關係。未能驟脫。今若就英。其海上固可安全。若陸上與法相閱。其未免狼顧也。故爲英之計。最適當之同盟。莫如美者。於是前此第一之疑問亟當審焉。（卽美人肯賭開戰以助英日與否之疑問）

『求助者英也．而相敵者德也．於此而欲測美人之舉動何若．則當先審美人與彼兩國之感情何若．美人國於新大陸．素抱持其門羅主義．與舊陸不相聞問．立國以來．惟汲汲殖產興業．視軍備蔑如也．乃最近數年間．以擴張海軍為獨一無二之政策．全國上下．咸孳孳焉．各國皆相視駭眙．而不知其中有一消息焉．德人抛其侵略主義．瞵眈而四顧．方其未得山東也．蓋嘗以全力涎菲律賓．視之若懷中物也．無端有美班之役．美人直以艦隊略菲島．德人愕眙懊恨．不可名狀．亦派艦若干．游弋該島附近．以示威．此實美人九世不忘之惡感情也．以余所聞諸當時外交社會之祕密．蓋德人欲干涉菲島之事．先示意於俄．俄諾之．更叩法．法諾之．最後以諷英．英則為嚴厲正確之拒絕．謂美之併菲．權利宜然也．德人憚焉．其議乃寢．（譯者案此一段祕密未之前聞矢野氏當時方居外交社會之要津所言必當不謬）當是時也．美國海軍力遠在德國下．勝負之數．不待交綏而決也．若陸軍則德之强素甲天下．以之臨美國之民兵．其猶以千鈞砮潰癰也．當是時也．苟微英國．則德俄法將演第二次干涉還遼之手段．而美國將蒙萬世不可滌之恥辱．此消息一達新陸．全美七千萬人之腦電．忽被刺擊．乃始大懺悔．知今之世界．苟無武裝國．不可以一朝居也．匪直此也．當時柏林一有力之新聞．無端而草一論說．指斥美國兵力之弱．謂德美若有戰事．若何而一舉殲其海軍．若何而以精練之陸軍上陸．不旬月而降擄豎矣．此其論為出於德政府恫喝之意．為出於一私人好事之言．皆未可知．而美人見之．慚與憤俱．亦有一有力之新聞．宣言曰「以吾美之富力．數年之後．能養成倍蓰於汝之軍備而有餘．」此言實不啻代表全美七千萬人人人心中之言也．坐是之故．美人一面懷非常之怨毒於德．一面銘無量之感激於英．蓋美人自獨立以來．其視舊母國．素有芥蒂焉．近數年來．其愛情乃驟加無量．職此之由．彼其與兩國之感情既若是矣．而保全中國者．又美國所常揚言不離口也．其於泰東商業之前途．又泱泱如新生之潮也。於此而有一國焉。反其主義而障其前途。而此國又其所蓄怨積怒思欲一雪者也。而此國所敵之國。又其所感激涕零而思欲一報者也。則其奮然執殳以前驅。亦常情也。以此論之。則英日兩國苟至不得已之時。以武力行其所主張。而英人以孤立故在歐西陷於險焉。而乞助於同種同文之美國。殆必有不忍旁觀者。（以上擷譯原著第四章）

『英美所長者海軍也。而所短者陸軍也。英國一旦與他國開戰。則蘇彝士河以東若阿富汗。若印度。若海峽殖民地（卽新加坡等）處處須設防。不得不求他國焉以補其乏。今次戰役以後。我日本陸軍之價值。舉世所同認也。疇昔日英同盟之約。其範圍僅限於極東。自今以往。英國而欲謀全局之救安。或更求擴張此同盟範圍延及亞細亞全境。此亦意中事也。果爾。則我日本能應之否乎。此又一疑問也。英俄一旦相鬩。苟英國以守圉不周之故。致俄人得伸其翼於阿富汗及印度北境。隨意南下。則英國勢力生一大挫。而我國緣此同盟所得之利益亦減殺其半。故英國而誠欲擴張此同盟範圍也。吾日本爲友誼計。固不忍拒絕。卽爲自衛計。亦不得不力任其難。於此而第二第三之疑問起焉。卽我日本之力究能否任此。任此而於我日本將來果有何利益也。以吾度之。我日本今後之國力。咄嗟之間。輸運二十萬乃至三十萬陸軍於印度阿富汗一帶。尙屬非難。而我既以此市恩於英。則英國亦必於亞細亞全境。承認我日本勢力範圍之擴張焉。以爲報。夫我日本固非好爲野心侵略。然爲均勢起見。多占一分地位。多獲一分安全。是亦安得已也。故此同盟擴張之義。不久將見諸實行。吾敢言之。（以上擷譯原著第六章之上半）

『如是保全派之三國。與侵略派之三國。角立對峙。其時之中國。必加盟於英日美。而不加盟於俄法德。殆又無可疑者。中國兵力微弱。誠不足爲英日美之輕重。雖然。其地正爲競爭之客體。苟英日美得其同盟。於其內地及其沿岸得以自由使用。則利便正復不少。以日本之陸軍。加之以英國之海軍。復加之以美國之海軍。復加之以中國地利之形便。則保全派在亞洲之勢力。似又非侵略派之所能敵。

『亞洲之勝利。保全派尸之。全世界制海權之勝利。亦保全派尸之。此吾輩所略能自信者。惟英美本國。以陸軍之稍有弱點。其果足以捍俄法德之侵入而立於不敗之地乎。是蓋難言。雖然。制海權既在保全派之手。苟戰局相持稍久。則彼侵略派之三國。其工商業遂將蒙不可復之損害。此又不可不察也。於彼時也。俄法德視英美日之不易侮。尚肯賭開戰以主張其侵略主義否乎。是又一大疑問也。

『要之德之必侵略。其國勢使然。欲止不得止者也。德人成騎虎之勢。俄法應不坐視。英日之必防遏德國。亦國勢使然。欲止不得止者也。英日成騎虎之勢。美國應不坐視。此兩造者。其操縱離合之勢。自今已成。而後此將日益著。其究極果肯賭勝負於戰爭與否不可知。戰爭將破裂之一剎那頃。兩造果肯各枉其成見相讓。以冀無爭與否不可知。其退讓屬於何派不可知。要之其角立之大勢。則洞若觀火也。於斯時也。俄法德苟自審不易得志於東方。因不爲已甚焉。姑稍戢以待將來。則中國亦得維持現狀以延時日。而世界亦賴以小康。（以上擷譯原著第五章）

『由前之說（第三章以上之說）則保全派之勢力。劣於侵略派也。由後之說（第五六章以上之說）則保全侵略兩派勢力相鈞也。於此而欲保全派之勢力。必優於侵略派。則其間有一國焉。舉足左右便分輕重。則法蘭西是也。欲決法國將來之行動何如。必當先審法國與英美日俄德本來之關係何如。英美者。世界中最重人權尊自由之國也。日本亦後進而駸駸追蹤者也。若乃俄德。則未足以語於此。俄以專制惡魔聞。勿論矣。即德之視英美。猶瞠乎後也。若是乎。此兩派之爭。實不啻自由國與專制國之爭也。（原著附言云以德與俄相提並論指爲專制國似未免酷評雖然德之人權進步實際不及英美我輩不得不爲德人遺憾耳）而法國者。則自百年以來。夙以傳播自由主義自認爲其國民之天職者也。以情理論之。彼法國者。本宜昵英美而疏德俄。徒以見挫於德以來。以國勢之阽危。外交之魔障。敺之使不得不與主義冰炭之俄國相提攜。（譯者案：自德奧意三角同盟成後。法人屢欲與英結同盟。皆爲俾士麥陰謀所敗。其結俄實不得已也。）蓋亦法人之遺憾也。自今以往。法國果猶始終昵俄而不惜與英日美爲難與否。是又一大疑問也。（以上撮譯原著第六章之下半）

『俄法德連盟之動機。起於乙未年脅日還遼之役。論者懲前毖後。謂昔既爾爾。今後其亦爾爾也。雖然。今之時勢。固有以異於昔所云者。昔之日本。其軍備之盛。遠不逮今。且連戰之餘。不免疲敝。而外之復無一與國以爲之援。故三國之干涉。當其未干涉之始。既逆知日本之無能抗。而以空言可以收成功也。法之所以肯參其間者一也。又還遼之議。倡之者俄人。俄法之與國也。進焉則深量日本之實力。既無盤錯之憂。退焉重以俄國之感情。樂市不費之惠。法之所以肯參其間者二也。若今日之形勢。則與此異。其主動者德國。德固法之仇國也。若其公表同盟之俄。則不過立於從屬之地位者也。其感情之關係既若此。而他之一方面。則受英日美非常之反抗。相持之極。遂將不免於血戰。其所對待者。又非十年前區區之日本比也。於此之時。而謂法國猶必悍然棄彼而就此。吾蓋難言之。

『更還觀英法之交。近年以來。日益密邇。兩主相朝。禮文逾渥。兩國代議士交聘之際。彼此歡迎燕暱。動天下耳目焉。論者謂英法數百年來積不相能。乃其最近之親好。則曠古未嘗見也。更論法美。美之自立也。受法人之賜獨多。百年以來。新舊大陸之兩共和國。互表敬愛之情。非一日也。其於英美之私交既若是矣。而英美所抱持之自由主義。又法國所常以負荷自誇耀者也。今一旦乃徇仇讎之主動而蔑夙歡。舍博愛之美名而爲戎首。法之果出於此與否。吾甚疑之。

『審如是也。則當德國所倡之政策。而既得俄國之同意也。則俄將必密勿示意於法。爲法人者。殆必以前途之牽動重大。戒懼之不可以怠。爲俄忠告焉。俄而愎諫也。則法國將以同盟之逼迫。犧牲一切以自投於戰亂之盤渦乎。抑將藉口於俄之愎諫。遂與彼絕乎。全局之安危。皆繫於是。

『法而誠告絕於俄。俄勢固不得中立。必將折而黨於英日美。於斯時也。則在歐洲方面。以俄德敵英法。遂成南歐北歐之競爭。以地勢論之。意大利不得不與法相結。法意陸軍。足以當北方之敵。而英之海軍更卵翼之。則三國之地位。如磐石安矣。奧之去就不可知。其趨於英法意之一面。又意中事也。事勢若果至此。則以德俄之力。遂不足以敵五六强國。俄人或遂餒焉。不願復爲德當前敵。區區一德。竟陷於孤立之地位。而不得不自戰。如是則侵略主義。乃一敗塗地。而天下得以無事。』（以上摘譯原著第七章）

矢野原著凡二十二章。右所譯者。全論最一貫之點。且最重要之點也。此外其第十六章。復申言德國之侵略。不患無辭。略謂『頻年以來。美國屢牒告各國。宜示保全中國之主義。最近又以日俄戰後共保中國領土爲言。列國皆畫諾焉。即德人亦無異議。雖然。紙上條約之空文。不足恃也。彼德人者。若更有如前次以戕二教士掠膠州之舉動。彼德國自以特別之資格。向中國爲相當之要求。中國諾之。非第三國所能容喙也。一波平。一波起。要求無已。許諾無已。又非第三國所能容喙也。且外交上之手段。往往去其名而取其實。彼德人之所以取中國者。將悉出此焉。名義上毫不悖公約。而冥冥中全制其死命。幾經歲月。列國習而安焉。熟視無覩。夫乃並其名而攘之也。』其第十七章略言『若中國瓜分之禍。終不得免。則將來釀紛爭者。實惟四川。俄之勢力在關中。勢必欲取蜀以自廣。法得滇粵。蜀亦其脣際歙張物也。而英奠基於大江。巴蜀實其發源地。由藏入鑪。亦有建瓴之勢。故雖公認以均勢行瓜分政策。而勢之不能均者。此地其禍萌也』其第十九章復申言俄法同盟之將有變兆。謂『俄法今日之政體。立於正反對之地位。太不能相容。今春以來。以俄國君民交鬨之故。法議會中前有政府豫算委員長報告之批評。後有社會黨首領攻擊之提議。其人皆朝野之有力者。所言殆足以代表全法之輿論也。譯者案委員長焦比福氏在議會報告書公然嘲罵俄皇謂以海牙和平會議主唱之人今舉動若是何其滑稽耶又社會黨首領佐黎氏提議不當更與虐殺政府同盟文長不具引而巴黎人民示威於俄使公債交涉屢躓於成言。譯者案其詳疊見於報紙法人厭俄之機既大動矣。苟自今以往。能得他友國焉。可以捍城德意志。使我仇不我能即。則法人之棄俄如敝屣。有斷然矣云云』本章皆以證前此第七章法俄離合之說。可謂特識。章末復以『俄人專制。萬難持久。或將同化於英美法日。而大勢亦因以一變』此其大概也。其第七章之末言『英國之主義。固與美日同。但其皇室之血緣。則與俄德之親密。遠過於美日。譯者案德皇爲英王之甥俄皇幼年爲英皇之被保護人故英皇一身最適於此四國調人云云』此本論之附庸。可勿多述。其第九章則略言『大勢之所趨。略既如是。如第七章以前所言即譯出之文也雖然。苟有一二非常之人物出焉。時或能振時勢之機關。而一轉之。其結果有不可以常軌論者。如拿破侖俾士麥加富爾之時代是也。今日最適於此資格者。則德皇其人也』其第十五章略言『英日之與中國。猶有餘望。中國者實天然適於與英日聯盟之地位者也。以彼不自振。故同盟之約。僅限於二國。二國之遺憾也』其最末之第二十二章題曰『清廷之三憂』『三憂者一權臣之篡奪。二人民之暴動。謂此兩者爲向來中國歷史上之通患。至本朝則加以種族之惡感。而三焉。以此之故。朝廷猜忌心終不可免。而開心見誠之改革。遂無其期。而人民復有一缺點焉。曰視習俗重於視國家。保俗先於保國。故望其人民以自力建設新政府。蓋亦甚難云云。』

以上擷譯矢野氏新著綱要之大略也。更不避駢枝。再舉其關目。

(一)德國之侵略中國情勢使然。其侵略之進行甚易。而又不患無辭。

(二)英日不利於德國之有此舉動。必思防遏之。

(三)德國爲侵略之主動。俄法計當助之。英日爲保全之主動。美國計當助之。

(四)德國之主義占優勢。則中國瓜分。英日之主義占優勢。則中國保全。

(五)德俄法與英美日相持。則勢力略均。美若不肯賭戰以助英日。則侵略派遂占優勢。法若不肯賭戰以助德俄。則保全派遂占優勢。

(六)美國以種種因緣。宜若肯賭戰以助英日。法國以種種因緣。宜若不肯賭戰以助德俄。

今請以矢野氏所論爲假定之前提。更發表鄙見爲我國存亡之決論著諸下篇。　（下篇待續）

日俄戰役關於國際法上中國之地位及各種問題

中國外交上近年種種之失敗。固由國力不充。無武裝的權勢以爲後援。在在立於受動者之地位。末由自行其志。抑亦求所謂具有國際法上之常識者。數十年來袞袞當道中。竟無一人。豈惟當道。卽求諸學者社會。亦渺不可得。此所謂盲人瞎馬。夜半深池。欲不隕越。寧有幸乎。夫所貴乎學者。謂其能發明種種學理及其應用之方略。以指導國民及國民所委任之當局者。使無迷其途也。乃若國際法上之問題。則其效力猶不止此。當其提出一問題之解決法於全球學界往往能代表本國輿論而得列國有力者之贊成其裨助外交政略於無形間者非淺尠也吾中國前此不足道近數年來留學歐美日本者漸多斐然成章指日可待此後於萬國學界上之發言權可不自勉乎鄙人於專門科學一無所知今草此論亦欲就正於專門學者之意見且喚起其研究之熱心冀共注意於實際應用問題毋徒株守紙上理論而已若其論之膚淺無底則固學力之所限也抑當道者或一省覽焉其於應付今後之時局亦未始無寸助故不辭遼豕之誚貢之云爾　著者識

（一）中立區域與領土主權關係之問題

此次我國之宣告中立其於政策上爲利爲害其事勢上爲得已不得已非本論之範圍今勿具論若按諸法理則無一而能通求諸國際法先例又無一而可援者也自日本政府之以中立相勸告也美國政府旋提出限制交戰地域之議於是我公使照會日本外部宣言告中立其公牘中有云

> 但滿洲爲外國駐紮軍隊未撤退之地方以中國力有未逮恐難實行局外中立之例惟不論何國勝敗東三省土地權利當歸中國自不得佔據

日本外部照覆亦云

> 除俄國占領地方之外當與俄國出同樣之舉措以尊重貴國之中立……………帝國與俄國以干戈相見本非出於侵略之目的……故當局告終若犧牲貴國藉以獲得領土殊非帝國本意之所存至在貴國領域中兵馬衝要之區臨時有所措置則一以軍事上必要之原因非敢有損於貴國之主權也

夫在中國曰我國之土地權利。在日本曰貴國之領域主權。一若滿洲中立除外與滿洲地方主權。釐然爲兩問題。各不相蒙者。在中國政府曾不知國際法之爲何物。固不足道。若日本與歐美各國。寧不知此兩事之相矛盾而立於正反對之地位者。而提議者提議。贊成者贊成。牒認者牒認。吾不知其用意之何屬也。前此國際法學者有所謂完全中立（即全部中立）不完全中立（即一部中立）之區分。至近世學理大明。此說漸廢。稍不完全。卽謂之非中立。然則中立之定義奈何。中立國者。於戰國之兩方。皆不得與以軍事上之便利者也。（中立之定義甚多今此學大家猶紛紛未衷一是此就其專關於此問題者耳）申言之。則交戰國對於中立國之義務。不許於其版圖內行一切戰爭行爲。中立國對於交戰國之義務。不許以其版圖供交戰國軍事之利用。故以法理言之。苟中國自認滿洲爲我領土主權者。則斷不能使之在中立以外。日本及他國苟認滿洲爲中國領土主權者。亦斷不能使之在中立以外。今我以此宣告焉。是我以放棄此主權之事實。明示於列邦也。兩交戰國及其他中立國皆以此承認焉。是我放棄此主權之事實。爲各國所默許也。何也。苟猶認爲中國版圖。則斷未有於第三國版圖內而得爲戰爭行爲者也。故日本苟認滿洲爲中國版圖者。則不得不認中國爲俄國之副戰國。既不認中國爲俄國之副戰國者。卽不得復認滿洲爲中國之版圖。此兩種矛盾之原理。萬不能相容。而中日兩國之通牒乃云云。其措詞之模棱曖昧。殆有不成爲法律上之用語者。此吾輩所以不能無迷惑也。

或據英國法學家威士特雷克之所說。謂『弱小中立國之版圖。時亦有被交戰國暫時佔據者。譬如英俄開戰。丹麥中立。蕞爾丹國。介於兩大。決無抵抗之力。或爲俄占。或爲英據。二者不可不出於一。此在理論上固所不許。然在事勢上。爲兩國交戰國之自衛。固不能免。故國際法亦許之。』今滿洲在中立以外。得無類是。曰此其性質有相異者。彼則出於開戰後應變之處置。其性質爲暫存。此則繼續開戰前固有之狀態。其性質爲永久也。故今茲日本視遼河以東之滿洲全部。純然爲其敵國之領域主權者也。既爲敵國之領域主權。則戰後之若何處置。已非復第三國之所得過問矣。夫以近世國際法公例。凡土地主權之移易。不可不藉條約之力。中國既未明與俄國結讓地之條約。遽認其主權之變更。似太早計。而不知此次滿洲中立除外之宣言。其效力殆與讓地之條約相等。夫然後日本直認爲敵國領域。而莫或以爲非也。故謂此次布告中立之日。卽爲中國放棄滿洲主權之日。決非過言。

故近來日本輿論之研究滿洲善後問題。有謂當使爲永世中立地者。有謂當如奧大利之對坡士尼亞赫司戈偉訥者。有謂當如英國之對蘇丹者。雖其形式上持論不同。至其精神上無視中國之滿洲領土主權。則一也。不知我當局者何以待之。

（二）中立區域以外之中立國人民權利義務問題

今卽讓一步。以滿洲暫時在中立區域以外。爲無損於領土主權。則居於此中立區域以外之人民。當視之爲中立國人民乎。抑當視之爲交戰國人民乎。此又國際法上一疑問也。既爲中立國人民。則當有中立國人民之權利義務。夫以今日之中國。尙不能行其權力於應中立之土地。則亦斷不能行其權力於除外中立之人民。此奚待言。今我卽自認居住滿洲之人民爲中立國人民。而彼交戰國既承認此地爲非中立地。自斷不以中立國人民應行之義務相責。且中立國國家。原無禁止其臣民干與戰事之義務。其有以私人資格自願加於某交戰國者。不過其本身失中立性而得敵性耳。於政府無與也。故此事可勿深論。獨至其權利。則有不可不注意者。今請揚搉之。

一千八百九十九年海牙萬國平和會議有公認之陸戰法例六十條。內十五條爲論在敵國版圖內軍衙之權力者。自第四十二條至第五十六條其性質雖與今者滿洲之地位不同。其現象則與今者滿洲之地位無異。今據爲比例而研究其疑難之諸點。

第四十四條　不得强迫占領地之人民。使加於作戰動作。以敵對其本國。

據此則占領軍。對於所占地之人民有强迫之使服從各種義務之權利。言外自明。但當其行使此權利。須有所限制。本條所謂不得使加於作戰動作以敵對其本國者。蓋以全人類自忠於祖國之德義至美也。但今次滿洲之人民。其本國非俄亦非日。而中立之中國也。苟當俄軍占領時。强迫之使敵日。當日軍占領時。强迫之使敵俄。若此者爲違背國際法與否。此實一疑問也。或未必有此事。然研究法規不可不設爲有之　夫我民無論敵俄敵日。其對於祖國之德義。毫無所損固也。雖然。第三國之人民。本不應干與戰事。其有以冒險取利爲業。自願放棄其中立之權利。而加入於甲戰國者。乙戰國隨卽以敵視之。旣出於自願。則彼固樂此不爲怨也。若夫被强迫而使之失中立性而得敵性。而因以置其生命財產於危險之地。若此者。於第三國人民之權利。得謂之無損乎。夫尋常兩交戰國。斷無可以强迫第三國人民使爲戰事行爲之理。故國際法慣例上。於此事從未有所規定。茲役以後。其爲此學新增一問題必矣。

第四十八條　占領軍得於所占領地內收租稅。其所收者。限於該本國向來所徵者。占領軍以之支辦占領地行政之費用。當與正當之政府所支辦者爲同樣之程度。此對於敵國而戰勝者應享之權利也。蓋其土地主權既暫時移易。則行政機關及租稅權利。自不得不落於署理主權者之手。今既云土地主權。仍在中國。則占領者得行此權利與否。亦一問題也。如頃者日本於案縣鳳凰城等處。固新置軍政廳矣。其收稅權應屬於中國固有之官吏乎。抑當屬於日本之軍政廳乎。蓋不能無疑。

第四十九條　占領軍於所占領地內。除遵依前條所規定收稅之外。如欲向居民徵取他種金錢者。苟非軍事及本地行政上之需要。則不得取之。

第五十一條　（前略）凡徵取他種金錢者。必交還收條於納金之人。

第五十二條　凡現品之徵發（案現品謂現成各物件也凡尋常家具貨物之類皆是）及課役（案謂力役也）苟非爲占領軍之必需者。不得濫要求之於居民。（中略）現品之供給。宜以現錢交付之。若不得已。則以收條證明其價值。

據此則占領軍於所占領地。除收稅之外。尚有徵取金錢徵發現品之權。蓋中國所謂因糧於敵。泰西所謂以戰養戰（拿破命語）。此亦通行之成例。無足怪者。但其必給回收條何也。爲戰後賠償之券也。戰而敗。則於所償敵國軍費內。加入此款。戰而勝。則於敵國償我軍費內。除出此款。此通例也。今此地既屬於第三國主權。彼占領軍果有此權利能使第三國人民與所克之敵同服此種種義務乎。此一疑問也。夫既曰以戰養戰。則此等舉動。殆終不可避。果爾則其償還之交涉當遵何道。此又一疑問也。如今茲遼東一帶。初占領於俄。繼占領於日。俄既徵發於前。日復徵發於後。在俄則視之與在本國版圖內徵發者同科。在日則視之與在敵國版圖內徵發者一例。至語其實。則此地非俄之本國。非日之敵國。至戰事畢後。日俄締結媾和條約時。關於此事件。彼此固兩不過問也。及於

其時我國欲爲我居民有所要求果有何種國際法原理之可援据乎此實今日所當研究而我當道所不可忽視者矣

(三) 旅順口大連灣轉租權問題

近者日本各報論戰後之要求條件者紛然其條件雖各有異同至其論旅順口大連灣之必須轉租則萬口同聲矣其就法理上論此租借權之可以轉讓者則以法學博士戸水寬人之說爲最有力其言曰

此租借權其期限甚長與普通之借地權非可一視此等永久之租借決非屬於人的性質(In Personam)而全屬於物的性質(In Rem)者也故當租借者或以他種事故不能繼續租借其租借條約非直消滅若有他人有正當之相續權利者則此租借權應得隨而轉移云云(「太陽」第十卷第十號帝國戰捷後要求條件)

旅大之許轉租與否中俄條約中未有明文但近年中國之各租借地如旅大如膠州如威海衞如廣州灣皆有同一之性質此法學家所同認亦各國所默許也故吾今將援膠州以例旅大膠州灣條約第一章第五條云

德國將來無論何時不得將此次由中國借出之地段轉借於別國

依戸水博士之論所謂人的性質與物的性質者不知膠州與旅大何擇膠州灣既屬於人的而旅順大連必屬於物的吾儕苦不得其解也且卽以此諸租借地之主權論就事實上其現在主權固純在租借國至其條約正文莫不有「主權仍在中國」之一語而其權限之規定則

旅順條約第二款云　租界境內俄國應全享租主權利

威海條約第二款云．租界境內英國獨有其管轄權．

膠州條約第一章第三條云．中國政府將該地施行主權之權利．不自行之．而永借之於德國．

廣州灣條約第三條云．借用之地域全歸法國之管轄權．

夫曰租主權利．曰管轄．曰施行主權之權利．若此者．果得與主權同一視乎．夫主權與管轄權施行權本不能分離．故所謂主權仍在中國者．不過外交手段上一甘言．雖謂之毫無價值可也．雖然．條約正文中既明言主權所在．則其地尚不失爲中國領土．此亦不可爭之理論．不過在租借期限內不能行使其主權已耳．謂不能行使主權．卽同於無主權．按諸法律之理論．不可謂適．如民法上未成年之人．亦不能行使其財產之「所有權」．竟謂其無「所有權」烏可得也．故租借之前事．不可諫矣．後此當局者．苟於國際法上有健全之學識．而應付之也有健全之手段．則死中求活．尚非無途．今如戶水之說．所謂「他人有正當相續之權利者」云云．是並租借期限以外．我所固有之主權而蔑視之也．（今中國在旅大膠州等處仍得行使主權之一部分約文甚明以非此論範圍故不詳引）要之．就事勢論．就權力論．則日本戰捷以後．恐旅順終不能不轉租於日本．但日本人以此爲正當相續之權利．則我國法學家所萬不能認者也．蓋此爭點非他．卽租借期限以外之主權問題所由定也．故以法理論．則當租借時．主權在中國．而主權行使權在俄國．一旦俄國放棄此租借權．則主權與主權行使權．同時完全圓滿以歸於中國．中國自保之．而不復以租諸人可也．中國或以好意而租諸日本．或租諸日本以外之國．一惟我所欲．決非俄國與日本所能容喙也．而日人竟欲以此權受之於俄國．此吾儕所不能服也．嗚呼．欲旅順之歸趙．此豈復我國民今日所敢起之妄想．若此文者．亦不過供學者硏究之一資料云爾．嗚呼．

附　威海衛租借期限問題

此問題據條約正文。與俄租旅順同一期限。則當俄人放棄旅順租借權之時。即爲威海條約效力全滅之時。此釐然甚明。於國際法法理上。絲毫無所容疑難者。此後威海之地位有變更與否。則全視乎我外交家之手段若何耳。上海時報關於此問題有一論文。與著者意見略相同。今不復嘵述。

論俄羅斯虛無黨

俄羅斯何以有虛無黨。曰革命主義之結果也。昔之虛無黨何以一變爲今之虛無黨。曰革命主義不能實行之結果也。

吾今欲語虛無黨。不得不先敍其略史。史家紀虛無黨者。率分爲三大時期。

（第一）文學革命時期　自十九世紀初至一八六三年

（第二）遊說煽動時期　自一八六四年至一八七七年

（第三）暗殺恐怖時期　自一八七八年至一八八三年

其事蹟之關係最要者略紀之。則

一八四五年　高盧氏始著一小說名曰「死人」。寫隸農之苦況。

一八四七年　緇格尼弗氏著一小說名曰「獵人日記」。寫中央俄羅斯農民之境遇。

一八四八年　耶爾貞著一小說名曰「誰之罪」發揮社會主義。

一八四九年　尼古拉帝捕青年志士三十三人下獄處刑禁人民留學外國本國大學學生限額三百名並禁讀哲學書及他國之報章。

一八五五年　亞歷山大第二卽位銳行改革。

一八五六年　「現代人」叢報發刊專提倡無神論。

一八五七年　渣尼斜威忌氏著一小說名曰「如之何」以厭世之悲觀聳動全國。

一八五九年　「俄語」新聞發刊大鼓吹虛無主義。

一八六〇年　革命派之學生在彼得堡及墨斯科立一團體名曰「自修」俱樂部。

一八六一年　二月亞歷山大第二下詔釋放隸農。

因各學生煽吹暴動六月禁學生集會逮捕多人放於西伯利亞。

八月各軍人持立憲主義者設一祕會在參謀本部出一叢報名曰「大俄羅斯」僅出三冊被封禁。

一八六二年　耶爾貞創一日報名曰「鐘」有號稱中央革命委員者傳檄全國。

十一月政府嚴禁集會幷封禁報館數處渣尼斜威忌被捕。

一八六三年　「自由」日報發刊　波蘭人反抗格年募義勇兵助之不成被捕處刑者十餘人。

一八六五年　諸學生在墨斯科立一「亞特」俱樂部。

一八六六年　亞特俱樂部一委員名卡拉哥梭弗者謀弒亞歷山大第二。不成。被殺。是爲第一次暗殺案。株連者三十四人。

一八六七年　始立第三局之警察裁判專嚴罰國事犯。

一八六八年　俄皇往巴黎。波蘭一革命黨狙擊之不中。就縛。

一八七〇年　拍格年始聯合西歐各國之革命黨立一國際革命黨。

一八七一年　彌渣夫立一民意會。決議廢平和的革命手段。專採陰謀之鐵血主義。旋以洩漏本黨祕密。殺其同黨某。逃於瑞士。

一八七三年　瑞士政府以殺人罪逮捕彌渣夫。交還俄國。同時株連者三百人。彌氏監禁二十年。

一八七四年　革命黨大行遊說煽動手段。同時各地并起之革命團體凡十三所。

社會黨之一團共赴美洲。欲立一共產主義之殖民地。失敗而歸。

濟格士奇蘇菲亞等所創之革命團。發布三大綱領。一曰國家之撲滅。二曰文明之破壞。三曰自由團體之協助。運動大盛。

一八七五年　俄政府禁本國青年遊學於瑞士之條利希大學。各男女學生俱歸國。

革命黨員被捕者男員六百一十二人。女員一百五十八人。共七百七十人。

一八七六年　革命黨中之國粹派運動俄皇起俄土戰爭。後卒無功。於是專務煽暴動。

土地自由黨出現。專煽民間暴動。學生一歲數蜂起。

一八七七年　三月在墨斯科被逮者五十人。十月在彼得堡被逮者一百九十三人。審判時供詞皆極壯烈。大鼓動一國人心。是歲國事犯之案凡十一起。號稱最盛。

革命黨始一轉專取暗殺主義。是歲及去歲凡刺官吏四人。皆警察及裁判官也。

一八七八年　正月弱女薩利志刺殺彼得堡之府尹德利波夫。

二月刺殺裁判官阿士先奇。

四月刺殺大學總長馬德阿夫。

五月刺殺憲兵大佐海京。

八月刺殺第三局長官米仙士夫（案第三局專審判國事犯者也）

是年八九十三月中波蘭革命黨起事三次。

又土地自由黨員十餘人被逮。

一八七九年　二月刺殺哈哥夫省總督格拉波特勤。

同月刺殺憲兵大佐格那夫。

三月刺殺第三局長官德倫狄龍將軍。同時傳檄各地。謂本黨宣告死刑之官吏共有百八十人云。官吏人人自危。

同月玖弗省總督卡爾哥夫被刺。不中。

同月刺殺彼得堡警察署長鼈特羅士奇。

四月大豪傑梭羅姚甫狙擊俄皇亞歷山大第二於冬宮旁發五彈皆不中卒被逮年三十三。

六月民意黨更開大會議議定暗殺方針及其手段宣告亞歷山大第二之死刑派出實行委員。

七月各海陸軍士官之在革命黨者共謀裝水雷於黑海附近待俄皇閱操時轟之事洩。

同月謀在離宮要路置地雷要擊俄皇旋以皇不經此路中止。

十一月俄皇出巡虛無黨預置地雷於鐵道及駕過以電池壞第一彈不能爆發第二彈僅中副車。

一八八〇年

二月俄皇宮中之食堂爆藥驟發皇是日適以事遲半點鐘就食僅免。

同月刺殺奸細查哥夫。

同月刺殺新任內務大臣米利哥夫實俄皇授以全權懲治虛無黨者也。

六月俄皇送皇后葬有謀置地雷於鋼橋下者爲暴雨所淹不成。

一八八一年

二月於彼得堡馬拉耶街伺俄皇出遊有謀置地雷者事洩不成。

三月一日俄皇亞歷山大閱兵歸爲女豪傑蘇菲亞等爆彈所狙斃於道旁。

同月虛無黨上新皇亞歷山大第三一書要求改革之實行。

六月又在彼得堡卡米匿橋下通隧道欲擊新皇亞歷山大第三不成。

十月又謀於加冕時置地雷狙擊先期發覺被捕。

是歲刺殺憲兵長官。警察長。及偵探者。凡十三人。

（附注）以上所列乾燥無趣味之年表。或令讀者生厭。然非略知其事蹟。不能審其發達變遷之順序。故不辭拖沓。爲詮次之。若語其詳。又非數十紙不能盡也。

虛無黨之事業。無一不使人駭。使人快。使人歆羨。使人崇拜。顧吾所最欲研究者有一問題。卽彼輩何故不行暴動手段而行暗殺手段是也。是無他故。以暴動手段在彼等之地位。萬不能實行。故請條其理。

第一。西人有恆言曰。後膛鎗出而革命跡絕。此其言於理論上或不盡合。而於事實上則無以易也。美之獨立。法之革命。皆在十八世紀末。故其事易就。自茲二役以後。風濤大鼓激歐陸。十九世紀上半期騷動者踵相接。而俄人彼時猶舉國鼾睡也。及法蘭西第二革命（一八四八年）以後。西歐之暴動已漸收其跡。而東歐之俄羅斯乃始爲新思想濫觴時代。一二文學家搖舌弄筆。無絲毫之勢力。彼時之俄雖或可以暴動。（實已不能）其奈民黨之魄力萬不足任也。以培以灌。磅礴鬱積。歷十餘年之歲月。黨勢漸張。而政府自衛之力亦益鞏固矣。政府之進以尺。民黨間之進以寸。至一八七〇年以後。虛無黨達於全盛。而中央政府之兵力。已足使全歐旰食。而何區區民間斬木揭竿者之足以芥蔕於其胸也。故暴動之最大障礙。中央兵力使然。盡人所能知者也。

第二。綜觀各國革命史。其爲中央革命者可以成。其爲地方革命者罔不敗。一八四八年以前歐洲諸國。其有能奏革命之凱歌者。未有不起自京師者也。（卽今年之塞爾維亞亦然）若夫蠭涌於外徼。嘯聚於郡國。則雖有驍鷙之將。謀略之士。義勇之卒。而其究也敗而已矣。匈之噶蘇士。意之加里波的。瑪志尼。其尤著者也。俄羅斯之彼得堡。與法蘭西之巴黎。及其他西歐諸國之首都。大有所異。彼得堡者。貴族之窟穴也。而彼中市民之大多數。又皆仰衣食於貴族而自安者也。故俄人不謀暴動則已。苟其謀之。勢不得不在京師以外。卽此一端。固已犯歷史上革命家之第一忌。故一八七〇至一八七七年之間。南俄及波蘭諸地蜂起者凡二十八次。無一能支一月以上者。虛無黨以屢經試驗屢經失敗之餘。而不得不思變計。則地理上使然也。

第三　凡欲暴動不得不藉多數之景從。法蘭西之大革命也。實巴黎全市民乃至法國全國民皆狂沸而表同情者也。俄羅斯情勢則異是。彼虛無黨以數年之間。謀弒其王者十二次。敵黨之斃於其手者百數十人。轟動五陸。談虎色變。皮相者或以爲其黨員必徧於全國。而不知乃僅區區千數百人也。其在遊說煽動時期。亦嘗汲汲以擴張黨勢爲獨一無二之手段。故績學青年。輕盈閨秀。變職業。易服裝。以入於農工社會。欲以行其志者所在而有。而收效不能如其所期。彼等常多著俗語短篇之小說。且散布且演釋。終不能鑿愚氓之腦而注入之。史家記某黨員所演「大將與農夫」一故事。其例證矣。（某虛無黨員游說於一村落集羣農演說爲寓言以曉之曰嘗有大將二人失路入一荒島時已暮偶見一農夫偃臥隴畔輒蹴使起曰余等方飢汝乃酣臥不爲我服役耶農人乃起爲拾野菓捕山鳥羅列燔炙而供養之夜間兩大將恐農人之他遁也縛諸樹焉明晨釋之復使操作如是者數日夜大將思歸又督令彼農爲造舟送之於彼得堡瀕行僅賞一杯火酒以當薪金云云彼黨員之演此故事欲使農民生憤心也乃羣農聽畢咸張口大笑曰以大將之貴猶待養於吾儕咸欣欣有喜色焉某黨員索然而返）夫彼志士之擲頭顱注血汗以欲有所欲者。非爲一己。爲彼大多數之氓蚩耳。而彼大多數者。匪惟不相應援。而仇視者且十而八九焉。『急雨渡春江。狂風入秋海。辛苦總爲君。可憐君不解。』此運動家所最爲嘔心。最爲短氣。而其甘苦固不足爲外人道也。俄羅斯之上等社會與下等社會。其思想溝絕不通。殆若兩國然。彼虛無黨常以人民之友自揭櫫者也。而與之表同情者。仍在上中等社會。而所謂普通之人民。魔視之者比比然焉。於此而欲號召之以起革命。其亦難矣。且其民富於尊皇心。視「沙」（俄皇之號）若神聖。終非尋常口舌之所可動。故彼黨員往往託皇帝之密使。冀以爲煽動之具。一八七九年有一新立之祕密結社員數約千人農民居十之八九政府逮捕鞫問之則其人皆言皇帝有密使告彼等謂自欲實行均分土地之政爲貴族所抗不得其志使農民自團結以與貴族爭奪云云然其所成就亦至有限故夫彼等雖欲暴動而無其儔則民情之爲之也。

第四　凡暴動者必藉巨款。苟力不足以傾政府而惟騷擾於一鄉一邑。此必非仁人志士倡暴動之本心也。既欲傾政府矣。就令不敢期於必成也。而先毋立於必敗。則固不得不預備相當之兵力。不徒恃人也。而尤恃財。於是乎所謂志士者。不得不有所仰於人。所仰者虛。而一切經營終歸無用矣。是終不得有自主之權。而歲月蹉跎。事卒以不辦也。故暴動必兼賴他力。而暗殺則惟賴自力。虛無黨之所以舍彼取此。誠閱歷後之心得使然也。抑虛無黨之籌款。亦固有術。大率由募集而得者十之一二。由强取而得者十之八九。其强取之術奈何。一曰以匿名追索之書函致於當道貴族及頑固之財產家以行威嚇也。一曰用穿窬手段篡取公家之帑藏也。其最著者如一八七九年。穴隧道以破卡哥爾之金庫。一舉而得百五十萬盧布。是其例矣。顧吾等有不可不注意者一事。即此等籌款之方法。皆自一八七七年以後而始得行是也。此其故何也。曰此等手段必與暗殺手段相狼狽。而非泛泛然以口舌煽暴動者所能有也。且即以其所得之款。亦祇足以供暗殺之目的。而不足以供暴動之目的。即彼等於一八七九年七月及十一月。三次裝置地雷謀刺俄皇。其所費已及十萬佛郎以上。卒猶未成。而他次更倍是。故當一八七六年「拿羅德拿倭利亞赤十字會」（按）此亦虛無黨所起之會以籌款者其綱領云凡人類之思想及良心自由蒙有形無形之阻害者本會匡救之以此名義募資於俄國及西歐各國之首領狄拉羅弗嘗警告其黨員云『以十桿毛瑟之價足以製一炸彈而有餘。以五百桿毛瑟之費。足以安置一地雷而有餘。而一炸彈一地雷之效力。終非區區數百毛瑟所能及。』因極言黨論不一。久誤方針。耗費資財。而事終不一就。實爲民黨最大之弱點。此誠非久於其事者不能道也。故彼等舍煽動而取實行。亦財力之爲之也。

第五　暴動之不能專賴自力。而必兼賴他力者。不徒於財爲然耳。於人亦然。嘯聚草澤。其最少數亦必須千人以外。乃可集事。此千人而在山谷耶。或可以事前而不爲多魚之漏。其奈運械之路絕。而流竄之勢窮。充其量不過陷數四之州縣。糜爛百數十里之生靈。則草寇飢民優爲之。而何待志士之以全力運動焉。若夫在可以接濟可以進取之地。集千數百人以上。厲兵秣馬。而欲爲祕密。則亦掩耳盜鈴之類耳。質而言之。則暴動者萬不能祕密者也。彼法蘭西日耳曼意大利前次屢次之暴動。大率起於京師及國中最大都會。彼始終固未嘗用祕密也。因全市民如然如沸之感情。偶得一二人一二事。爲之導火線。是以猝發。若乃於邊徼之地。爲幽期密約之手段。以求逞於一擲。未有能濟者也。不寧惟是。凡欲於其地起暴動者。必須其地土著之人有一豪傑焉。以爲主動力。苟恃外來人入而運動之。又未有能濟者也。而凡思想開通之地。大率不可以起暴動。可起暴動之地。其思想又大率不開通。地與人之不能相應。此眞各國民黨所同病也。不寧惟是。以外來人入而運動者。無論其不能就也。即就矣。而指揮此暴動軍隊。終不得不賴夫與彼相習之土豪。而土豪之思想目的。其不能與志士相聯合者。又十而八九也。而志士既賴彼以起。即不能不仰其鼻息。委蛇而將順之。事之不敗者鮮矣。質而言之。則非有軍令刑殺之權。必不能督軍隊。以運動者對於被運動者。而欲行此權。能耶否耶。未經閱歷而徒囂囂然曰吾欲云云。吾欲云云。適自表其爲書生之見而已。彼虛無黨員。大率皆海外之亡命與校舍之學生也。彼凡有勢力於一地方。可以一嘯聚而千百應者。必其在本地方上。或以財富而素市筐篚之恩。或以豪猾而廣蓄江湖之客者也。而惜乎虛無黨員之皆非其人也。而彼有此資格有此地位者。又不幸而皆於虛無黨所懷抱之主義茫乎未有聞也。故虛無黨而不欲暴動則已。苟欲暴動則不得不注全副精神以運動彼等。而運動之有力與否。又質之於我而卒無自主之權。以此歲月蹉跎。而事又不得辦。故彼等幡然改途以爲與其恃人也毋寧恃我。竟棄其數十年來夢想之暴動政策。則人事之爲之也。

第六　人心之難測。古今同慨矣。機事之不密也。由敵黨偵探而得者不過十之一二。由本黨通謀而敗者恆十之八九。以瑪志尼之精細老練。而猶爲拉摩里那所賣。喪其黨員數十人。（瑪志尼當一八三三年欲起事自以不諳兵略委權於黨中之拉摩里那將軍拉氏者父法人母意大利人曾以助波蘭獨立軍得盛名者也拉氏言其部下在法者一呼可得萬人瑪氏遂以數年運動所得之資金四萬佛郎一舉而授之約以十月拉黨自外來瑪黨自內應遲之十一月十二月竟不至卒乃拉氏洩其謀於法政府瑪黨被逮者四十餘人）故欲爲祕密舉動者少一人知則少一人之害。而暴動者則最少非千數百人。以上不能爲功者也。此千數百人雖不必自始而預聞機謀。然當將動之際。在一月半月以前。必有所知。此又斷不能避者也。而千人中有一奸細。則大局已懸於其手。此在東方各國。或猶未甚。若以俄羅斯警察制度之嚴密。此最不可不慮者也。夫暗殺則亦非不慮此矣。而要其共謀者。不過數人乃至十數人而已足焉。其相結既深。其相制亦易。故彼黨自一八七六年以後。其戮本黨之奸細者。固亦屢見不一見。而事可以不大敗。若夫二十八次之暴動。則旋起而旋滅者居其三之二。未起而先破者居其三之一。彼黨人其有所鑒矣。惟其黨員之寥寥少數。正其黨勢之所由鞏固也。則內圍作用之爲之也。

吾以此六者觀察虛無黨手段變遷之原因。吾以爲雖不中不遠矣。夫虛無黨者。發願流血以救衆生者也。而自一八七七年以前。民賊流志士之血者。黨獄數十次。人數千百計。而志士流民賊之血者。不得一度。不得一人。彼民賊者自顧勢力如此其强而彼小醜跳梁者之終不可以逞志又如此其明白也則亦高枕爲樂謂莫余毒也已而豈料其方針一變風行雷厲舉所謂第三局長官警察總監者駢戮累仆馴乃至神聖不可侵犯之「沙」亦與查理士第一路易第十六同一結果自是而民意黨實行委員以露布喻亞歷山大第三矣自是而亞歷山大第三以憂鬱怔忡亡矣自是而尼古拉第二下令赦國事犯而改正地方自治案矣故虛無黨最後之手段實對於俄羅斯政府最適之手段而亦獨一無二之手段也嗚呼偉矣

或曰虛無黨此等之手段可以公言之而無憚乎曰無憚也自一八七七年以後俄國政府亦孰不知虛無黨之執此方針者使知之而可以撲滅可以規避也則亞歷山大第二經一二三四五乃至十一次博浪之警宜其一八八一年三月之凶變可無見矣而竟若此即今皇在儲貳時非亦幸而免耶而去年內務大臣卡弗總督彼得堡府尹之噩耗亦且絡繹也故夫暴動者宗旨與手段兩不得祕密者也暗殺者手段較易祕密而宗旨則竟不必祕密者也虛無黨於諸種手段之中淘汰而獨存此最優勝者可謂快事可謂快人

今又勿論其成就之難易惟以結果所得論之則暴動與暗殺二者於俄國之前途孰利曰使其暴動能如法蘭西之革命遂直取政府而代之則新理想直可以湧現可以實行今則雖去一帝者及其重臣百數十而自由政治尚邈乎未有其期以此言之謂暴動之結果優於暗殺可也雖然暴動若成其勢不得不出於共和以俄羅斯之地勢能行共和乎以俄羅斯之民俗能行共和乎此又天下萬國所不敢輕許者也既不能行共和則革命後之現象能有以愈於今日者幾何以此言之則謂暗殺之結果優於暴動亦可也且俄羅斯暗殺之事所以屢試而大效未覩者因其貴族所處之勢騎虎難下而虛無黨所希望又多屬萬難實行耳何也虛無黨持均富主義

務取土地所有權而變易之。彼貴族若降心相從。則不惟失其政治之勢力而已。而又將失其衣食之源泉。其不得不竭全力以相抵抗。勢使然也。若在他國者。其憑高位擁厚權之人。大率皆飫肥甘御輕煖擁姬妾宜子孫置田廬長僮僕。苟遇盤根錯節。奉身而退。其肥甘輕煖姬妾子孫田廬僮僕自若也。若貪戀勢位以遭不測。則其所享受者與其能享受者同時俱亡。夫孰不惴惴而思避也。故使虛無黨之敵之地位而非若彼也。則虛無黨奏凱歌之時蓋已久矣。

虛無黨之手段。吾所欽佩。若其主義。則吾所不敢贊同也。彼黨之宗旨。以無政府爲究竟。吾聞之邊沁曰。『政府者害物也。然以其可以已他害之更大者。故過而廢之。寧過而存之。』持消極論以衡政府。亦不過至是而止矣。如必曰無之。則豈有無政府而能立於今日之世界者。豈惟今日。雖至大同太平以後。亦固有所不可也。故以近世社會主義者流。以最平等之理想爲目的。仍不得不以最專制之集權爲經行。誠以無政府者。不徒非人道。抑亦非天性也。若其共產均富之主義。則久已爲生計學者所駁倒。盡人而知其非。更無待喋喋焉矣。更申言之。則虛無黨之爭點。起於生計問題。而非起於政治問題。其黨之所以能擴張者在此。其黨之所以難成就者亦在此。雖然。此不過一八七七年以前耳。迨暗殺之方針既定。其大勢固已全傾於政治。暗殺者在政治上求權利之意味也。以建設思想而代破壞思想之表徵也。觀亞歷第二遇害後民意黨實行委員所上亞歷第三書。可以知其意之所存矣。原書甚長。此文乃論虛無黨非爲虛無黨作歷史。故不譯載。其書末所要求兩大端。則（一）大赦國事犯。（二）開代議院行普通選舉法也。其附屬之保障。則出版自由言論自由集會自由選舉演說自由也。皆含政治上和平改革之意味。所謂無政府所謂土地均分者已不置一辭矣。此亦虛無黨之一進化也。

（附注）余於虛無黨所觀察尚有多端。他日再發表之。

中國歷史上革命之研究

近數年來之中國。可謂言論時代也已矣。近數年來中國之言論。複雜不可殫數。若革命論者。可謂其最有力之一種也已矣。凡發言者不可不求其論據於歷史。凡實行者愈不可不鑑其因果於歷史。吾故爲中國歷史上革命之研究。欲與舉國言論家一商搉焉。

革命之義有廣狹。其最廣義。則社會上一切無形有形之事物所生之大變動皆是也。其次廣義。則政治上之異動與前此劃然成一新時代者。無論以平和得之以鐵血得之皆是也。其狹義。則專以兵力向於中央政府者是也。吾中國數千年來。惟有狹義的革命。今之持極端革命論者。惟心醉狹義的革命。故吾今所研究。亦在此狹義的革命。

十九世紀者。全世界革命之時代也。而吾中國亦介立其間。曾爲一次之大革命者也。顧革命同而其革命之結果不同。所謂結果者。非成敗之云也。歐洲中原之革命軍。敗者强半。而其所收結果。與成焉者未或異也。胡乃中國而獨若此。西哲有言。歷史者民族性質之繅演物也。吾緣惡果以遡惡因。吾不得不於此焉詗之。

中國革命史與泰西革命史比較。其特色有七。

一曰有私人革命而無團體革命。　泰西之革命。皆團體革命也。英人千六百四十六年之役。衙其鋒者爲國會軍。美人千七百七十六年之役。主其事者爲十三省議會。又如法國三度之革命。則皆議員大多數之發起。而市民從而附和也。千八百四十八年以後。歐洲中原諸地之革命。莫非由上流團體主持其間也。綜而論之。則自希臘羅馬以迄近世革命之大舉百十見罔非平民團體與貴族團體相閱爭也獨吾中國不然數千年來革命之跡不絕於史乘而求其主動之革命團體無一可見惟董卓之役關東州郡會合推袁紹爲盟主以起義庶幾近之然不旋踵而同盟渙矣自餘若張角之天書徐鴻儒之白蓮教洪秀全之天主教雖處心積慮歷有年所聚衆稍夥然後從事類皆由一二私人之權術於團體之義仍無當也其在現世若哥老三合之徒就外觀視之儼然一團體然察其實情無有也且其結集已數百年而革命之實竟不克一舉也此後或別有梟雄者起乃走附焉而受其利用則非吾所敢言若此團體之必不能以獨力革命則吾所敢言也故數千年莽莽相尋之革命其蓄謀焉戮力焉喋血焉奏凱焉者靡不出於一二私人此我國革命與泰西革命最相違之點也

二曰有野心的革命而無自衞的革命　革命之正義必其起於不得已者也曷云乎不得已自衞心是已泰西之自衞每用進取中國人之自衞惟用保守故以自衞之目的乃崛起而從事革命者未之前聞若楚漢間之革命固云父老苦秦苛法然陳涉不過曰『苟富貴毋相忘』項羽不過曰『彼可取而代也』漢高不過曰『某業所就孰與仲多』其野心自初起時而已然矣此外若趙氏之南越竇氏之河西馬氏之湖南錢氏之吳越李氏之西夏其動機頗起於自衞然於大局固無關矣故中國百數十次之革命自其客觀的言之似皆不得已自其主觀的言之皆非有所謂不得已者存也何也無論若何好名目皆不過野心家之一手段也

三曰有上等下等社會革命而無中等社會革命　泰西革命之主動大率在中等社會蓋上等社會則其所革者而下等社會又無革之思想無革之能力也今將中國革命史上之事實類表之則

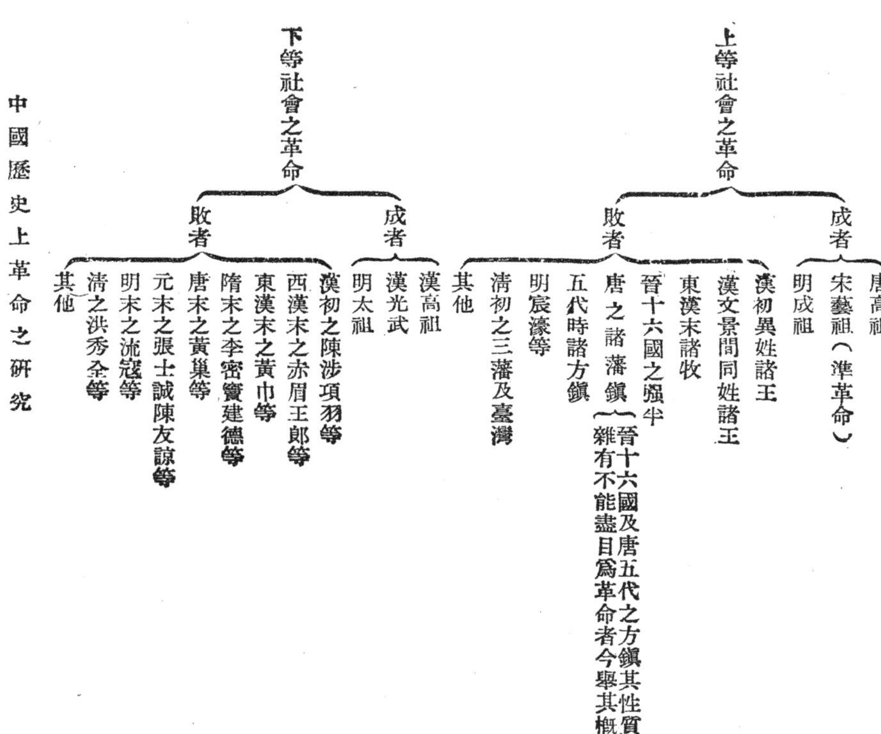

上等社會之革命
成者
唐高祖
宋藝祖（準革命）
明成祖
敗者
漢初異姓諸王
漢文景間同姓諸王
東漢末諸牧
晉十六國之强半
唐之諸藩鎮（晉十六國及唐五代之方鎮其性質頗複雜有不能盡目爲革命者今舉其概耳）
五代時諸方鎮
明宸濠等
清初之三藩及臺灣
其他
下等社會之革命
成者
漢高祖
漢光武
明太祖
敗者
漢初之陳涉項羽等
西漢末之赤眉王郎等
東漢末之黃巾等
隋末之李密竇建德等
唐末之黃巢等
元末之張士誠陳友諒等
明末之流寇等
清之洪秀全等
其他

表例說明（一）凡在本朝任一方鎮擁土地人民以爲憑藉者。皆謂之上等社會（二）凡欺人孤兒寡婦假名禪讓以竊國者。不以入革命之列。

準此以談。則數千年歷史上求所謂中等社會之革命者。舍周共和時代國人流王於彘之一事。此後蓋闃乎未有聞也。（或疑中等與下等之界線頗難劃。同爲無所憑藉。則中與下等耳。於何辨之。曰起事者爲善良之市民。命之曰中等。其爲盜賊。命之曰下等。或由下等而漸進爲中等。不能計也。或裹脅善良之市民。亦不能計也。）夫泰西史上之新時代。大率以生計問題爲樞紐焉。卽胎孕革命者。此亦其重要之一原因也。故中等社會常以本身利害之關係。遂奮起而立於革命之場。若中國則生計之與政治。嚮固絕無影響者存也。故彼中革命一最要之機關。而我獨闕如也。

四曰革命之地段　吾欲假名泰西之革命曰單純革命。假名中國之革命（歷史上的）曰複雜革命。長期國會時之英國。除克林威爾一派外。無他革命軍也。獨立時之美國。除華盛頓一派外。無他革命軍也。自餘各國前事。大都類是。（其成者每類是。反之而各地蜂起者每不成。）中國不然。秦末之革命。與項羽漢高相先後者。則陳涉吳廣也。武臣也。葛嬰也。周市也。田儋也。景駒也。韓廣也。吳芮也。如是者數十輩。西漢末之革命。與光武相先後者。則樊崇也。徐宣謝祿楊音也。刁子都也。王郎也。秦豐也。平原女子遲昭平也。王常成丹也。王匡王鳳也。朱鮪張卬也。陳牧廖湛也。李憲也。公孫述也。隗囂也。竇融也。盧芳也。彭寵也。張步也。劉永董憲也。如是者數十輩。東漢末之革命。與曹操劉備孫權相先後者。則黃巾十餘大部也。董卓也。北宮伯玉也。張燕也。李傕郭汜也。袁紹也。袁術也。呂布也。公孫瓚也。張魯也。劉璋也。韓遂馬騰也。陶謙也。張繡也。劉表也。公孫淵也。如是者數十輩。隋末之革命。與李唐相先後者。則王薄孟讓也。竇建德也。張金稱高士達也。郝孝德也。楊玄感也。劉元進也。杜伏威輔公祏也。宇文化及也。李弘芝也。翟讓李密也。徐圓朗也。梁師都也。王世充也。劉武周也。薛舉也。李軌也。郭子和也。朱粲也。林士弘也。高開道也。劉黑闥也。如是者數十輩。自餘各朝之鼎革大都類是。以臚列此等人名乾燥無味故後代闕之卽如最近洪楊之役。前乎彼者廣西羣盜既已積年。後乎彼者捻回苗夷蠭起交迫。猶前代也。由是觀之。中國無革命則已。苟其有之。則必百數十之革命軍同時並起。原野厭肉。川谷闐血。全國糜爛。靡有孑遺。然後僅獲底定。苟不爾者。則如漢之翟義。魏之毌丘儉。唐之徐敬業。並其破壞之目的亦不得達。更無論成立也。故泰西革命。被革命之禍者不過一方面。而食其利者全國。中國革命。則被革命之禍者全國。而食其利者並不得一方面。中國人聞革命而戰栗。皆此之由。

五曰革命之時日。　泰西之革命。其所敵者在舊政府。舊政府一倒。而革命之潮落矣。所有事者。新政府成立。善後之政略而已。其若法蘭西之變爲恐怖時代者。蓋僅見也。故其革命之時日不長。中國不然。非羣雄並起。天下鼎沸。則舊政府必不可得倒。如是者有年。既倒之後。新政府思所以削平羣雄。綏靖鼎沸。如是者復有年。故吾中國每一度大革命。長者數十年。短者亦十餘年。試表列之。

時代	舊政府未倒以前	既倒以後	合計
秦末	三年二世元年壬辰陳涉起首難二年甲午沛公入武關秦亡	十三年高帝十二年丙午平陳豨盧綰兵事息	十六年
西漢末	八年新莽天鳳四年丁丑新市下江兵起地皇五年癸未更始入長安莽亡	十八年光武建武十五年庚子盧芳降兵事息	二十六年
東漢末	十二年靈帝中平元年甲子黃巾起獻帝興平二年乙亥李傕郭汜亡	八十五年晉太康元年庚子平吳兵事息	九十七年

隋末	九年 煬帝大業七年辛未王薄張金稱等起恭帝二年王世充弒之隋亡	十一年 唐太宗貞觀二年平梁師都兵事息	二十年
唐末	三十四年 僖宗乾符元年甲午王仙芝始亂昭宣帝天祐四年丁卯朱溫簒弒唐亡	七十二年 宋太宗太平興國四年己卯北漢主劉繼元降兵事息	百〇六年
元末	二十一年 順帝至正八年戊子方國珍起廿八年戊申徐達定中原元主北遁元亡	二年 明太祖洪武二年己酉徐達擒張良臣兵事息	二十三年
明末	十七年 思宗崇禎元年戊辰陝西流賊起十七年甲申帝殉國明亡	四十年 清聖祖康熙二十二年癸亥平三藩臺灣兵事息	五十七年
附洪楊	道光二十三年癸卯李沅發始亂二十九年己酉洪秀全起廣西同治七年李鴻章平捻兵事息		二十六年

（附注）若晉十六國南北朝間混亂固極矣然其性質複雜不純然爲革命且大革命中復包含無數小革命焉故今不列於表又東漢末舊政府既倒後猶擁虛號其嬗代亦與他時代之性質稍異以嚴格算之其年數略可減少謂獻帝建安十八九年間爲一段落可也則亦二十年矣

由是觀之中國革命時日之長眞有令人失驚者且猶有當注意者一事則舊政府既倒以後其亂亡之時日更長於未倒以前是也（其間惟元明之交其現象出常例外則由革命軍太無力久不能倒舊政府耳其性質非有以異於前代也）當其初革伊始未嘗不曰吾之目的在倒舊政府而已及其機之既動則以懸崖轉石之勢波波相續峯峯不斷馴至數十年百年而未有已泰西新名詞曰强權强權强權之行殆野蠻交涉之通例而中國其尤甚者也中國之革命時代其尤甚者也如鬬蟀然百蟀處於籠越若干日而斃其半越若干日而斃其六七越若干日而斃其八九更越若干若干日羣蟀悉斃僅餘其一然後鬬之事息中國數千年之革命殆皆若是故其人民襁褓已生金革之裏垂老猶厭鼙鼓之聲朝避

猛虎夕長蛇。新鬼煩寃舊鬼哭。此其事影響於社會之進步者。最酷且烈。夫中國通稱三十年爲一世。謂人類死生遞嬗之常期也。其在平和時代。前人逝而後人直補其缺。社會之能力始繼續而不斷。若其間有青黃不接之頃。則進化之功用。或遂中止焉矣。英國博士福亞氏。嘗以統計上學理論人口死亡之率。謂『英國生產者一百萬人中。其十五歲至四十五歲間以肺癆病死者。七萬二千三百九十七人。譬如每人以三十年間力作所得平均可得二百磅。則是肺癆一症。使英國全國之總殖損失千四百四十七萬九千四百磅也。』此等語隨機指點。已有足令人瞿然驚者。然此猶生計上直接之損害也。若語其間接者。則壯者死亡離散。而生殖力爲之損耗。有去無來。人道或幾乎息。觀中國歷史上漢末隋末唐末之人口。此於前代全盛時。十僅存一。（參觀中國史上人口之統計篇）此豈盡由於殺戮耶。亦生殖力之銳減爲之原也。坐是之故。其所影響者。若生計上。若學術上。若道德上。若風俗上。前此經若干年之羣演。而始達於某級程度者。至是忽一切中絕。混然復還於天造草昧之態狀。文明之凝滯不進。皆此之由。泰西革命。蒙革命之害者。不過一二年。而食其利者數百歲。故一度革命。而文明之程度進一級。中國革命。蒙革命之害者。動百數十歲。而食其利者。不得一二年。故一度革命。而所積累以得之文明。與之俱亡。此真東西得失之林哉。

六曰革命家與革命家之交涉。　泰西革命家。其所認爲公敵者。惟現存之惡政府而已。自他皆非所敵也。若法國革命後。而有各黨派之相殘。則其例外僅見者也。中國不然。百數十之革命軍並起。同道互戕。於舊政府之外。而爲敵者各百數十焉。此鼎革時代之通例。無庸枚舉者也。此猶曰異黨派者爲然也。然其在同黨。或有事初起而相屠者。如武臣之於陳涉。陳友諒之於徐壽輝之類是也。或有事將成而相屠者。如劉裕之於劉毅。李密之於翟讓之類是也。或有事已成而相屠者。如漢高祖明太祖之於其宿將功臣皆是也。求其同心勠力全始全終者。自漢光武以外。殆無一人。夫豈必遠徵前代。即如最近洪楊之役。革命之進行尚未及半。而韋昌輝與石達開同殺楊秀清矣。昌輝旋復謀殺達開矣。諸將復共殺昌輝矣。軍至金陵。喘息甫定。而最初歃血聚義之東西南北翼五王。或死或亡。無復一存矣。其後陳玉成被賣於苗沛霖。而上游始得安枕。譚紹洸被弑於郜雲官等。而蘇州始下。金陵隨之而亡。豈必官軍之能強。毋亦革命家之太不濟也。吾前者屢言非有高尚嚴正純潔之道德心者。不可以行革命。亦謂此而已。亦謂此而已。彼時洪楊等固無力以倒北京政府也。藉令有之。試思其後此與張總愚賴汶洸輩之交涉何如。與苗沛霖輩之交涉何如。即與其部下石達開陳玉成李秀成李世賢輩之交涉何如。此諸黨魁之各各互相交涉又何如。其必纘演前代血腥之覆軌。無待蓍蔡矣。此眞吾中國革命史上不可洗滌之奇辱也。

七曰革命時代外族勢力之消長。　嗚呼。吾觀法國大革命後。經過恐怖時代。巴黎全市血汚充塞。而各國聯軍干涉。猶能以獨力抵抗。不移時而出拿破侖大行復仇主義。以震慴歐陸。吾因是以反觀中國。吾不自知其汗浹背而淚承睫矣。中國每當國內革命時代。即外族勢力侵入之時代也。綜觀歷史上革命與外族之關係。可分爲五種。

一曰革命軍借外族之力以倒舊政府者。如申侯之以犬戎亡周。李世民之以突厥亡隋。石敬瑭之以燕雲十六州賂契丹等類是也。

二曰舊政府借外族之力以倒革命軍者。如郭子儀之以吐蕃回紇討安史。李鴻章之以戈登滅洪秀全等類是也。

三曰舊政府借外族之力以倒革命軍而彼此兩斃者。如吳三桂以滿洲亡李闖。而並以亡明是也。

四曰革命軍借外族之力以倒政府而彼此兩斃者。如成都王穎以劉淵爲大單于同抗王室。卒不能成。而遂以亡晉是也。

五曰革命軍敗後引外族以爲政府患者。如漢初陳豨盧綰輩東漢初盧芳輩之導匈奴唐初劉黑闥梁師都輩之導突厥等類是也。

此皆其直接關係也。若語其間接者。則如劉項閔而冒頓坐大。八王亂而十六國勢成。安史擾而蕃鶻自强。五代棼而契丹全盛。闖獻毒氛徧中原。而滿洲遂盡收關外部落。此則未假其力以前。而先有以養其勢者矣。嗚呼。以漢高之悍鷙。而忍垢於白登之役。以唐太之神武。而遺憾於高麗之師。我國史之汚點。其何日之能雪耶。卽如最近數十年間西力之東漸。固由帝國主義自然膨脹之力。而常勝軍之關係亦寧淺薄耶。識者觀此。毛髮俱栗矣。

以上七端。皆中國革命時代所必顯之現象也。事物公例。因果相倚。因果相含。欲識過去因。請觀今日果。欲識未來果。請觀今日因。今後之中國。其必以革命而後獲救耶。抑不革命而亦可以獲救耶。此屬於別問題。若夫革命而可以救中國耶。抑革命而反陷中國於不救耶。此則正本論之所欲研究也。若後有革命軍者起。而能免於此七大惡特色。以入於泰西文明革命之林。則革命者。眞今日之不二法門也。而不然者。以百數十隊之私人野心的革命軍同時並起。蹂躪於全國。而蔓延數十年。猶且同類相屠。而兩造皆以太阿之柄授外族。則過此以往。必有太息痛恨於作俑之無後者。抑今日國中迷信革命之志士。其理想必與此七大惡特色不相容。無待余言也。

今後若有一度能爲革命史上開一新紀元以一洒種種之汚點吾之欣喜願望寧有加焉雖然理想之與事實往往不能相應此又不可不詳察也嘗思泰西革命之特色何以若彼中國革命之特色何以若此此其中殆必有一原因焉今者我國國民全體所受之因與夫少數革命家所造之因其誠能有異於前代與否是卽將來結果之同不同所由定也吾見夫所欲用之以起革命之多數下等社會其血管內皆含黃巾闖獻之遺傳性也吾見夫以第一等革命家自命之少數豪傑皆以道德信義爲蝨爲毒而其內部日日有楊韋相搏之勢也吾見夫高標民族主義以爲旗幟者且自附於白種景教而借其力欲以摧殘異己之黨派且屢見不一見也夫景從革命者必賴多數人故吾觀彼多數人者之性質而吾懼主持革命者必賴少數人故吾觀彼少數人者之性質而吾滋懼吾懼乎於理想上則彼七大特色萬不願有而於事實上則彼七大特色終不能無也此吾所以於衣被全歐震撼中國之革命主義而言之猶有餘栗也嗟夫今而曉曉復奚爲者公等而持不革命而可以救中國之論也則請實爲不革命以救中國之預備公等而持必革命而可以救中國之論也則請實爲革命以救中國之預備革命以救中國之預備奈何毋曰吾學習武備吾運動會黨吾密輸入器械而吾事畢矣必虛心商搉求所以免於彼七大惡特色者其將何途之從如何而使景從我者免焉如何而使我躬先自免焉若有以此道還問諸鄙人者則鄙人舍其迂遠陳腐之議論仍無以爲對也曰汝而欲言革命欲行革命也則汝其學克林威爾汝其學華盛頓汝其用最善良之市民乃若當今號稱革命巨子者之所稱道割斷六親乃爲志士摧棄五常乃爲偉人貪黠傾軋乃爲有手段之豪傑酒色財氣乃爲現本色之英雄則吾亦如某氏所謂刀加吾頸鎗指吾胸吾敢曰期期以爲不可期期以爲不可也吾爲此言吾知又必有詈我者曰汝責人無已時雖然吾爲吾國憂吾爲

吾國懼吾寧能已於言所責者在足下耶非足下耶惟足下自知之足下而僅欲言革命而不欲行革命也則吾復何云凡吾之說悉宜拉雜之摧燒之足下而誠欲行革命也誠欲行革命以救中國也則批鱗逆耳之言毋亦有一顧之價値耶毋徒囂囂然曰某也反對我革命論是欲做官也欲巴結滿清政府也孔子不云乎不以人廢言就使其人而果於欲做官欲巴結滿清政府之外無他思想也苟其言誠有一二當於理者猶當垂聽之足下試一度淸夜自思返觀內照吾所責者而誠非足下也則當思與足下同政見者其可責之人固自不少宜如何以轉移之苟不轉移之吾恐足下之志事敗於彼輩之手也若吾所責者而有一二類似於足下也則吾哀哀泣諫求足下改之若不改之吾恐足下之志事終不得就也若曰吾所責者而非可責也而必曰破壞舊道德爲革命家應行之義務則刀加吾頸鎗指吾胸吾敢曰倡此論者實亡中國之罪人也實黃帝子孫之公敵也吾寧不知革命論者之中其高尙嚴正純潔者固自有人顧吾所以且憂且懼而不能已者吾察其機之所趨有大不妙者存吾深慮彼之高尙嚴正純潔者且爲法國羅蘭夫人黨之續也或曰凡子之所責者皆言革命者耳非行革命者子何憂之之甚信如是也則吾爲多言也夫吾爲多言也夫雖然信如是也則吾爲中國風俗人心憂吾爲中國前途憂滋益甚也

中國法理學發達史論

緒論

近世法學者稱世界四法系而吾國與居一焉其餘諸法系或發生蚤於我而久已中絕或今方盛行而導源甚近然則我之法系其最足以自豪於世界也夫深山大澤龍蛇生焉我以數萬萬神聖之國民建數千年綿延之帝國其能有獨立偉大之法系宜也然人有恆言學說者事實之母也既有法系則必有法理以爲之原故研究我國之法理學非徒我國學者所當有事抑亦全世界學者所當有事也

法律先於法理耶抑法理先於法律耶此不易決之問題也以近世學者之所說則法律者發達的而非創造的也蓋法律之大部分皆積慣習而來經國家之承認而遂有法律之效力而慣習固非一一焉能悉有理由者也謂必有理而始有法則法之能存者寡矣故近世解釋派（專解釋法文者謂之解釋派）盛行其極端說至有謂法文外無法理者法理實由後人解剖法文而發生云爾雖然此說也施諸成文法大備之國猶或可以存立然固已稍沮法律之進步若夫在諸法樊然殽亂之國而欲助長立法事業則非求法理於法文以外而法學之效用將窮故居今日之中國而治法學則抽象的法理其最要也

我國自三代以來純以禮治爲尚及春秋戰國之間社會之變遷極劇烈然後法治思想乃始萌芽法治主義者應於時勢之需要而與舊主義宣戰者也夫禮治與法治其手段固溝然不同若其設爲若干條件以規律一般人之行爲則一也而凡持舊主義者又率皆崇信「自然法」（說詳第四章）其所設條件殆莫不有其理由其理由之眞不眞適不適且勿論要之謂非一種之法理焉不得也而新主義之與彼對峙者又別有其理由而旗幟甚新壁壘甚堅者也故我國當春秋戰國間法理學之發達臻於全盛以歐洲十七世紀間之學說視我其軒輊良未易言也

顧歐洲有十七八世紀之學說。而產出十九世紀之事實。自拿破崙法典成立。而私法開一新紀元。自各國憲法公布。而公法開一新紀元。逮於今日。而法學之盛。爲有史以來所未有。而我中國當春秋戰國間。雖學說如林。不移時輒已銷熄。後此退化復退化。馴至今日。而固有之法系。幾成殭石。則又何也。禮治主義與夫其他各主義（如放任主義人治主義等）久已深入人心。而羣與法治主義爲敵。法治主義雖一時偶占勢力。摧滅封建制度階級制度。（戰國秦漢之交吾國固有之封建制度階級制度一時摧滅雖儒法兩家並有力而法家功尤偉說詳第六章）然以吾國崇古念重。法治主義之學說。終爲禮治主義之學說所征服。門戶之見。惡及儲胥。並其精粹之義。而悉吐蔑之。而一切法律上事業。悉委諸刀筆之吏。學士大夫。莫肯從事。此其所以不能發達者一也。又法家言主張團體自身利益過甚。遂至蔑視團體員利益。雖能救一時之敝。而於助長社會發達。非可久適。其道不愜於人心。雖靡舊說之反對。勢固將敝。而儒墨家言又主張團體員利益過甚。於國家強制組織之性質。不甚措意。故其制裁力有所窮。適於爲社會的。而不適於爲國家的。夫以兩派各有缺點。專任焉俱不足以成久治。而相輕相軋。不能調和。此其所以不能發達者二也。坐此二弊。故雖於一時代百數十年間。有如火如荼之學說。而遂不足以開萬世之利。造一國之福也。

逮於今日。萬國比隣。物競逾劇。非於內部有整齊嚴肅之治。萬不能壹其力以對外。法治主義。爲今日救時唯一之主義。立法事業。爲今日存國最急之事業。稍有識者。皆能知之。而東西各國之成績。其刺戟我思想供給我智識者。又不一而足。自今以往。實我國法系一大革新之時代也。雖然。法律者。非創造的。而發達的也。固不可不采人之長。以補我之短。又不可不深察吾國民之心理。而惟適是求。故自今以往。我國不採法治主義則已。不從事於立法事業則已。苟採焉而從事焉。則吾先民所已發明之法理。其必有研究之價值。無可疑也。故不揣檮昧。述

其研究所粗得者以著於篇語不云乎層冰爲積水所成大輅自椎輪以出此區區數章苟能爲椎輪積水之用則吾之榮幸寧有加焉

法之起因

我國言法制之所由起大率謂應於社會之需要而不容已此儒墨法三家之所同也今刺取其學說而比較之

(一)儒家

(荀子禮論篇)人生而有欲欲而不得則不能無求求而無度量分界則不能不爭爭則亂亂則窮先王惡其亂也故制禮義以分之以養人之欲給人之求使欲必不窮乎物物必不屈於欲兩者相持而長是禮之起也故禮者養也

(又王制篇)水火有氣而無生草木有生而無知禽獸有知而無義人有氣有生有知亦且有義故最爲天下貴也力不若牛走不若馬而牛馬爲用何也曰人能羣彼不能羣故也人何以能羣曰分分何以能行曰義故義以分則和(楊注言分義相須也)和則一一則多力多力則彊彊則勝物(中略)故人生不能無羣羣而無分則爭爭則亂亂則離離則弱弱則不能勝物君者善羣者也

(又富國篇)人倫並處(楊注倫類也)同求而異道同欲而異知生也皆有可也知愚同所可異也知愚分(楊注可者遂其意之謂也)勢同而知異行私而無禍縱欲而不窮則民心奮而不可說也如是則知者未得治也知者未得治則功名未成也功名未成則羣衆未縣也(案縣同懸謂懸隔也)羣衆未縣則君臣

未立也。無君以制臣。無上以制下。天下害生縱欲。欲惡同物。欲多而物寡。寡則必爭矣。（中略）離居不相待則窮。羣而無分則爭。窮者患也。爭者禍也。救患除禍。則莫若明分使羣矣。

（二）墨家

（墨子尚同篇上）古者民始生未有刑政之時。蓋其語人異義。是以一人則一義。二人則二義。十人則十義。其人茲衆。其所謂義者亦茲衆。（案茲同滋益也）是以人是其義。以非人之義。故交相非也。是以內者父子兄弟作怨惡。離散不能相和合。天下之百姓。皆以水火毒藥相虧害。至有餘力不能以相勞。腐朽餘財。不以相分。隱匿良道。不以相敎。天下之亂。若禽獸然。明夫天下之亂生於無政長。是故選天下之賢可者。立以爲天子。（中略）天子惟能壹同天下之義。是以天下治也。

荀子之所謂禮。所謂義。墨子之所謂義。其實皆法也。蓋荀子言禮而與度量分界相麗。言義而與分相麗。墨子言義而與刑政相麗。度量分界也。刑政也。皆法之作用也。

（三）法家

（管子君臣篇下）古者未有君臣上下之別。未有夫婦妃匹之合。獸處羣居。以力相征。於是智者詐愚。強者淩弱。老幼孤獨不得其所。故智者假衆力以禁強虐。而暴人止。爲民興利除害。正民之德。而民師之。（中略）名物處違是非之分。則賞罰行矣。上下設。民生體。而國都立矣。是故國之所以爲國者。民體以爲國。君之所以爲君者。賞罰以爲君。

（商君書君臣篇）古者未有君臣上下之時。民亂而不治。是以聖人列貴賤。制節爵位。立名號。以別君臣上下之義。地廣民衆萬物多。故分五官而守之。民衆而姦邪生。故立法制爲度量以禁之（又開塞篇）天地設而民生之。當此之時也。民知其母而不知其父。其道親親而愛私。親親則別。愛私則險。民生衆。而以別險爲務。則有亂。當此之時。民務勝而力征。負勝則爭。力征則訟。訟而無正。則莫得其性也。故賢者立中設無私。而民日仁。當此時也。親親廢。上賢立矣。凡仁者以愛利爲道。而賢者以相出爲務。民衆而無制。久而相出爲道。則有亂。故聖人承之。作爲土地貨財男女之分。定而無制。不可。故立禁。禁立而莫之司。不可。故立官。官設而莫之一。不可。故立君。既立其君。則上賢廢。而貴貴立矣。

（韓非子五蠹篇）古者丈夫不耕。草木之實足食也。婦女不織。禽獸之皮足衣也。不事力而養足。人民少而財有餘。故民不爭。是以厚賞不行。重罰不用。而民自治。今人有五子不爲多。子又有五子。大父未死而有二十五孫。是以人民衆而貨財寡。事力勞而供養薄。故民爭。雖倍賞累罰而不免於亂。

以上三家五子之說。皆以人類之有欲爲前提。謂生存競爭爲社會自然之現象。而法制則以人爲裁抑自然。從而調和之。而荀墨商三家。謂人始爲羣。即待法治。韓則謂地廣人稀時。無取於法。法必緣民衆而需要始亟。是其微相異者也。韓子殆只認形成國家後之强制組織。而不認社會的制裁力。是其缺點也。蓋韓子之學。淵源於老子。而老子謂郅治之極。無法而能治也。韓子謂人民少而財有餘故民不爭然人民少之時財亦決非能有餘此可以生計學理說明之也故韓子此前提實不正確人類有欲之一前提。亦老子所承認也。然其所以解決此問題之方法。則與諸家異。儒墨法諸家。皆以節欲爲手段。故禮也義也。法也。從此生焉。老子則以絶欲爲手段。欲苟絶。則一切皆成疣贅矣。故其言曰。不見可欲。使民心不亂。又曰。常使民無知無欲。故無爲而無不治。又曰。少私寡欲。又曰。不欲以靜天下將自定。皆其義也。雖然。人類之欲。果可

得絶乎不可得絶則老子之説不售也以今語説之則生存競爭者果爲人類社會所得逃之公例乎不可逃則法制之起其決不容已也

荀子社會學之巨擘也其示人類在衆生界之位置先別有生物於無生物次別有知物於無知物次別有理性物於無理性物謂人類者其外延最狹而其内包最廣與歐西學者之分類正同彼之所謂理性荀子所謂義也亦謂之普通性亦謂之大我附注義从我从羊會意字也董子云義者我也其从羊者所以別於小我羊能羣者也故我國文字凡形容社會之良性質者皆从之羣善美義等是也考工記注曰羊善也義从我从羊所以示我之結集體卽所謂大我也 此大我之普通性卽人類所以能結爲團體之原因也小野塚博士言國家所由起根於人類之普通性而筧博士言國家社會之最高原因根於自我之自由活動其所謂自我者謂人類共通之大我也與佛學之華嚴性海相合他日更詳細介紹之 荀子以義爲能羣之本原洵批郤導窾之論矣其富國篇所論由經濟的（生計的）現象進而說明法制的現象尤爲博深切明謂離居不相待則窮故經濟的社會爲社會之成始謂羣而無分則爭故國家的社會爲社會之成終其言爭之所由起謂欲惡同物欲多而物寡欲者經濟學所謂慾望（德語之 Begierde 英語之 Desire）欲多而物寡卽所謂欠乏之感覺（德語之 Empfindung des Mangels）而欠乏之感覺由於欲惡同物人類慾望之目的物如衣食住等大略相同故也荀子此論實可爲經濟學社會學國家學等之共同根本觀念也

諸家之說皆謂法制者由先聖先王之救濟社會之一目的而創造之語其實際則此創造法制之人卽形成國家時最初之首長也而此首長以何因緣而得有爲首長之資格諸家所論微有不同墨子言選天下之賢可者立以爲天子是謂最初之首長由選舉而來然法制未立以前何從得正確之選舉是不免空華之理想也儒家皆言天生民而立之君又曰亶聰明作元后是謂由天所命然茲義茫漠不足以爲事實也荀子亦儒家而所言

稍趨於實謂必功名成然後羣衆懸必知者得治然後功名成蓋當社會之結合稍進則對內對外之事件日賾其間必藉有智術者或有膂力者內之以維持社會之秩序外之以保障社會之安寧於是全社會之人德之而其功名成焉寖假其人及其輔翼者遂獨占優勢於社會此君主貴族所由起也故曰羣衆懸而君臣立矣管子言智者假衆力以禁強暴其說明社會形成國家之現象尤爲盛水不漏夫雖有智者苟非假衆力而國無由成蓋國家爲人類心理之集合體苟其人民無欲建國之動機則國終不可得建也而又非如民約論者流謂國純由民衆建也雖有衆力苟無假之以行最高權者則國亦無由成兩相待而國立焉制定焉管子此語今世歐西鴻哲論國家起原者無以易之也

又管子所謂「上下設民生體」所謂「民體以爲國」實「最古之團體說」也（房注謂上下既設則生貴賤之禮貴賤成禮方乃爲國以禮釋體實曲解也民禮以爲國豈復成文義耶管子又云先王善與民爲一類與民爲一體則是以國守國以兵守民也君臣篇上正可與此文相發明故管子實國家團體說之祖也）蓋上之對下即全部對一部之意也即拓都對厶匿之意也上下既設而肢官各守其機能如一體然而此人民結集之一體則謂之國家也商君開塞篇之論言國家發生成長之次第尤爲博深切明蓋由家族進爲社會由社會進爲國家由愛治進爲禮治由禮治進爲法治其所經過之階級實應如是也其所論親親上賢貴貴之三時代亦與歷史相脗合其上賢之一時代即由圖騰社會形成國家之過渡也而所謂賢者謂智力優秀於其儔者也蓋雖在未成國家以前而社會上優秀者之地位已漸顯即所謂上賢時代也及優秀者之地位被確認則所謂貴貴時代也商君言制之興在未立君以前夫在原始社會其未立君者即其未形成國家者也謂未形成國家而先有法制似不衷於理論雖然未有國家以前夫既有社會之制裁力商君所謂制者蓋指此也故別前者謂之制而後者

謂之禁制者相互的而禁者命令的也故禁也者即國家之強制組織也而禁之與官官之與君同時並起非謂先有禁而後有官先有官而後有君精讀原文自不至以辭害意焉矣

小野塚博士者日本第一流之學者也今引其言以證管商二子之說其言曰『原人最始爲徽章（圖騰）社會而此種社會由家族團體時期漸進於地域團體時期（中略）當其未形成國家以前亦固思所以調和衝突維持內部之平和其間自有規律之發生略約束其分子但此規律無組織的強制力之後援苦失諸微弱洎夫內部之膨脹日增對外之競爭日劇於是社會之組織分科變更而強制的法規起焉強制法規既具不可無統一之之機關羣中之優秀者則膺其任而執行之始猶不過暫置既而內外之形勢繼續而機關遂不得不繼續而所謂優秀者遂得繼續以保其優勢之地位故原始國家與君主國體常有密接之關係非偶然也』（政治學大綱上卷一四五至一五〇葉）此與商君之言抑何相類之甚耶而其所謂優秀者亦即管子所謂假衆力以禁強暴之智者也荀墨兩家僅言禮言義言分是所重者仍在社會之制裁力也混道德與法律爲一也所謂禮治主義德治主義也管商皆言禁則含有強制組織之意義而法治主義之形乃具矣此法家之所以獨能以法名其家也

（漢書刑法志）夫人宵天地之貌（顏注云宵義與肖同貌古貌字）懷五常之性聰明精粹有生之最靈者也爪牙不足以供耆欲趨走不足以避利害無毛羽以禦寒暑必將役物以爲養任智而不恃力此其所以爲貴也故不仁愛則不能羣不能羣則不勝物不勝物則養不足羣而不足爭心將作上聖卓然先行敬讓博愛之德者衆心說而從之從之成羣是爲君矣歸而往之是爲王矣洪範曰天子作民父母以爲天下王聖人取類正名而謂君爲父母明仁愛德讓王道之本也愛待敬而不敗德須威而久立故制禮以崇敬作刑以明

威也。聖人既躬明悊之性。必通天地之心。制禮作敎。立法設刑。動緣民情。而則天象地。

此文言法制起原。兼採儒墨法諸家之說。而貫通之。明社會制裁力與國家强制組織。本爲一物。禮治與法治異用而同體。異流而同源。且相須爲用。莫可偏廢。此誠深明體要之言也。讀此而我國人關於法之起因之觀念。可以大明。

法字之語源

我國文「法」之一字。與刑律典則式範等字。常相爲轉注。今釋其文以求其義。

一釋法　法本字爲灋。說文「灋」下云『刑也。平之如水。从水。廌所以觸不直而去之。从廌去』今案說文廌下云『解廌獸也。似牛一角。古者決訟。令觸不直者』然則水取平之意。从廌去取直之意。實合三之會意字也。法之語源。實訓平直。其後用之於廣義。則爲成文法律之法。用之於最廣義。則爲法則方法之法。實展轉叚借也。釋名云『法。逼也。莫不欲從其志。逼正使有所限也』此雖非最初義。然與近世學者所言法之觀念甚相接近。所謂莫不欲從其志者。言人人欲自由也。使有所限者。自由有界也。逼者。卽强制。制裁之意。而制裁必軌於正。蓋我國之觀念則然也。

二釋刑　說文灋下云刑也。而刀部有刑字。無荆字。刑下云剄也。剄下云刑也。二字轉注。然則刑之本義甚狹。謂剄人之頸而已。段注云『荆罰典荆儀荆等字。以刑當之者。俗字也。造字之恉。既殊井聲。幵聲各部。凡井聲在十一部。凡幵聲在十二部也』然則刑不足以當荆。而荆之義究云何。說文土部型下云『鑄器之法也』是正與法爲轉注。段注云『以木爲之曰模。以竹曰笵。以土曰型』而許書木部模下竹部笵下皆訓法。是亦轉注也。詩毛傳屢云刑法也。亦轉注也。易曰『利用刑人以正法也』是刑含有正之意。荀子彊國篇云『刑笵正金錫美』是刑以正爲貴也。記王制云『刑侀也。侀成也。一成而不可變。故君子盡心焉』一成不變。正與型之性質相合。其字又與形通。左傳引詩『形民之力而無醉飽之心』杜注云『形同刑。程量其力之所能爲而不過也』然則刑有形式之意。模範之意。程量之意。故典刑儀刑等字皆備此諸義。所以从井者。井之語源出於井田。說文丼下云『八家爲一井。象構韓形。』蓋含有秩序意。「故井井有條」「井然不紊」皆以井爲形容詞。又易井卦『改邑不改井』王注云『井以不變爲德者也』然則井也者。具有秩序及不變之兩義者也。从刂者。刀以解剖條理。故制字則字等皆从之也。然則說文雖無刑字。今可以意補之云『刑法也。从刀从井井亦聲』而下其定義。則當云刑也者。以人力制定一有秩序而不變之形式。可以爲事物之模範及程量者也。是與法之觀念極相合也。

三釋律　說文律下云『均布也』段注云『律者所以笵天下之不一而歸於一。故曰均布』桂氏馥義證云。『均布也者。義當是均也布也。樂記樂所以立均。尹文子大道篇以律均清濁。鶡冠子五聲不同均。周語律所以立均出度也』案說文之訓桂氏之釋。皆能深探語源。確得本意。蓋吾國科學發達最古者。莫如樂律。史記律書云『王者制事立法。物度軌則。壹稟於六律。六律爲萬事根本焉』書言同律度量衡。而度量衡又皆出於律。（漢書律曆志云。夫律者規圜矩方權重衡平準繩嘉量探賾索隱鉤深致遠莫不用焉。故曰萬事根本也。）夫度量衡自爲一切形質量之標準。而律又爲度量衡之標準。然則律也者。可謂一切事物之總標準也。而律復有其標準焉。曰黃鐘之宮。黃鐘之宮者。十二律中之中聲也。以其極平均而正確。故謂之中聲。所以能爲標準之標準者。以其中也。故律者。制裁事物之最嚴格者也。左傳云『先王之樂所以節百事』。是其義也。孟子又言不以律不能正音。蓋樂之爲理。十二律固定不動。而五音回旋焉。若衆星之拱北辰然。則律者非徒平均正確。而又固定不動者也。綜上諸義。以下其定義。則律也者。平均正確固定不動。而可以爲一切事物之標準者也。（國語云律所以立均出度。是明其平均正確之義。釋名云律累也。累人心使不得放肆也。是明其爲事物標準之義）其後展轉叚借。凡平均正確固定可爲事物標準者。皆得錫以律之名。易曰『師出以律』。孔疏云律法也。是法律通名之始也。自漢以還。而法遂以律名。（史記蕭相國世家云獨先入收秦律令。杜周傳云前主所是著爲律。漢書刑法志云不若删定律令。是皆以律名法也）

四釋典　詩儀式刑文王之典。毛傳云典常也。廣韻典下云主也。常也。法也。經也。說文典下云『五帝之書也。从册在丌上尊閣之也』。是典之本義爲尊貴之書册。而吾國人有尊古之習。視之與法同科也。（下方更詳述其理例）訓常訓經。皆示固定性也。

五釋則　說文「則」下云『等畫物也。从刀貝。貝古之物貨也』。段注云『等畫物者。定其差等而各爲介畫也。物貨有貴賤之差。故從刀介畫之』。余謂古者以貝爲貨幣。而貨幣之用在於易中。（易中義見嚴譯原富）故能權物之貴賤。而等差之者。莫如貝。故曰等物。齊之如刀切焉。故曰畫物。从貝以示等。从刀以示畫。會意字也。蓋含均齊秩序之意。既差等而猶命之曰均齊者。孟子曰物之不齊。物之情也。本不齊者。因其等而等之。是即所謂齊也。故吾國文所謂「則」。常以爲「自然法」之稱。易乃見天則。詩天生烝民。有物有則。是其義也。然既从刀。則人事寓焉。故「人爲法」亦得適用之。周禮以八則治都鄙。鄭注云則亦法也。

六釋式　說文式下云『法也从工弋聲』又云『工巧飾也象人有規榘』段注云『直中繩二平中準是規榘也』是則式之取義在工而工含有衡度之意衡度者以中正平均爲體用者也周禮以九式均節財用鄭注云『式謂節度』實確詁也

七釋範　說文無範字竹部笵下云『法也竹簡書也古法有竹刑』段注云『通俗文曰規模曰笵元應曰以土曰型以金曰鎔以木曰模以竹曰笵一物材別也說與說文合』然則笵與型同義型即㓝也考工記『軓前十尺』鄭注云『書或作軋軋法也』然則在車曰軋範乃後定之字偕合笵軋二文而成也易繫辭『範圍天地之化而不過』鄭注云『範法也』書洪範僞孔傳云『洪大範法也言天地之大法』（史記宋世家集解引鄭玄曰不與天道大法是僞孔本於鄭也）然則範亦爲法之名而其義又全與法同也

此外與法互訓之字尚夥匪暇殫述綜上所舉則吾國古代關於法之概念可以推見焉曰法也者均平中正固定不變能爲最高之標準以節度事物者也

其在希臘畢達哥士曰法律者正義也柏拉圖曰正義一稱法律喀來士布曰法律者正不正之鵠也其在羅馬錫爾士曰法律者術之公且善者也哥克曰法律不外正理凡此者近世學者字之曰「正義說」此與吾國法語源皆略同而吾國更有固定不變之意是其特色也當法治主義未興以前吾國人關於法字之解釋率類是

舊學派關於法之觀念

我國法律思想完全發達始自法家吾故命法家爲新學派命法家以前諸家爲舊學派而舊學派中復分爲三

一曰儒家。二曰道家。三曰墨家。其關於法之觀念。亦各各不同。今以次論之。

第一節　儒家

吾前述法字之語源。而解釋其定義。謂法也者。均平中正固定不變。可以爲最高之標準。以節度事物者也。儒家關於法之觀念。卽以此定義爲衡者也。夫旣以均平中正固定不變爲法之本質。然則此均平中正固定不變者。於何見之。於何求之。是非認有所謂自然法者不可。而儒家則其最崇信自然法者也。詩曰「有物有則」。言有物斯有則。則存於物之自身也。此其義之最顯著者也。是故儒家關於法之觀念。以有自然法爲第一前提。今述其說。

（易繫辭）天尊地卑。乾坤定矣。卑高以陳。貴賤位矣。動靜有常。剛柔斷矣。方以類聚。物以羣分。吉凶生矣。在天成象。在地成形。變化見矣。

（又）聖人有以見天下之賾。而擬諸形容。象其物宜。聖人有以見天下之動。而觀其會通。以行其典禮。言天下之至賾而不可惡也。言天下之至動而不可亂也。

（又）是以明於天之道。而察於民之故。是興神物以前民用。一闔一闢謂之變。往來不窮謂之通。見乃謂之象。形乃謂之器。制而用之謂之法。

（記樂記）天高地下。萬物散殊。而禮制行矣。流而不息。合同而化。而樂生焉。

儒家極崇信自然法。凡一切學說。靡不根於此觀念。不可殫述。而繫辭傳二篇。其發之最㬱者也。孟德斯鳩云。靡異不一。靡變不恆。（嚴譯爲其參差者其一定也其變化者其不易也）而易之一書。實專闡此理。觀其異者變者。而思於其間焉求其一者恆者曷爲思求之謂求而得焉則可據之以制定平均中正固定不變之法以福利天下也孔子五十以學易學此物而已蓋孔子認此物爲客觀的具體的獨立而存在而自苦人智之有涯不足以窮之故雖學至老而猶欲然也孔子之志在求得自然法之總體以制定人爲法之總體卽未能得亦當據其一部分以制定一部分要之凡人爲法不可不以自然法爲之原此孔子所主張也

法之最廣義舉一切物之倫脊皆是也其次廣義則限於人類社會人類社會之自然法於何求之亦曰求諸人類社會之自身而已今述其學說

（記中庸）率性之謂道道也者不可須臾離也

（又）子曰道不遠人人之爲道而遠人不可以爲道

（孟子告子上）惻隱之心人皆有之羞惡之心人皆有之恭敬之心人皆有之是非之心人皆有之惻隱之心仁也羞惡之心義也恭敬之心禮也是非之心智也仁義禮智非由外鑠我也我固有之也

（又）故凡同類者舉相似也何獨至於人而疑之（中略）口之於味也有同嗜也易牙先得我口之所嗜者也如使口之於味也其性與人殊若犬馬之與我不同類也則天下何嗜皆從易牙之於味也至於味天下期於易牙是天下之口相似也（中略）至於心獨無所同然乎心之所同然者何也謂理也義也

孟子此論證明人類之有普通性而普通性卽自然法之所從出此最完滿之理論也故自然法亦稱性法荀子不認有自然法下方論之

既有自然法則自然法必先於人定法至易明也孟德斯鳩法意云物無論靈否必先有其所以存有其所以存斯有其所以存之法又曰公理實先於法制其言所以存之法

卽公理也所謂自然法也法制則人定法也根本觀念與儒家正同繫辭傳稱仰以觀於天文。俯以察於地理。近取諸身。遠取諸物。於是始作八卦此所謂自然法也下復言蓋取諸離。蓋取諸益。蓋取諸噬嗑。蓋取諸乾坤。蓋取諸渙。蓋取諸隨。蓋取諸豫。蓋取諸小過。蓋取諸睽。蓋取諸大壯。蓋取諸夬。離益噬嗑乾坤渙隨豫小過睽大壯夬皆自然法也取之而制定種種事物。所謂人定法也故記禮運曰夫禮之初始於飲食又曰飲食男女人之大欲存焉死亡貧苦人之大惡存焉此言人類受生伊始卽有普通性。及旣爲羣此普通性益交錯而現於實遂成所謂自然法者。而當由何道焉得應用此自然法以制爲人定法。正立法者所當有事也。

歐西之言自然法者。亦分二宗。一曰有爲之主宰者。孟德斯鳩之徒是也。二曰莫爲之主宰者。赫胥黎之徒是也。

而我國儒家之自然法則謂有主宰者也學說甚繁略舉一二。

（易象傳）乾元用九乃見天則。

（詩）天生烝民有物有則。

（左傳）民受天地之中以生所謂命也。是以有動作威儀之則以定命也。

（易繫辭傳）天垂象聖人則之。

（書）天敍有典勑我五典五惇哉。天秩有禮自我五禮有庸哉。

（又）永畏惟罰非天不中。

（詩）不識不知順帝之則。

（書）天乃錫禹洪範九疇。彝倫攸敍。

其他儒家言天者甚多。不可悉舉。僅舉經傳中言關於法之觀念者如右。蓋宇宙有自然法。存於人物之自身。而人物自身。何以能有此自然法。則天實賦之。故天爲自然法之淵源。此儒家之說也。天亦謂之命。故曰。天命之謂性。記稱夏道尊命。卽此物也。論語曰。不知命無以爲君子。記中庸曰。思知人不可以不知天。皆欲知此自然法之所從出。而體之以前民用也。（儒家屢言命若非以此解之幾不知其所謂）

儒家言人爲法。不可不根本於自然法。顧自然法本天。非盡人所能知也。則其道將窮。於是有道焉。使自然法現於實者。曰聖人。聖人之言。卽自然法之代表也。聖人之言。何以能爲自然法之代表。儒家謂聖人與天同體者也。否則直接間接受天之委任者也。否亦其智足以知天者也。六經六緯之微言。皆稱聖人無父。感天而生。故有青帝靈威仰。赤帝赤熛怒。黃帝含樞紐。白帝白招拒。黑帝汁光紀。謂之五感生帝。而太昊炎帝黃帝少昊顓頊配之。爲五人帝。是聖人爲天之化身。聖人卽天也。故直以其意爲天之意。其言爲天之言。其法爲天之法「典」本五帝之書。而竟變成爲一種法之名。蓋以此也。此種觀念。視他國之神意說。其程度之强。尙有過之。惟耶穌新約差可比倫耳。所謂直接受天之委任者。書曰。天乃錫禹洪範九疇。詩曰。帝謂文王。不大聲與色。不識不知。順帝之則。漢書五行志曰。虙犧氏繼天而王。受河圖。禹治洪水。賜雒書。春秋元命苞曰。河以通乾出天苞。洛以流坤吐地符。河龍圖發。洛龜書成。河圖有九篇。洛書有六篇。隋書經籍志緯書類有河圖二十卷。河圖龍文一卷。注云。河圖九篇。洛書六篇。自黃帝至周文王所受本文。又別有三十篇。云自初起至孔子九聖所增演。宋書符瑞志曰。成王周公時。洛出龜書。而書顧命亦言天球河圖在東序。記禮運亦言河出馬圖。論語述孔子語。乃云河不出圖。吾已矣夫。計河洛圖書之爲物。見於經緯者不下百數。（洪範一篇古說皆認爲卽洛書之文自初一曰五行至威用六極凡六十五字謂禹所受本文其以下則後聖之解釋也）卽不信緯。安能不信經記。卽不信經記。安能不信論語。而其怪誕既若是。以今日理想衡之。雖扶牀之孫。猶不能起信。而孔子及兩漢大儒津津言之何也。乃讀西史見來喀瓦士制斯巴達法典。云直受諸亞波羅神。摩哈默德之造可蘭經。云直受諸天使加布里埃。乃至猶太之摩西法典。印度之摩奴法典。希臘之綿尼法典。語其來歷。莫不皆同。乃知此實初民之共通觀念。非惟我國有之。而我國所流傳。實本諸口碑。非出自臆說也。然以孔子而猶迷信之何也。孔子之學說。既認有自然法。復認自然法之出於天。然則宜操立法權者惟天耳。天既不言。而感生化身之帝王。又絕跡於後世。然則後之有天下者。必天牖其衷。乃可創法改制。故六經大義。皆言應天受命。制禮作樂。（儒家觀禮樂法制同物前已屢言之）凡以法之淵源出於天也。（董子曰道之大原出於天天道卽自然法也）而受命必有符。則龍龜鳥書等是也。受命之符口碑所傳也。必受命而後立法。則儒家之大義。與自然法天定法之主義相一貫者也。申而言之。則非爲受命故改制。實爲改制故受命也。孔子學易以求自然法。既有所得。思欲據之制爲人定法。以易天下。然受命之符久而未至。沈吟不敢自信。故歎曰鳳鳥不至。河不出圖。吾已矣夫。洎夫麟獲西狩。書降端門。然後制作之業。託始焉。此其義必有所受。而非可盡指爲秦火以還之附會者也。（西狩獲麟受命之符此明見於經傳不容疑者也然漢儒言孔子受命者猶不止此公羊哀十四年解詁引春秋演孔圖云天降血書魯端門內子夏明日往視之血書飛爲赤鳥化爲白書署曰演孔圖中有作法制圖之象孔子仰推天命俯察時變却觀未來豫解無窮故作撥亂之法諸如此類不遑殫述蓋前漢儒者無不篤信受命改制之說至後漢始漸有疑者而鄭康成據以注羣經此實猶孔門家法非漢儒附會也）夫在程度幼稚之社會。固不能無所託以定民志。而況夫既持道本在天之說。則一切制作。自不得不稱天而行。理論相因。所當然也。猶之大權在君主之國。一切法律。不得不以君主之名行之。亦理論相因所當然也。故不得以此等神祕之說。爲儒家詬病也。

夫與天同體之聖人。其最貴者也。直接受天委任之聖人。其次貴者也。然直接受天委任之聖人。亦間世而不一遇。於是乎有知足以知天者。亦稱爲聖人。認其有立法及解釋法之權。蓋謂其能知自然法也。故易繫辭傳曰。天地設位。聖人成能。又曰。知變化之道者。其知神之所爲乎。又曰。參伍以變。錯綜其數。通其變。遂成天下之文。極其數。遂定天下之象。又曰。天生神物。聖人則之。天地變化。聖人效之。天垂象見吉凶。聖人象之。河出圖。洛出書。聖人則之。凡此所謂聖人。皆謂其知足以知天者也。而記中庸所論。尤爲博深切明。今述而引申之。

（記中庸）惟天下至誠爲能盡其性。能盡其性。則能盡人之性。能盡人之性。則能盡物之性。能盡物之性。則可以贊天地之化育。可以贊天地之化育。則可以與天地參矣。其次致曲。曲能有誠。誠則形。形則著。著則明。明則動。動則變。變則化。惟天下至誠爲能化。

（又）至誠之道。可以前知。國家將興。必有禎祥。國家將亡。必有妖孽。見乎蓍龜。動乎四體。禍福將至。善必先知之。不善必先知之。故至誠如神。

（又）惟天下至誠。爲能經綸天下之大經。立天下之大本。

中庸所謂至誠。卽聖人也。惟至誠能經大經。立大本。言惟聖人乃能立法也。然所以能立法者非他。以其如神也。以其與天地參也。其何以能如神。何以能與天地參。則全以能盡其性。故此實甚深微妙之論也。蓋人類莫不有其普通性。人類與衆生。又有其相共之普通性。人類旣有與衆生相共之普通性又自有其普通性以人類自有之普通性對於人類衆生共有之普通性則彼自有之普通性亦可謂人類之特別性也明論理學上內包外延之公例自能知之日本法學博士覓克彥氏所著法學通論最能發明此義可參觀此普通性。有賦命之者。維持之者。則天是也。不認有造化主者則謂別無一主體焉以賦命之維持之而儒家則認有造化主者也聖人亦人類也。故聖人之性。卽人類之普通性。亦卽衆生之普通性。覓博士所謂自我性體無二。華嚴所謂性海故能盡其性者。必能盡人類之性。隨卽能盡衆生之性。如人類有能飲食之機能衆生亦有能飲食之機能我既能飲

（食則人類之此機能乃至衆生之此機能我皆具之矣故孟子曰萬物皆備於我）而性之大原出於天。故能盡其性以盡普通性者。即其與天合德而與天參者也。故易文言傳又曰夫聖人者。與天地合其德。先天而天弗違。後天而奉天時也。（佛說言一切衆生有起一念者佛悉知之何以能如此因性體本普通而無二也是即能盡人性即能盡物性之說也是即至誠可以前知之說也夫既認有自然法復認自然法存於人物之自身而自然法則固定不變者也然則能前知不亦宜乎儒佛皆認自然法存於衆生之自身而儒家則謂天實賦之佛家則謂自造因而自受果也此其所以異也儒家則認有客觀的爲之主宰者佛家則全尊主觀而不認主宰者之獨立存在也）

故儒家之論。其第一前提曰。有自然法。其第二前提曰。惟知自然法者爲能立法。其第三前提曰。惟聖人爲能知自然法。次乃下斷案曰故惟聖人爲能立法。而第三前提所謂聖人者。復分三種。第一種爲天化身之聖人。第二種。受天委任之聖人。第三種。與天合德之聖人。蓋自然法出於天。故能知自然法之聖人。必其與天有關係者也。此其論理之一貫者也。夫第三種之聖人則其範圍甚廣矣。凡屬人類皆可以爲聖人。孟子曰人皆可以爲堯舜是也。夫謂凡屬人類皆可以爲聖人者何也。吾有此普通性。聖人亦有此普通性。普通性既同。自可以相學而能此亦其論理之一貫者也。蓋儒家之意。欲使人人皆爲能立法之人。特未達其程度。則不能有其資格耳。而孔子立教之目的。則在是也。

中庸謂至誠之道可以前知。聞者或疑焉。不知此亦其論理之一貫者也。蓋既認有自然法。而自然法實先於宇宙萬有而存立。取宇宙萬有而支配之者也。宇宙萬有生存運動於自然法之下。有一定之格。一定之軌。而不能踰越。然則既能知自然法者。其於宇宙萬有之若何生存若何運動。豈不較然若指諸掌乎。夫知天文學公例者。則於日食星孛可以前知。知物理學公例者。則於鷹化虹見可以前知。皆以自然法綰之而已。近世學者。於自然界現象。靡不信有自然法。至心理界現象則或疑自然法之不能成立。（自然界現象指凡一切物有客觀的一體之存在者也如動植物體乃至天體人體）

等皆是也心理界現象者不能截然有客觀的一體之存在者也如人類社會中之各現象是也人類社會由人類心理合集而成而心理能自由活動故或疑其不能有一定之自然法若儒家言則謂心理界現象亦支配於自然法之下與自然界現象無異故曰一切可以前知也而研究此自然法則儒家所認爲最大之事業也

然儒家固非絕對的不認心理界現象與自然界現象之區別故其研究支配人類之自然法亦常置重於人類心理孟子所謂心之所同然者是也然其此論又未嘗不與「自然法本天」之觀念相一貫蓋謂人心所同然者受之於天故人心所同然卽天之代表也而得人心之所同然者則其已受天之默許者也若是者吾名之爲間接受委任於天之聖人誰間之民間之也今述其說

（書）民之所欲天必從之

（又）天聰明自我民聰明天明畏自我民明畏

（又）天視自我民視天聽自我民聽（孟子引泰誓語僞古文采之）

（孟子萬章上）萬章曰堯以天下與舜有諸孟子曰否天子不能以天下與人然則舜有天下也孰與之曰天與之天與之者諄諄然命之乎曰否天不言以行與事示之而已矣（中略）昔者堯薦舜於天而天受之暴之於民而民受之故曰天不言以行與事示之而已矣（中略）舜相堯二十有八載非人之所能爲也天也堯崩三年之喪畢舜避堯之子於南河之南天下諸侯朝覲者不之堯之子而之舜訟獄者不之堯之子而之舜謳歌者不謳歌堯之子而謳歌舜故曰天也（下略）

（又）萬章問曰人有言至於禹而德衰不傳於賢而傳於子有諸孟子曰否不然也天與賢則與賢天與子

則與子。昔者舜薦禹於天。十有七年。舜崩。三年之喪畢。禹避舜之子於陽城。天下之民從之。若堯崩之後不從堯之子而從舜也。（下略）（左傳桓六年）夫民神之主也。

準是以談。則儒家認人民之公意與天意有二位一體之關係。孟子答萬章問。其斷案皆歸諸天。而例證則舉諸人民。蓋謂民意者天意之現於實者也。荀子謂善言天者必有徵於人。蓋謂此也。然人民之意何以能指爲與天意同一體。儒家之說。謂人與天本一體也。試述之。

（春秋繁露爲人者天篇）人之人本於天。天者人之曾祖父也。此人之所以上類天也。人之形體。化天數而成。人之血氣。化天志而仁。人之德行。化天理而義。（中略）天之副在人。人之情性有由天者矣。

（又觀德篇）況生天地之間。法太祖先人之容貌。（案太祖先人謂天也）

（又天地陰陽篇）貴者起於天。至於人而畢。畢之外謂之物。人超然於萬物之上。而最爲天下貴者也。人下長萬物。上參天地。

凡此皆言人與天本爲一體。夫至形體血氣德行。皆由天所化。然則其爲一體也審矣。此非董子之私言。實孔門之大義也。質而言之。則人類之普通性。實與天共之者也。

夫立法者既不可不以自然法爲標準矣。自然法既出於天意矣。而人民之公意。卽天意之代表也。故達於最後之斷案。則曰人民公意者。立法者所當以爲標準也。歐洲十七八世紀之學者。主張自然法說。隨卽主張民意說。惟儒家亦然。故記大學曰。民之所好好之。民之所惡惡之。孟子曰。所欲與之聚之。所惡勿施爾也。經傳中說此義者。不可枚舉。民意之當重。何以若是。則以其與天意一體。而爲自然法所從出也。若夫人民公意於何見之。則儒家之所說。與十七八世紀歐洲學者之所說異。蓋儒家以爲非盡其性者不能盡人之性。故人民之眞公意。惟聖人爲能知之。而他則不能也。易繫辭傳曰。是以明於天之道。而察於民之故。是興神物以前民用。聖人以此齋戒以神明其德。記禮運曰。故聖人耐（鄭注耐古能字）以天下爲一家。中國爲一人者。非意之也。必知其情。辟於其義。明於其利。達於其患。然後能爲之。（謂人情人義人利人患也。參觀本文）皆此義也。蓋歐洲之自然法學派。謂人民宜爲立法者。儒家則謂惟知人民眞公意所在之人。宜爲立法者。而能知人民眞公意所在者。惟聖人。故惟聖人宜爲立法者也。故同主張人民公意說。而一則言主權在民。一則言主權在君。其觀察點之異。在此而已。夫儒家既謂人定法必當以自然法爲標準。則凡法之不衷於自然法者。儒家所不認爲法者也。又既謂聖人與「自然法之創造者」（卽天）有密切之關係。故聖人所定之法。儒家所認爲法者也。夫儒家所認爲法者。必其與自然法一致者也。而自然法者。一定而不易者也。故儒家言法之觀念。自不得不畸於保守主義。論理之一貫使然也。故曰因而損益。百世可知也。又自然法者。非一般人所能知者也。故儒家言法之觀念。自不得不取君主立法主義。亦論理之一貫使然也。故曰非天子不議禮。不制度也。然君主亦非盡人而能知自然法。必聖人乃能知之。然則後世之爲君主而非聖人者。其於前代聖君之法。惟宜遵守而不可妄有所更革。故儒家言法之觀念。益不得不以君主立法主義與保守主義相結合。又論理之一貫使然也。故曰遵先王之法而過者。未之有也。

然則春秋家言孔子改制者非耶。夫改制則與保守主義相反。以布衣而改制。又與君主立法主義相反。而春秋家言此也。何居。應之曰。不然。孔子所謂改制者。非與前聖之法不相容也。前聖之法。不過能發明自然法之一部分。而孔子則欲發明其全部分。而因以泐成一完備之人定法。使萬古不易也。其爲改也。正所以爲無改之地也。

而孔子既爲知足以知天之聖人，又爲直接受天委任之聖人，故得行天子之事而有立法權也。故孔子改制之義，與儒家主義之大體，未嘗矛盾也。

據上所述，則儒家於其所持法之觀念，其論之也，可謂首尾相應，盛水不漏者矣。雖然，儒家認道與禮與法爲同物者也，而此三者果同物乎。自然法果可應用之於心理界現象，而使一切人定法悉由之出乎。即可應用之，而彼自然法之全部分，果能以人智盡發明之乎。儒家觀念之確與不確，當於此焉判之。

儒家中惟荀子之說微有異同。荀子不認有自然法者也，隨而不取法原本天之說，而惟以人定法爲歸。今復述其說而詮釋之。

（性惡篇）（前略）然則從人之性，順人之情，必出於爭奪，合於犯分亂理，而歸於暴。故必將有師法之化，禮義之導，然後出於辭讓，合於文理，而歸於治。（中略）古者聖王以人之性惡，以爲偏險而不正，悖亂而不治，是以爲之起禮義，制法度，以矯飾人之情性而化之。（中略）今人之性，飢而欲飽，寒而欲煖，勞而欲息，此人之情性也。今人飢，見長而不敢先食者，將有所讓也。勞而不敢求息者，將有所代也。夫子之讓乎父，弟之讓乎兄，子之代乎父，弟之代乎兄，此二行者，皆反於性而悖於情者也。然而孝子之道，禮義之文理也。故順情性則不辭讓矣，辭讓則悖於情性矣。

荀子以性爲惡，自不得復認有自然法。論理之一貫使然也。荀子謂人類於生理上既爲自然法所支配，而生理上之利不利，與心理上之正不正，常相衝突，故於彼方面既認有自然法，則於此方面勢不得復認有自然法。藉曰有之，亦其不足以爲正不正之標準者也。更申言之，則荀子者，謂支配社會之良法，其恆反於自然者也。故荀子言正不正之標準。不以天而惟以聖人。請舉其說。

（性惡篇）聖人積思慮習僞故以生禮義而起法度。然則禮義法度者生於聖人之僞。非故生於人之性也。

（中略）故聖人化性而起僞。僞起於性而生禮義。禮義生而制法度。然則禮義法度者是聖人之所生也。

（王制篇）天地者生之始也。禮義者治之始也。君子者禮義之始也。故天地生君子。君子理天地。

（禮論篇）禮有三本。天地者生之本也。先祖者類之本也。君師者治之本也。

（又）天能生物。不能辨物也。地能載人。不能治人也。宇中萬物生人之屬待聖人然後分也。

（天論篇）天行有常。不爲堯存。不爲桀亡。應之以治則吉。應之以亂則凶（中略）天有其時。地有其財。人有其治。夫是之謂能參。舍其所以參而願其所參。則惑矣（中略）惟聖人爲不求知天。

（又）人之命在天。國之命在禮。（中略）大天而思之。孰與物畜而制之。從天而頌之。孰與制天命而用之。

由是觀之。荀子謂天惟能生物而不能立法。能立法者惟聖人。而聖人既受生於天之後。則與天相對待。既非天之一體。又非受天之委任者也。此其與普通儒家之觀念絕相反者也。荀子賤性而尊僞。僞也者人爲也。（楊注云僞爲也凡非天性而人作爲之者皆謂之僞故僞字人傍會意字也）故絕對的不認有自然法。（性者自然也）而惟認有人爲法。然又言惟聖人爲能起僞。故謂可爲人爲法之標準者。惟聖人也。其言聖人可爲法之標準。與普通儒家同。其言聖人所以可爲法之標準之故。則與普通儒家異。實則聖人以何因緣而可以爲法之標準。此荀子所未言及也。

荀子極尊孔子。謂孔子所立之法。可以爲一切法之標準。其言法後王。謂孔子也。夫孔子固亦欲自以其所立法爲一切法之標準。雖然。孔子之所以自信者。謂其能知自然法而應用之也。即孔子所以尊前聖人者。亦謂其能知自然法而應用之也若荀子既不認自然法徒以其爲聖人爲孔子也而尊之然則毋乃近於無理由之盲從矣乎故就論理上首尾相應之點觀察之荀子之不逮孔子明矣

然則推荀子之論必歸結於貴人而賤法故其言曰

（君道篇）有治人無治法（中略）法不能獨立（中略）得其人則存失其人則亡（中略）君子者法之原也故有君子則法雖省足以徧矣無君子則法雖具失先後之施不能應事之變足以亂矣

此其言雖未嘗不含一面之眞理然人也者非可操劵而得者也聖人君子間世而不一遇專任人而不任法此所以治日少而亂日多也荀子又以尊君爲主義君之賢也更難遇故其說益不完 孟子曰徒法不能以自行徒善不足以爲政賢於荀子遠矣

雖然荀子言自然法之不能成立此則雖孔子恐無以難之何也自然法一成不變者也而人類心理自由活動者也以自由活動之心理果能如自然界現象以一成不變之自然法支配之乎此最不易武斷者也而自然法者儒家之根本觀念也此根本觀念破則儒家之基礎已搖此法家說所以蹈其隙而起也

第二節　道家

道家亦認有自然法者也雖然其言自然法之淵源與自然法之應用皆與儒家異老子曰人法地地法天天法道道法自然又曰功成事遂百姓皆謂我自然又曰希言自然又曰以輔萬物之自然而不敢爲凡道家千言萬語皆以明自然爲宗旨其絕對的崇信自然法不待論也雖然彼不認自然法爲出於天故曰天法道道法自然又曰有物混成先天地生又曰天下萬物生於有有生於無又曰有名天地之始無名萬物之母其意蓋謂一切

具體的萬有皆被支配於自然法之下。而天亦萬有之一也。故天亦自然法所支配。而非能支配自然法者也。而自然法不過抽象的認識。而非具體的獨立存在也。故曰恍兮忽兮。其中有象。夫自然法之本質既已若是。是故不許應用之以爲人定法。苟應用之以爲人定法。則已反於自然法之本性矣。故曰三十輻共一轂。當其無有車之用。埏埴以爲器。當其無有器之用。又曰大制不割。又曰物或益之而損。又曰夫代大匠斲者。希有不傷其手矣。故絕對的取放任主義。而謂制裁力一無所用。非惟無所用。實不可用也。故儒家所以營營焉經畫人定法者。曰惟信有自然法。故道家所以屑屑然排斥人定法者。亦曰惟信有自然法。故故道家對於法之觀念。實以無法爲觀念者也。既以無法爲觀念。則亦無觀念之可言。

第三節　墨家

墨家之持正義說及神意說。與儒家同。獨其關於自然法之觀念。與儒家異。試列舉而比較之。

（墨子天志篇下）子墨子置天志以爲儀法。

（又法儀篇）天下從事者不可以無法儀。（中略）故百工從事皆有法所度。今大者治天下。其次治大國。而無法所度。此不若百工辯也。然則奚以爲治法而可。當皆法其父母奚若。天下之爲父母者衆。而仁者寡。若皆法其父母。此法不仁也。法不仁不可以爲法。當皆法其學奚若。天下之爲學者衆。而仁者寡。若皆法其學。此法不仁也。當皆法其君奚若。天下之爲君者衆。而仁者寡。若皆法其君。此法不仁也。故父母學君三者。莫可以爲治法。而可然則奚以爲治法而可。故曰莫若法天。（中略）既以天爲法。動作有爲。必度於天。天之所欲則爲之。天所不欲則止。

（又天志篇中）故子墨子之有天之意也將以度王公大人之爲刑政也順天之意謂之善刑政不順天之意謂之不善刑政故置此以爲法立此以爲儀將以量度天下譬之猶分黑白也

墨子之所謂法儀謂義是也故墨家實以正義說爲法學之根本觀念者也而正義之源泉一出於天故曰兼採正義說與神意說也雖然其關於自然法之觀念不甚明瞭蓋認有自然法者必謂自然法先於萬有而存在必謂自然法一成而不可變是故有所謂「命」者記中庸所謂可以前知知此物也而墨子非命是不認自然法之存在也凡語人類社會之法律而以自然法爲標準者則標準必存於人類社會之自身人心所同然者卽立法之鵠也故人民總意說與自然法說恆相隨我國儒家說有然歐洲十七八世紀學者之說亦有然墨家不認自然法因亦不認人民總意其言曰

（墨子節葬篇下）今執厚葬久喪者言曰厚葬久喪果非聖王之道夫胡說中國之君子爲而不已操而不擇哉子墨子曰此所謂便其習而義其俗者也昔者越之東有輆沭之國者其長子生則解而食之謂之宜弟其大父死負其大母而棄之曰鬼妻不可與居處（中略）楚之南有炎人國者其親戚死朽其肉而棄之然後埋其骨乃成爲孝子秦之西有儀渠之國者其親戚死聚柴薪而焚之燻上謂之登遐然後成爲孝子此上以爲政下以爲俗爲而不已操而不舍此所謂便其習而義其俗也

故墨子絕對的認法律爲創造的而不認爲發達的若慣習法其爲墨家所承認者殆希也且墨子之排斥人民總意也猶有說

（墨子尙同篇上）古者民始生未有刑政之時蓋其語人異義是以一人則一義二人則二義十人則十義

其人茲衆則其所謂義者亦茲衆（案茲同滋益也）以是人是其義以非人之義故交相非也（中略）天子之所是皆是之天子之所非皆非之（中略）察天下之所以治者何也天子唯能壹同天下之義是以天下治也天下之百姓皆上同於天子而不上同於天則菑猶未去也

由此觀之則墨子謂人民總意終不可得見卽見矣而不足以爲立法之標準若儒家所謂民之所好好之民之所惡惡之者墨子所不肯承認也墨子所視爲立法之標準者惟天志而已而其言天也又與儒家之言天異儒家之天則抽象的而墨家之天則具體的也惟抽象的故雖不能現於實而可借人民總意間接以現於實惟具體的故必須絕對直接以現於實其言天之所欲則爲天所不欲則止法儀篇是也然天之所欲所不欲果能絕對的直接的以現於實乎墨子陳種種之義以爲天所欲者在是在是所不欲者在是在是雖然此不過墨子之主觀云然耳墨子之主觀其果爲天志之眞相與否是又不可不待諸天之自白或第三位之評判也然天之自白與第三位之評判終不可得故墨子之言遂不足以服天下也準此以談則儒墨兩家雖同主張正義說及神意說然就論理上首尾相貫之點觀察之則墨之不逮儒明矣

法治主義之發生

當我國法治主義之興萌芽於春秋之初而大盛於戰國之末其時與之對峙者有四曰放任主義曰人治主義曰禮治主義曰勢治主義而四者皆不足以救時弊於是法治主義應運而興焉今請語其差異之點

第一節　放任主義與法治主義

放任主義者。以不治爲治者也。然欲此主義之實現。必以使民無欲爲前提。否亦以使民寡欲爲前提。然有欲之民。能使之無乎。多欲之民。能使之寡乎。此必不可得之數也。必不可得。而猶謂放任可以治天下。是此主義已從根本上被破壞。而不得存立也。今述當時難放任主義之說。

放任主義者流。既以無治爲主義。故主人治主禮治主勢治主法治者。交敵之。荀子（性惡篇）曰。

今人之性。生而有好利焉。順是。故爭奪生而辭讓亡焉。生而有疾惡焉。順是。故殘賊生而忠信亡焉。生而有耳目之欲有好聲色焉。順是。故淫亂生而禮義文理亡焉。然則從人之性。順人之情。必出於爭奪。合於犯分亂理。而歸於暴。

此論已足摧破放任主義說而有餘。而韓非子（五蠹篇）亦云。

古者不事力而養足。人民少而財有餘。故民不爭。是以厚賞不行。重罰不用。而民自治。今人民衆而貨財寡。事力勞而供養薄。故民爭。雖倍賞累罰。而不免於亂。

此緣老莊一派。好稱道上古郅治。故爲述社會變遷之勢。謂在古代可以放任。而世運愈進。愈不可以放任。此亦其駁論之最有力者也。若其謂法治足以救之者何也。則愼子（馬氏意林引）曰。

一兔走。百人追之。積兔於市。過而不顧。非不欲兔。分定不可爭也。

尹文子（大道上）曰。

名定則物不競。分明則私不行。物不競。非無心。由名定。故無所措其心。私不行。非無欲。由分明。故無所措其欲。然則心欲人人有之。而得同於無心無欲者。制之有道也。

持放任主義者。必以不私不競爲前提。而不私不競。必以無心無欲爲前提。而法家則謂無心無欲。萬不可致。而使之不爭不競者。乃別有道則權利之確定是也。愼子尹文子此語。實權利觀念之濫觴也。荀子（正名篇）又曰。

凡語治而待去欲者。無以道（案同導）欲而困於有欲者也。凡語治而待寡欲者。無以節欲而困於多欲者也。

荀子此語。難道家之欲祛私欲而無其道。而荀子所謂道之節之者。則分也。分卽法也。尹文子（大道上）又曰。

道行於世。則貧賤者不怨。富貴者不驕。愚弱者不懾。智勇者不陵。法行於世。則貧賤者不敢怨富貴。富貴者不敢陵貧賤。愚弱者不敢冀智勇。智勇者不敢鄙愚弱。

管子（明法解）亦曰。

故貧者非不欲奪富者財也。然而不敢者。法不使也。强者非不欲暴弱也。然而不敢者。畏法誅也。

此言道德與法律之區別。其義最明。蓋持放任主義者。認意志之自由。而行爲之自由隨之。故所以規律一般行爲者。不得不悉仰諸良心之制裁。持法治主義者。雖認意志之自由。而行爲之自由。非絕對的承認。故所以規律一般行爲者。壹委諸法力之制裁。此道家與法家之大別也。夫以良心自制裁者。必非盡人而能之明矣。於是乎道德說勢不能普及。而將有所窮。此法家之所以代興也。尹文子（同上）又曰。

爲善使人不能得從。此獨善也。爲巧不能使人得從。此獨巧也。未盡善巧之理。爲善與衆行之。爲巧與衆能之。此善之善。巧之巧者也。所貴聖人之治。不貴其獨治。貴其能與衆共治。貴工倕之巧。不貴其獨巧。貴其能與衆共巧也。今世之人。行欲獨賢。事欲獨能。辯欲出羣。勇欲絕衆。獨行之賢。不足以成化。獨能之事。不足以周務。出羣之辯。不可以戶說。絕衆之勇。不可以征陣。

韓非子五蠹篇亦曰。

微妙之言。上智之所難知也。今爲衆人法。而以上智之所難知。則民無從識之矣。故糟糠不飽者。不務粱肉。裋褐不完者。不待文繡。夫治世之事。急者不得。則緩者非所務也。今所治之政。民間之事。夫婦所明知者不用。而慕上智之論。則其於治反矣。故微妙之言。非民務也。

凡此皆謂徒任道德不足以治國。而利羣也。由此觀之。法家固未嘗盡蔑視道德。惟以爲道德者只能規律於內。不能規律於外。只能規律一部分之人。不能規律全部分之人。故所當標以律民者。非道德而法律也。法家語固多有排斥道德者。然辨論之餘。走於極端。殆非其本意也。而法家言所以不能久者。亦以此

第二節　人治主義與法治主義

凡社會之初形成國家。其創造之而維持之者。恆藉一英雄或數英雄之力。故古代人民。其崇拜英雄之念特甚。謂一切幸福。惟英雄爲能我賜。一切患害。惟英雄爲能我捍。於是英雄萬能聖賢萬能之觀念發生焉。而不知英雄聖賢固大有造於國家。然其所以能大有造於國家者。非僅恃英雄聖賢自身之力。而更賴有法以盾其後也。由前之說。謂之人治主義。由後之說。謂之法治主義。

儒家固甚尊人治者也。而其所以尊之者。非以其人。仍以其法。蓋儒家崇拜古聖人者。謂古聖人爲能知自然法。能應用自然法以制人定法也。故儒家者。非持簡單膚淺的人治主義。而實合人治法治以調和之者也。孟子離婁上曰。

離婁之明。公輸子之巧。不以規矩。不能成方圓。師曠之聰。不以六律。不能正五音。堯舜之道。不以仁政。不能平

治天下。今有仁心仁聞。而民不被其澤。不可法於後世者。不行先王之道也。故曰。徒善不足以爲政。徒法不能以自行。（中略）故曰爲高必因丘陵。爲下必因川澤。爲政不因先王之道。可謂智乎。是以惟仁者宜在高位。不仁而在高位。是播其惡於衆也。

徒善不可謂當以法治濟人治之窮也。徒法不可謂當以人治濟法治之窮也。故既言不因先王之道不可謂智。又言惟仁者宜在高位。是人與法兩相須。實儒家中庸之大義也。

逮法家興。則排斥人治主義。而獨任法治主義。尹文子（大道下）曰。

田子（案田子田駢也）讀書曰。堯時太平。宋子（案宋子宋鈃也）曰。聖人之治以致此乎。彭蒙在側。越次答曰。聖法之治以致此。非聖人之治也。宋子曰。聖人與聖法何以異。彭蒙曰。子之亂名甚矣。聖人者自己出也。聖法者自理出也。理出於己。己非理也。己能出理。理非己也。故聖人之治。獨治者也。聖法之治。則無不治矣。

此言可謂至言。謂治由聖人出者。具體的直覺的也。謂治由聖法出者。抽象的研究的也。理出於己而已。非理己能出理。而理非己。此實論理學上正名之要恉。而治科學者所最當審也。如國家由君主統治。而君主非國家。君主能統治國家。而國家非君主。毫釐之辨。而根本觀念大相反焉。不可不審也。然此義儒家亦能知之。故孟子曰。聖人先得我心之所同然耳。凡儒家之尊聖人。皆尊其法。非尊其人也。

尹文子（大道上）又曰。

聖王知民情之易動。故作樂以和之。制禮以節之。在下者不得用其私。故禮樂獨行。禮樂獨行。則私欲寢廢。私欲寢廢。則遭賢之與遭愚均矣。若使遭賢則治。遭愚則亂。是治亂續於賢愚。不係於禮樂。是聖人之術。與聖主

而俱沒治世之法逮易世而莫用則亂多而治寡亂多而治寡則賢無所貴愚無所賤矣

此其言尤爲博深切明夫專制國則治亂續於賢愚者也而立憲國則遭賢與遭愚均者也必遭賢與遭愚均然後可以厝國於不敝若此者非法治無以得之（尹文子此文謂禮治也然與法治對舉則禮治法治爲別物與人治對舉則禮治法治爲同物此先秦諸哲之所同也尹文此言文則禮治而意則法治也）所貴乎賢者以其能厝國於不敝也故必爲國立法斯乃可貴此尹文之意也韓非子（難勢篇）亦曰

且夫堯舜桀紂千世而一出反是比肩隨踵而生也世之治者不絕於中吾所以爲言勢者中也中者上不及堯舜而下亦不爲桀紂抱法處勢則治背法去勢則亂今廢勢背法而待堯舜堯舜至乃治是千世亂而一治也抱法處勢而待桀紂桀紂至乃亂是千世治而一亂也且夫治千而亂一與治一而亂千也是猶乘驥駬而分馳也相去亦遠矣

此言難人治主義說最爲有力蓋言人類至賢至不肖者尠惟中人最多有法則賢者益賢而中人亦可以循法而不失爲賢無法則惟賢者能賢而中人則以靡法可循而卽於不肖此立憲與專制得失之林也前此所言皆謂人治之不能久而法治之可以常也而韓子復論人治之不能周而法治之可以徧其言（難一篇）曰

歷山之農者侵畔舜往耕焉期年甽畝正河濱之漁者爭坻舜往漁焉期年而讓長東夷之陶者器苦窳舜往陶焉期年而器牢仲尼歎曰耕漁與陶非舜官也而舜往爲之者所以救敗也舜其信仁乎乃躬耕處苦而民從之故曰聖人之德化乎……或問儒者曰（中略）且舜救敗期年已一過三年已三過（案已止也）舜有盡壽有盡天下過無已者以有盡逐無已所止者寡矣賞罰使天下必行之令曰中程者賞弗中程者誅令朝至暮變暮至朝變十日而海內畢矣奚待期年舜猶不以此說堯令從己乃躬親不亦無術乎且夫以身爲

苦而後化民者、堯舜之所難也、處勢而令下者、庸主之所易也、將治天下、釋庸主之所易道堯舜之所難、未可與爲政也、

有難法治說謂雖有良法、苟不得賢才以用之、而法將無效者、韓子則釋之難勢篇曰、

（前略）夫曰良馬固車臧獲御之則爲人笑王良御之則日取乎千里吾不以爲然、夫待越人之善海游者、以救中國之溺人越人善游矣而溺者不濟矣夫待古之王良以馭今之馬亦猶越人救溺之說也不可亦明矣夫良馬固車五十里而一置使中手御之追速致遠可以及也而千里可日致也何必待古之王良乎且御非使王良也則必使臧獲敗之治非使堯舜也則必使桀紂亂之此則積辯累辭離理失實兩未之議也、

此言任人不任法者、人無必得之券、則國無必治之符、所待之人未至、而國已先亂亡矣、任法不任人者、法固中材之所能守而不必有所待也、此摯論也、

尹文子大道上亦云、

萬事皆歸於一、百度皆準於法、歸一者簡之至、準法者易之極、如此頑嚚聾瞽、可與察慧聰明同其治也、

故韓子又言苟非以法治者、雖偶治而不可謂之眞治、何也、未嘗有必治之劵存也、其言問辯篇曰、

夫言行者以功用爲之的彀者也、夫砥礪殺矢而以妄發其端未嘗不中秋毫也然而不可謂善射者、無常儀的也、設五寸之的、引十步之遠、非羿逢蒙不能必中者、有常也、故有常則羿逢蒙以五寸的爲功、無常則以妄發之中秋毫爲拙、

此言專制國雖或偶得英明神武之主、行開明專制、國運驟進、然不能以此自安、以其不能常也、法治國雖進不

必驟。而得寸得尺。計日程功。兩者比較。惟法治可以爲安也。故法家之論。謂人主無論智愚賢不肖。皆不可不行動於法之範圍內。此至精之論也。今最述其說。

（管子明法篇）是故先王之治國也。不淫意於法之外。不爲惠於法之內也。動無非法者。所以禁過而外私也。（中略）是故先王之治國也。使法擇人。不自舉也。使法量功。不自度也。

（又明法解篇）明主雖心之所愛。而無功者不賞也。雖心之所憎。而無罪者弗罰也。案法式而驗得失。非法度不留意焉。故曰不淫意於法之外。（中略）夫舍公法而行私惠。則是利姦邪而長暴亂也。行私惠而賞無功。則是使民偷幸而望於上也。行私惠而赦有罪。則是使民輕上而易爲非也。故曰不爲惠於法之內。

（又任法篇）不知親疏遠近貴賤美惡。以度量斷之。其殺戮人者不怨也。其賞賜人者不德也。以法制行之。如天地之無私也。（中略）今亂君則不然。有私視也。故有不見也。有私聽也。故有不聞也。有私慮也。故有不知也。

（又）聖君任法而不任智。任數而不任說。任公而不任私。任大道而不任小物。失君則不然。

（韓非子用人篇）釋法術而任心治。堯不能正一國。去規矩而妄意度。奚仲不能成一輪。廢尺寸而差長短。王爾不能半中。使中主守法術。拙匠守規矩。則萬不失矣。君人者能去賢巧之所不能。守中拙之所萬不失。則人力盡而功名立。

（又亡徵篇）簡法禁而務謀慮者。可亡也。好以智矯法。時以私雜公。法禁變易。號令數下者。可亡也。

（又飾邪篇）凡智能明通。有以則行。無以則止。故智能單道。不可傳於人。而道法萬全。智能多失。夫懸衡而知乎。設規而知圓。萬全之道也。釋規而任巧。釋法而任智。惑亂之道也。

（又姦劫弒臣篇）人主者非目若離婁。乃爲明也。非耳若師曠。乃爲聰也。目必不任其數。而待目以爲明。所見者少矣。非不蔽之術也。耳必不因其勢。而待耳以爲聰。所聞者寡矣。非不欺之道也。明主者使天下不得不爲己視。使天下不得不爲己聽。

（又難二篇）以一人之力禁一國者。少能勝之。

（愼子君人篇）君人者舍法而以身治。則誅賞予奪。從君心出。然則受賞者雖當。望多無窮。受罰者雖當。望輕無已。君舍法以心裁輕重。則同功殊賞。同罪殊罰。矣怨之所由生也。是以分馬之用策。分田之用鉤。非以策鉤爲過於人智。所以去私塞怨也。故曰大君任法而弗躬。則事斷於法。法之所加。各以分蒙賞罰。而無望於君。是以怨不生而上下和矣。

（管子任法篇）昔者堯之治天下也。猶埴之在埏也。唯陶之所以爲。猶金之在罏。恣冶之所以鑄。其民引之而來。推之而往。使之而成。禁之而止。故堯之治也。善明法禁之令而已。

以上所舉。皆謂非徒就國家方面論。宜任法而毋任人。卽就君主方面論。亦宜任法而毋自任。而其言所以不可自任者有三義。一曰自任則不周也。二曰自任則滋弊也。三曰自任則叢怨也。凡以明法治之必要而已。

第三節　禮治主義與法治主義

日本穗積陳重博士曰『原始社會者。禮治社會也。舉凡宗教道德慣習法律。悉舉而包諸禮儀之中。無論何社會。皆禮治先於法治。此徵諸古代史及蠻地探險記。而可見者也。支那古代。謂禮爲德之形。禮也者。行爲之有形的規範．而道德之表彰於外者也．當社會發展之初期民智蒙昧不能依於抽象的原則以規制其行爲．故取日用行習之最適應於共同生活者．爲設具體的儀容．使遵據之．則其於保社會之安寧．助秩序的發達．最有力焉．故上自君臣父子兄弟夫婦朋友．下逮冠昏喪祭宮室衣服飲食器具言語容貌進退．凡一切人事無大無小而悉納入於禮之範圍．夫禮之範圍．其廣大如此．此在原始社會．其人民未慣於秩序的生活者．以此制裁之．而甚有效．至易見也．及夫社會確立．智德稍進．人各能應於事物之性質．而爲適宜之自治行爲．無取復以器械的形式制馭之．而固定之禮儀．或反與人文之進化成反比例．此禮治之所以窮而敝也．』法學協會雜誌第二十四卷第一號論文「禮與法」其於禮治主義之起原發達及其得失．言之殆無餘蘊矣．

儒家崇信自然法．而思應用自然法以立人定法．其所立之人定法．則禮是也．今先述儒家所言禮之定義．

（記樂記）禮也者．理之不可易者也．

（又）禮者．天地之序也．

（又）大禮與天地同節．

（又禮運）夫禮．先王以承天之道．以治人之情．

（又仲尼燕居）夫禮．所以制中也．

（又禮運）禮也者．義之實也．

（又禮器）禮也者．合於天時．設於地利．順於鬼神．合於人心．以理萬物者也．

（又）禮也者．物之致也．

(荀子致士篇)程者物之準也禮者節之準也

(又禮論篇)禮者斷長續短損有餘益不足達愛敬之文而滋成行義之美者也

(記樂記)禮節民心

(又禮器)禮衆之紀也紀散而衆亂

(又坊記)禮者因人情之節文以爲民坊者也

(又)夫禮坊民所淫章民之別使民無嫌以爲民紀者也

(又樂記)禮者所以綴淫也

(又)禮者將以平好惡而反人道之正者也

(又曲禮)夫禮者所以定親疏決嫌疑別同異明是非也

(又仲尼燕居)禮者何也卽事之治也有其事必有其治

(又禮器)禮也者猶體也體不備君子謂之不成人

(說文示部)禮履也段注云見禮記祭義(案祭義云禮者履此者也)周易序卦傳履足所依也引申之凡所依皆曰履

(孔穎達禮記正義引鄭玄篇)禮者體也履也統之於心曰體踐而行之曰履

(又引賀瑒說)其體有二一是物體言萬物貴賤高下小大文質各有其體二曰禮體言聖人制法體此萬物使高下貴賤各得其宜也(中略)物雖萬體皆同一履履無兩義也

綜上所述則禮之定義可得而明焉曰『禮也者根本天地之自然法而制定之於具體的爲一切行爲之標準以使人民踐履之者也所謂理所謂義所謂中所謂天之道所謂天地之序天地之節皆謂自然法也有其事必有其治卽有物有則之義也此自然法本爲具體的當禮之未生以前先已存在而聖人則研究之於抽象的求得其條理而應用之於事事物物復制爲具體的儀式以爲事事物物之標準而使民率循（賀氏謂其體有二是也然謂一物體二禮體則不當當以道體與禮體並列蓋物與事同皆道與禮之目的物而已）荀子又曰若夫斷之繼之博之淺之益之損之類之盡之盛之美之使本末終始莫不順比足以爲萬世則則是禮也（禮論篇）是其義也然則禮也者一種具體的之人定法而儒家所認爲與自然法有母子血統的關係者也但既由自然法抽象而來故雖認爲固定體而固定之程度比較的不如自然法之强故儒家謂自然法之道爲絕對的不變者謂人定法之禮爲比較的可變者今述其說

（記曲禮）禮從宜使從俗

（又禮器）禮時爲大順次之體次之宜次之稱次之

（又禮運）故禮也者義之實也協之義而協則禮雖先王未之有可以義起也

（又樂記）三王異世不相襲禮

由是觀之則儒家謂禮不純爲創造的而兼爲發達的制禮者可承認慣習以爲禮猶立法者可承認慣習以爲法也故所重者不在禮之數而在禮之義記郊特牲云『禮之所尊尊其義也失其義陳其數祝史之事也故其數可陳也其義難知也』此猶言法者非徒重法文而尤重法之精神也

是故儒家言禮之效用與法家言法之效用正同儒家之言曰

（記經解）禮之於正國也猶衡之於輕重也繩墨之於曲直也規矩之於方圓也故衡誠縣不可欺以輕重繩墨誠陳不可欺以曲直規矩誠設不可欺以方圓君子審禮不可誣以姦詐

（荀子禮論篇）故繩墨誠陳矣則不可欺以曲直衡誠縣矣則不可欺以輕重規矩誠設矣則不可欺以方圓君子審於禮則不可欺以詐僞故繩者直之至衡者平之至規矩者方圓之至禮者人道之極也

法家之言曰

（愼子）有權衡者不可欺以輕重有尺寸者不可差以長短有法度者不可巧以詐僞（馬氏意林引）

（管子明法篇）是故有法度之制者不可巧以詐僞有權衡之稱者不可欺以輕重有尋丈之數者不可欺以長短

（尹文子大道上）以度審長短以量受多少以衡平輕重以律均清濁以名稽虛實以法定治亂

由是言之則儒家之言禮法家之言法皆認爲行爲之標準儒家所謂中禮不中禮即法家之所謂適法不適法也二者就形質上就效用上其觀察點全同雖謂非二物可也

故儒家以禮爲治國治天下唯一之條件其言曰

（孝經）安上治民莫善於禮

（記祭統）凡治人之道莫急於禮

（又禮運）聖人以禮示之故天下國家可得而正也

（又）故治國不以禮猶無耜而耕也

（又）故唯聖人爲知禮之不可以已也。故壞國喪家亡人。必先去其禮。

（又）是故禮者。君之大柄也。

（又哀公問）爲政先禮。禮其政之本與。

（又祭義）致禮樂之道。而天下塞焉。舉而措之無難矣。

（又樂記）樂至則無怨。禮至則不爭。揖讓而治天下者。禮樂之謂也。

（又經解）故禮之敎化也微。其止邪也於未形。使人日徙善遠罪而不自知也。是以先王隆之也。

（又曲禮）人有禮則安。無禮則危。

此皆極言禮治之效用也。

然儒家關於禮之觀念與關於法之觀念。亦非全無差別。試舉之。

（論語）道之以政。齊之以刑。民免而無恥。道之以德。齊之以禮。有恥且格。

（記樂記）禮節民心。樂和民聲。政以平之。刑以齊之。禮樂刑政。四達而不悖。則王道備矣。

此所謂刑卽法也。（古代所謂刑其本義卽指法律其引申之義乃爲刑罰法律者刑字之廣義也刑罰者刑字之狹義也說見第三章）然則禮之與法。散言則通。對言則別。

儒家固非盡排斥法治。然以禮治爲主點。以法治爲補助。蓋謂禮治所不能施之範圍。然後以法治行之也。

然則禮治與法治之範圍。亦有界線乎。曰有之。

（記曲禮）禮不下庶人。刑不上大夫。

（荀子富國篇）由士以上則必以禮樂節之。衆庶百姓則必以法數制之。

荀子此文。實曲禮彼文之注腳也。刑不上大夫者。刑卽廣義之刑。謂法也。荀子所謂法數是也。吾國古代亦有等族制度。士以上卽貴族。衆庶卽平民也。其權利義務。皆溝然懸殊。於是以禮治刑治（法治）嚴區別之。其所以生此區別者。蓋在古代宗法社會。莫不有賤彼貴我之觀念。此各國所同。非獨我也。英人甄克思曰『宗法社會以種族爲國基。故其國俗莫不以羼雜爲厲禁。方社會之爲宗法也。欲入其樊而爲社會之一分子。非生於其族。其道莫由。其次則螟蛉蜾蠃之事。然其禮俗至嚴。非與例故脗合者所弗納也。』（嚴譯社會通詮第七六葉）坐是之故。其禮俗習故。傳自先祖遺訓者。常神聖視之。而不許異族適用。故古代法律。非如今之屬地主義。而恆取屬人主義。皆此之由。此其例證。求諸羅馬法最易見。羅馬原有之法律名「周士斯委爾」Jus Civile 專適用於羅馬人。其後侵略日廣。歸化者日衆。於是別造一種法律名「周士和那拉廉」Jus Honorarium 者。（此譯蠻民法）以治羅馬種人以外之人。此兩法至今猶存。班班可考也。吾古代所謂禮者。以治同氣類之貴族。所謂刑法者。以治歸化之賤族。書呂刑曰『苗民弗用靈。制以刑。惟作五虐之刑曰法。』此刑法之起原最可信據者。（苗民卽異族之歸化者。故書又曰黎民於變時雍。凡古代所謂民。皆以別於士。士貴族也。民賤族也。）由此觀之。則所謂禮者。卽治本族之法律。所謂刑者。卽治異族之法律。其最初之區別實如是。洎夫春秋以降。漸由宗法社會以入軍國社會。固有之貴族。孳乳寖多。特別權利。有所不給。而疇昔所謂異族。久經同化。殆不可識別。於是社會大變革之機。迫於眉睫。治道術之士。咸思所以救其敝。而儒家則欲以疇昔專適用於貴族之法律（卽禮）擴其範圍。使適用於一般之平民。法家則欲以疇昔專適用於平民之法律（卽刑與法）擴其範圍。使適用於一般之貴族。此實禮治法治之最大爭點。而中國進化史上一大關鍵也。

夫禮也者。取一切行爲而悉爲之制定一具體的形式。然行爲者。應於社會之變遷。而其形式不得不變遷者也。於是乎所制定之具體的。勢難閱百年而猶與社會相適。故在昔可爲社會進化之助者。在後反爲社會進步之障。而所謂行爲者自洪迄纖。其數累億。其所謂禮者。亦不得不洪纖悉備。其數累億。非徒非人力所能悉制定。抑尤非人力所能悉記憶。故當戰國以還。社會之變遷日益劇急。而諸子百家之對於儒教之禮治主義。其攻難亦日益甚。又勢使然也。是以道家墨家法家等。羣起而與禮治主義爲敵。

（莊子馬蹄篇）及至聖人。摘擗爲禮。而天下始分矣。

（史記太史公自序）夫儒者以六藝爲法。六藝經傳以千萬數。累世不能通其學。當年不能究其禮。

（淮南子要略）墨子初學儒者之業。受孔子之術。旣乃以爲其禮煩擾。傷生害業。糜財貧民。

（墨子非儒篇）孔某盛容修飾以蠱世。弦歌鼓舞以聚徒。繁登降之禮以示儀。務趨翔之節以勸衆。儒學不可以議世。勞思不可以補民。累壽不能盡其學。當年不能行其禮。

此道墨兩家相攻難之說也。多不及悉舉 道墨兩家。其立腳點爲極端的相反。惟其對於禮治主義之批評。則略相同。卽一曰束縛過甚。二曰繁縟難行也。

法家亦攻難禮治主義。惟其所以攻難者。則觀察點全異。蓋道墨兩家。謂禮治主義病在干涉程度太過。法家則謂禮治主義病在干涉程度不足也。今舉其說

（韓非子顯學篇）夫聖人之治國。不恃人之爲吾善也。而用其不得爲非也。恃人之爲吾善也。境內不什數。用人不得爲非。一國可使齊。爲治者。用衆而舍寡。故不務德而務法。夫必恃自直之箭。百世無矢。恃自圜之木。

千世無輪矣。自直之箭、自圜之木、百世無有一。然而世皆乘車射禽者何也。隱栝之道用也。雖有不恃隱栝而自直之箭、自圜之木、良工弗貴也。何則。乘者非一人、射者非一發也。不恃賞罰而恃自善之民、明主弗貴也。何也。國法不可失、而所治非一人也。今或謂人曰、使子必智而壽、則世必以爲狂。夫智、性也。壽、命也。性命者、非所學於人也。而以人之所不能爲說人、此世之所以謂之爲狂也。謂之不能、然則是諭也。夫諭、性也。以仁義敎人、則是以智與壽說也。有度之主弗受也。故善毛嬙西施之美、無益吾面、用脂澤粉黛則倍其初。言先王之仁義、無益於治、明吾法度、必吾賞罰者、亦國之脂澤粉黛也。今巫祝之祝人曰、使若千歲萬歲、千歲萬歲之聲聒耳、而一日之壽無徵於人、此人之所以簡巫祝也。今世儒者之說人主、不言今之所以爲治、而語已治之功。不審官法之事、不察姦邪之情、而皆道上古之傳譽、先王之成功。儒者飾辭曰、聽吾言則可以霸王。此說者之巫祝、有度之主不受也。

（又五蠹篇）若夫賢良貞信之行者、必待貴不欺之士。貴不欺之士、亦無不欺之術也。布衣相與交、無富貴以相利、無威勢以相懼也、故求不欺之士。今人主處制人之勢、有一國之厚、重賞嚴誅、得操其柄、以修明術之所燭、雖有田常子罕之臣、不敢欺也、奚待於不欺之士。今貞信之士不盈於十、而境內之官以百數、必任貞信之士、則人不足官。人不足官、則治者寡而亂者衆矣。故明主之道、一法而不求智、固術而不慕信。

（又）今有不才之子、父母怒之不爲改、鄉人譙之弗爲動、師長敎之弗爲變。夫以父母之愛、鄉人之行、師長之智、三美加焉、而終不動其脛毛、不改。州部之吏操官兵、推公法、而求索姦人、然後恐懼、變其節、易其行矣。故父母之愛不足以敎子、必待州部之嚴刑者、民固驕於愛、聽於威矣。

(又八說篇)是以有道之主。不求清潔之吏。而務必知之術。

(商君書開塞篇)分定而無制不可。故立禁。

(又)古者民藂生而羣處。故求有上也。將以爲治也。今有主而無法。其害與無主同。有法不勝其亂。與不法同。

(又畫策篇)仁者能仁於人。而不能使人仁。義者能愛於人。而不能使人相愛。是以知仁義之不足以治天下也。聖人有必信之性。又有使天下不得不信之法。所謂義者。爲人臣忠。爲人子孝。少長有禮。男女有別。非其義也。餓不苟食。死不苟生。此乃有法之常也。聖王者。不貴義而貴法。法必明。令必行。則已矣。

(又)國之亂也。非其法亂也。非法不用也。國皆有法。而無使法必行之法。國皆有禁姦邪刑盜賊之法。而無使姦邪盜賊必得之法。

(又禁使篇)其勢難匿者。雖跖不爲非焉。

(尹文子大道上篇)今天地之間。不肖實衆。仁賢實寡。趨利之情。不肖特厚。廉恥之情。仁賢偏多。今以禮義招仁賢。所得仁賢者。萬不一焉。以名利招不肖。所得不肖者。觸地是焉。故曰禮義成君子。君子未必須禮義。名利治小人。小人不可無名利。(中略)上下不相侵與。謂之名正。名正而法順也。

(韓非子五蠹篇)且夫以法行刑。而君爲之流涕。此所以效仁。非所以爲治也。夫垂泣不欲刑者。仁也。然而不可不刑者。法也。先王勝其法。不聽其泣。則仁之不可以爲治。亦明矣。

(又六反篇)故法之爲道。前苦而長利。仁之爲道。偷樂而後窮。聖人權其輕重。出其大利。故用法之相忍。而棄仁人之相憐也。

（又）夫陳輕貨於幽隱，雖曾史可疑也。懸百金於市，雖大盜不取也。不知則曾史可疑於幽隱，必知則大盜不取懸金於市。故明主之治國也，衆其守而重其罪，使民以法禁而不以廉止。母之愛子也倍父，父令之行於子者十母。吏之於民無愛，令之行於民也萬父母。父母積愛而令窮，吏威嚴而民聽從，嚴愛之筴亦可決矣。

（商君書定分篇）夫不待法令繩墨而無不正者，千萬之一也。故聖人以千萬治天下。故夫智者而後能知之，不可以爲法。民不盡智賢者而後知之，不可爲法。民不盡賢。

（韓非子八說篇）慈母之於弱子也，愛不可爲前。然而弱子有僻行，使之隨師；有惡病，使之事醫。不隨師則陷於刑，不事醫則疑於死。慈母雖愛，無益於振刑救死。則存子者非愛也。母不能以愛存家，君安能以愛持國。

（管子七法篇）言是而不能立，言非而不能廢，有功而不能賞，有罪而不能誅，若是而能治民者，未之有也。

（中略）是何也？曰形勢器械未具，猶之不治也。

（韓非子八說篇）古者人寡而相親，物多而輕利易讓，故有揖讓而傳天下者。然則行揖讓高慈惠而道仁厚，皆推政也。處多事之時，用寡事之器，非智者之備也。當大爭之世而循揖讓之軌，非聖人之治也。

（尹文子大道上篇）故有理而無益於治者，君子弗言。有能而無益於事者，君子弗爲。君子非樂有言，有益於治，不得不言。君子非樂有爲，有益於事，不得不爲。故所言者不出於名法（中略）明主不爲治外之理。

以上述法家言難禮治主義之大概也。其論多不可悉舉，此舉其一斑耳。夫禮固爲一種之制裁力，不可誣也。雖然，此社會的制裁力，而非國家的制裁力也。既名之曰國家，則不可無强制組織，而禮治之所取則勸導之謂，而非督責之謂也語人以禮之當率循其率循與否惟在各人之道德責任心若其責任心薄弱視禮蔑如者爲之奈何法家則認人性爲惡謂能有完全之道德責任心者萬不得一故禮治不足爲治之具也（韓非子顯學篇商君書定分篇尹文子大道上篇等所說）又以爲人類當其以社會的分子之資格立於社會之下則社會所以制裁之者不得不專恃道德責任心若當其以國家的分子之資格立於國家之下則國家所以制裁之者於道德責任心外尚可以有他力焉（凡今世之人類一面爲國家的分子同時一面爲社會的分子蓋國權所不干涉之範圍即社會之範圍也若夫未能建設國家之人類則不爲國家的分子而僅爲社會的分子耳）而道德責任心之制裁實不完全之制裁也社會之性質不能爲强制的故不得不以不完全之制裁自滿足而國家既有强制的性質可以行完全制裁故不可徒恃道德責任心爲國民行爲之規律非惟不可恃抑亦不必恃也（韓非子五蠹篇所說）於此而僅恃道德責任心安於不完全之制裁則是國家自放棄其責任也夫人類之相率而組織國家誠以不完全之制裁不足以確保秩序而增進幸福而思有所以相易也若既有國家而制裁之不完全仍一如其前則人之樂有國家也奚爲也哉準此以談則强制的法治非徒國家之權利抑又國家之義務也（商君書開塞篇所說）凡此皆法家之理想與儒家絕異者也平心論之則儒家對於國家之觀念實不如法家之明瞭非直儒家即道墨諸家皆然蓋儒道墨之論治也其主觀的能治之方針雖各各不同而客觀的所治之目的物則皆認國家與社會爲同物故三家者與其謂之國家主義毋寧謂之社會主義之爲尤得也我國之有國家主義實自法家始

第四節　勢治主義與法治主義

法治必藉强制而始實現强制必藉權力而後能行故言法治者動與勢治相混幾成二位一體之關係（法家以勢治立言者甚多今不暇枚舉）雖然法家決非徒任勢者且決非許任勢者凡以勢言法者非眞法家言也今述其證

（韓非子難勢篇）愼子曰。飛龍乘雲。騰蛇游霧。雲罷霧霽。而龍蛇與螾螘同矣。則失其所乘也。堯爲匹夫。不能治三人。而桀爲天子。能亂天下。吾以此知勢位之足恃。而賢智之不足慕也。堯教於隸屬而民不聽。至於南面而王天下。令則行。禁則止。由此觀之。賢智未足以服衆。而勢位足以任賢者也。應愼子曰。飛龍乘雲。騰蛇游霧。吾不以龍蛇爲不託於雲霧之勢也。雖然。專任勢。足以爲治乎。則吾未得見也。（中略）夫勢者。非能使賢者用己。而不肖者不用己也。賢者用之。則天下治。不肖者用之。則天下亂。人之情性。賢者寡而不肖者衆。而以威勢之利。濟亂世之不肖人。則是以勢亂天下者多矣。以勢治天下者寡矣。（中略）吾所以爲言勢者。中也。中者上不及堯舜。而下亦不爲桀紂。抱法處勢則治。背法去勢則亂。

此言法治與勢治之區別甚明。勢也者。權力也。法治固萬不能舍權力。然未有法以前。則權力爲絕對的。既有法以後。則權力爲關係的。絕對的。故無限制。關係的。故有限制。權力既有限制。則受治於其權力下者。亦得確實之保障矣。此義也。諸法家中。惟韓非最能知之。其他亦有見及者。

（韓非子八說篇）故仁人在位。下肆而輕犯禁法。偷幸而望於上。暴人在位。則法令妄而臣主乖。民怨而亂心生。故曰。仁暴皆亡國者也。

（又）人臣肆意陳欲曰俠。人主肆意陳欲曰亂。

（又難一篇）人主當事。遇於法則行。不遇於法則止。

（又大體篇）不急法之外。不緩法之內。

（文子上義篇）古之置有司也。所以禁民使不得恣也。其立君也。所以制有司使不得專行也。法度道術。所以禁君使不得横斷也．人莫得恣．即道勝而理得矣．

（管子任法篇）君臣上下貴賤皆從法．此之謂大治．

（又）此聖君之所以自禁也．

（又法法篇）不爲君欲變其令．令尊於君也．

（又）故置法以自治．立儀以自正也．

（又權修篇）地之生財有時．民之用力有倦．而人君之欲無窮．以有時與有倦而養無窮之君．而度量不生於其間．則上下相疾也．

（又君臣篇上）有道之君者．善明設法．而不以私防者也．而無道之君．既已設法．則舍法而行私者也．

綜上所述．則法家非主張君權無限說甚明．誰限之．曰自限之．自制法而受限於法．故曰自限也．此管子所以言自禁．文子所以言禁君也．夫商君以任勢聞者也．然猶曰『以法正諸侯．非私天下之利也．議爲天下治天下．（中略）今亂世之君臣．區區然擅一國之利．而當一官之重．以便其私．此國之所以危也．（中略）是故明王任法去私．』修權篇然則法家言與彼野蠻專制之治．又豈可同年而語耶．

第五節　法治主義之發生及其衰滅

法治主義起於春秋中葉．逮戰國而大盛．而其所以然者．皆緣社會現象．與前古絕異．一大革命之起．迫於眉睫．故當時政治家不得不應此時勢．以講救濟之道．鄭子產鑄刑鼎．晉叔向難之．子產曰僑不才．不能及子孫．吾以救世也．左傳昭六年救世一語．可謂當時法治家唯一之精神．蓋認爲一種之方便法門也．當時論法律學研究之必要者尚多。今更舉之。

（商君書開塞篇）今世强國事兼并。弱國務力守。上不及虞夏之時。下不修湯武之法。故萬乘莫不戰。千乘莫不守。此道之塞久矣。而世主莫之能廢也。故三代不四。非明主莫有能聽也。古之民樸以厚。今之民巧以僞。故效於大者。先德而防治於今者。前刑而法。此俗之所惑也。

（韓非子五蠹篇）夫古今異俗。新故異備。如欲以寬緩之政。治急世之民。猶無轡策而御駻馬。此不知之患也。

（淮南子要略）齊桓公之時。天子卑弱。諸侯力征。南夷北狄交伐中國。中國之不絕如綫。齊國之地。東負海而北彰河。地狹田少。而民多智巧。桓公憂中國之患。苦夷狄之亂。欲以存亡繼絕。故管子之書生焉。（中略）申子者。韓昭釐之佐。韓晉別國也。地徼民險。而介於大國之間。晉國之故禮未滅。韓國之新法重出。先君之令未收。後君之令又下。新故相反。前後相繆。百官背亂。不知所用。故刑名之書生焉。秦國之俗。貪狼强力。寡義而趨利。可威以刑。而不可化以善。可勸以賞。不可厲以名。被險而帶河。四塞以爲固。地利形便。畜積殷富。孝公欲以虎狼之勢。而吞諸侯。故商鞅之法生焉。

當時諸家書言法治主義之萬不容已者尚多。匪暇枚舉。若淮南子此論。於其所以然之故。最能道破矣。大抵當時法治主義之動機有二。一曰消極的動機。二曰積極的動機。消極的動機者何。其在國家內部。階級制度之敝已達極點。貴族之專橫。爲施政上一大障礙。非用嚴正之法治。不足以維持一國之秩序。故商君變法。劓公子虔而黥公孫賈。其他如子產李悝申不害之流。皆莫不首鋤貴族。蓋非是而國家內部之統一。將不可望也。積極的動機者何當時交通既開兼幷盛行小國寡民萬不足以立於物競界故大政治家莫不取殖產主義與軍國民主義即所謂富國强兵者是也而欲舉富國强兵之實惟法治爲能致之蓋非是而國家外部之膨脹將不可望也由是觀之則法治主義者實應於當時之時代的要求雖欲不發生焉而不可得者也

故法治主義對於其他諸主義最爲後起而最適於國家的治術今比較而示其位置

- 治術
  - 放任主義
  - 非放任主義
    - 人治主義
    - 非人治主義
      - 禮治主義
      - 非禮治主義
        - 勢治主義
        - 非勢治主義（即法治主義）

法治主義對於放任主義則彼乃不治的而此乃治的也其對於人治主義則彼乃無格式的而此乃有格式的也其對於禮治主義則彼乃無强制力的而此乃有强制力的也其對於勢治主義則彼乃無限制的而此乃有限制的也此法治主義之位置也

（附言）勢治主義與人治主義略相類似不得區別惟人治主義墨家及儒家中一部分所主張也（墨家專標尚賢爲一宗旨明是人治主義儒家中則荀子實持人治主義者也）勢治主義法家中一部分所主張也言人治主義者徒恃感化力而不恃制裁力言勢治主義者則以制裁力爲神聖而謂此力由自然人之君主而來者也法治主義亦認此力由君主而來而屬諸國家機關的君主不屬諸自然人的君主矣此其所以異也

夫以法治主義之適於國家的治術既已若此宜其一度發生之後則繼長增高有進無已乃其占勢力於政界

者不過百數十年不移時而遂歸澌滅者何也吾推求其原因有三端焉秦漢以還驟開布衣帝王布衣卿相之局所謂貴族階級者消滅殆無復痕跡而天下一家又非復列國並立弱肉强食之舊於是所謂時代之要求者就消極積極兩方面觀之其需要法治之亟已不如其前故戰國時句出萌達之國家觀念漸成秋扇而固有之社會觀念復起而代之夫法治主義與國家觀念密切而不可離者也國家觀念衰則法治主義隨之此其衰滅之原因一也我國人最富於保守性質而儒家學說適與之相應法家學說適與之相盭儒家既緣舊社會之慣習而加以損益有以合於一般之心理而派中復多好學深思之士能繼續其學以發揮光大之法家既以後起其劇烈之改革逆乎人心而其中實行家多理論家少秦漢以還無復有能衍其學說以與舊派對抗者此其衰滅之原因二也法律原與道德相互爲用蓋社會之制裁力與國家之强制力是一非二故近今法治國之法律莫不採人道主義雖謂法律爲道德之補助品焉可也然則謂有法律而可以無道德焉其不當也明甚謂有法律而不許復有道德焉其滋不當也明甚而法家一部分之說動走於極端認道德之性質與法律之性質爲不相容以排斥道德爲一種戰術夫即以今世之法治國使其舉一切敎育事業悉蔑棄之僅以法律爲維持社會秩序唯一之器械則其社會現象復當何如太史公曰法令者治之具而非制治清濁之原斯言諒矣以今世之法治國有完全之國家根本法者而徒法猶且不可況乎戰國時代所謂法治其機關之整備其權限之嚴明遠不如今時而乃先取道德而擠排之雖足以救一時而其道之不可久有斷然矣此其衰滅之原因三也

綜此三因故法治主義雖極盛於戰國之季然不移時而遽就滅亡秦幷六國大一統主政者實爲李斯李斯本荀卿之徒而應於時代之要求不得不采用法家說以荀卿之人治主義與不完全的法治主義相和合則成爲

勢治主義而已。其於法治主義之眞精神。去之遠矣。然則李斯實用術者。而非用法者也。參觀附 故謂法治主義逮李斯而已亡可也。及漢之興。蕭何用刀筆吏佐新命。入關首收秦律。因沿以制漢律。然簡單已甚。張蒼以明律爲丞相。然寡所設施。史記張丞相列傳云是時蕭何爲相國而張蒼乃自秦時爲柱下史明習天下圖書計籍蒼又善用算律曆故令蒼以列侯居相府然則蕭何律殆由蒼起草耶 其大師見於史者。惟有一張恢。史記鼂錯列傳云學申商刑名於軹張恢生所（索隱云軹縣人張恢先生）與洛陽宋孟及劉禮同師然則張恢必當時法學大師也 其勢力固已不逮儒家遠甚。孝文雖好之。史記儒林傳云孝文好刑名之言 然方欲與天下休息。未遑實行。竇太后又好黃老術。亦見儒林傳 蓋文景間實放任主義制勝之時代也。孝武卽位。雜用儒法。互相水火。今傳鹽鐵論一書後漢桓寬撰乃敍述始元六年丞相御史與所舉賢良文學論辨鹽鐵均輸之利害者也兩黨各持一見互相詰難洋洋十數萬言實儒法興亡之一大公案也其事雖在昭帝時實則兩家衝突之局當武帝時代最甚也 卒乃表章六藝。罷黜百家。儒術立於學官。尊爲國敎。自茲以往。法治主義。殆見擯於學界外矣。其後雖大儒馬鄭二君。亦著漢律章句。魏明帝時。曾置律博士。晉書刑法志云叔孫宣郭令卿馬融鄭玄諸儒章句十有餘家家數十萬言又云衞覬請置律博士轉相教授事遂施行 然皆屬於解釋派。非復戰國法家之舊。且其學不昌。蓋自漢以來法治主義陵夷衰微。以迄於今日。

（附言）當時法家言。以法術對舉。韓非子定法篇云。『申不害言術。而公孫鞅爲法。』又云。『徒法而無術。徒術而無法。不可。』蓋法與術非同物甚明。法乃具體的。而術乃抽象的也。若李斯謂之能用術則有之。謂之能用法則未可也。故不可指爲純粹的法家也。